"十四五"职业教育国家规划教材

国家职业教育物流管理专业教学资源库升级改进配套教材

 高等职业教育在线开放课程新形态一体化教材

运输管理

（第三版）

主　编　仪玉莉
副主编　关艳萍　章　良

中国教育出版传媒集团
高等教育出版社·北京

内容提要

本书是"十四五"职业教育国家规划教材，也是国家职业教育物流管理专业教学资源库升级改进配套教材。

国家职业教育物流管理专业教学资源库建设项目自 2009 年 6 月开始调研和筹备，2011 年建成后全面开始应用和推广。2015 年《教育部关于确定职业教育专业教学资源库 2015 年度立项建设项目及奖励项目的通知》（教职成函〔2015〕10 号）确定物流管理专业教学资源库为国家四个奖励项目之一。为满足物流管理专业教学资源库升级改进的需要，教材随之修订。

本书以公路运输为主，依托企业真实运输业务流程进行设计。全书包括运输管理概述、运输计划编制与调度安排、整车货物运输操作、零担货物运输组织、特种货物运输组织、货运事故及纠纷处理、货物运输成本控制、运输服务绩效评价等内容。学习者在完成每个单元任务的基础上，专业知识和技能同时得到了拓展提高。

本书编写过程中力求选材得当、实用性强，既可以作为高等职业教育专科、本科院校及应用型本科院校物流类及相关专业的教材，也可以作为交通运输与物流管理从业人员及社会学习者的培训教材和自学参考用书。

与本书配套的在线开放课程"运输管理"，可通过扫描教材封面的二维码，登录"智慧职教"（http://www.icve.com.cn）平台进行在线学习。"运输管理"在线开放课程建设了课程标准、教学设计、微课、动画、视频、交互式实训、试题库及答案等类型丰富的数字资源，精选其中具有典型性、实用性的资源在教材中进行了标注，并将优质资源以二维码方式突出，供读者即扫即用。其他资源服务见"郑重声明"页资源服务提示。

图书在版编目（CIP）数据

运输管理 / 仪玉莉主编 .—3 版 .— 北京：高等教育出版社，2018.8（2023.8 重印）

ISBN 978-7-04-050049-3

Ⅰ.①运… Ⅱ.①仪… Ⅲ.①物流-货物运输-管理-高等职业教育-教材 Ⅳ.① F252

中国版本图书馆 CIP 数据核字 (2018) 第 143171 号

运输管理（第三版）
YUNSHU GUANLI

策划编辑	康 蓉	责任编辑	康 蓉	封面设计	张 志	版式设计	马 云
插图绘制	于 博	责任校对	殷 然	责任印制	存 怡		

出版发行	高等教育出版社	网　址	http://www.hep.edu.cn
社　址	北京市西城区德外大街 4 号		http://www.hep.com.cn
邮政编码	100120	网上订购	http://www.hepmall.com.cn
印　刷	三河市潮河印业有限公司		http://www.hepmall.com
开　本	787mm×1092mm 1/16		http://www.hepmall.cn
印　张	14	版　次	2012 年 4 月第 1 版
字　数	330 千字		2018 年 8 月第 3 版
购书热线	010-58581118	印　次	2023 年 8 月第 9 次印刷
咨询电话	400-810-0598	定　价	38.80 元

本书如有缺页、倒页、脱页等质量问题，请到所购图书销售部门联系调换
版权所有　侵权必究
物　料　号　50049-C0

"智慧职教"服务指南

"智慧职教"（www.icve.com.cn）是由高等教育出版社建设和运营的职业教育数字教学资源共建共享平台和在线课程教学服务平台，与教材配套课程相关的部分包括资源库平台、职教云平台和App等。用户通过平台注册，登录即可使用该平台。

● 资源库平台：为学习者提供本教材配套课程及资源的浏览服务。

登录"智慧职教"平台，在首页搜索框中搜索"运输管理"，找到对应作者主持的课程，加入课程参加学习，即可浏览课程资源。

● 职教云平台：帮助任课教师对本教材配套课程进行引用、修改，再发布为个性化课程（SPOC）。

1. 登录职教云平台，在首页单击"新增课程"按钮，根据提示设置要构建的个性化课程的基本信息。

2. 进入课程编辑页面设置教学班级后，在"教学管理"的"教学设计"中"导入"教材配套课程，可根据教学需要进行修改，再发布为个性化课程。

● App：帮助任课教师和学生基于新构建的个性化课程开展线上线下混合式、智能化教与学。

1. 在应用市场搜索"智慧职教icve"App，下载安装。

2. 登录App，任课教师指导学生加入个性化课程，并利用App提供的各类功能，开展课前、课中、课后的教学互动，构建智慧课堂。

"智慧职教"使用帮助及常见问题解答请访问help.icve.com.cn。

写在国家职业教育物流管理专业教学资源库升级改进之际

2014年9月，国务院印发了《物流业发展中长期规划（2014—2020年）》，提出物流行业的发展目标是："到2020年，基本建立布局合理、技术先进、便捷高效、绿色环保、安全有序的现代物流服务体系。物流的社会化、专业化水平进一步提升。物流业增加值年均增长8%左右，物流业增加值占国内生产总值的比重达到7.5%左右。第三方物流比重明显提高。新的物流装备、技术广泛应用。物流企业竞争力显著增强。一体化运作、网络化经营能力进一步提高，信息化和供应链管理水平明显提升，形成一批具有国际竞争力的大型综合物流企业集团和物流服务品牌。物流基础设施及运作方式衔接更加顺畅。物流园区网络体系布局更加合理，多式联运、甩挂运输、共同配送等现代物流运作方式保持较快发展，物流集聚发展的效益进一步显现。物流整体运行效率显著提高。全社会物流总费用与国内生产总值的比率由2013年的18%下降到16%左右，物流业对国民经济的支撑和保障能力进一步增强。"随着我国经济的发展，物流行业的重要性已经充分显现。

物流行业的发展要求有拥有现代技术能力的从业人员，物流人才的培养是提升物流管理水平的关键，2010年，国家启动的国家职业教育物流管理专业教学资源库正是在这样一个背景下的国家项目。自资源库建设和应用以来，全国高职物流管理专业广泛应用了资源库资源，资源库建设单位在应用过程中不断发现问题，也不断更新了资源库资源。《教育部关于确定职业教育专业教学资源库2015年度立项建设项目及奖励项目的通知》（教职成函〔2015〕10号）中要求对国家职业教育物流管理专业教学资源库进行升级改进，按照《职业教育专业教学资源库建设工作指南》（2015年）的要求，重新梳理、更新原有资源，迁移平台。国家职业教育物流管理专业教学资源库项目组会同牵头院校宁波职业技术学院，以及上海商学院、商丘职业技术学院、武汉交通职业学院、南京铁道职业技术学院、天津交通职业学院、辽宁省交通高等专科学校、青岛职业技术学院、深圳职业技术学院、广州民航职业技术学院等合作院校，历经2年的时间，完成了物流管理专业教学资源库的升级改进建设任务（即转型升级工作）。升级改进之后的物流管理专业教学资源库仍然以物流基础、配送作业管理、运输管理、仓储作业管理、物流成本管理、物流信息管理、供应链管理、采购管理、物流营销、国际货运代理10门课程为基础。2017年6月，《关于公布职业教育专业教学资源库2017年验收结果的通知》（教职成司函〔2017〕53号）公布，国家职业教育物流管理专业教学资源库升级改进项目通过验收。在这个过程中，物流行指委、高等教育出版社以及多个合作企业给予了大力的支持和指导。

物流管理专业主要从如下几个方面进行了升级改进。

1. 梳理提升物流资源库的建构逻辑，实现"能学、辅教"功能

通过对原有资源库内容的梳理，使有学习意愿并具备基本学习条件的职业院校学生、教师和社会学习者，均能够通过自主使用资源库实现系统化、个性化学习，提升"能学"功能；通过对原有资源库教学辅助功能的升级，提升资源库的"辅教"功能。使教师可以针对不同的学习对象和课程要求，利用资源库灵活组织教学内容、辅助实施教学过程，实现教学目标。

2. 建设技术先进、实用便捷的物流资源库应用平台

以移动互联技术为支撑，完善资源库平台。以大数据分析为基础，建设具有学习引导、课程学习、网络指导、评价测试、知识拓展、仿真训练等功能的在线学习和辅助教学资源平台；扩大资源库平台的服务范围，将资源库用户扩展到企业和社会学习者。

3. 完善物流管理专业教学资源库建设应用质量保障体系

针对资源库的建设者、学习者和管理者制定各项应用激励制度和经费使用制度，构建规范的资源库建设和应用机制，保障资源优质、高效运行及可持续应用。

在上述工作的基础上，项目组同步修订了资源库升级改进配套教材。近年来，项目组多次召开教材编写会议，研讨物流行业的新形势，分析物流管理专业教学的新需求，力求教材能够跟上时代发展，使教材建设与资源库升级改进融为一体，更好地发挥教学效果。

另外，按照资源库建设的整体要求，在本系列教材的修订过程中，同时更新了各门课程的教学大纲、单元设计、电子课件、动画、视频、图片等教学资源，在使用教材的过程中，随时可以获得教师教学、学生自学的各类资源。新版教材将为国家职业教育物流管理专业建设和人才培养起到积极的推进作用，更加符合时代的需求。

国家职业教育物流管理专业教学资源库项目组
二〇一八年四月二十日

总　序

　　2009年3月国务院发布了《物流业调整和振兴规划》，强调必须加快发展现代物流业，建立现代物流服务体系，以物流服务促进其他产业发展，到2011年，培育一批具有国际竞争力的大型综合物流企业集团，物流业规模进一步扩大。为进一步贯彻落实《国务院关于印发物流业调整和振兴规划的通知》精神，2011年国务院办公厅又发布了关于促进物流业健康发展措施的意见。

　　物流业已经成为国民经济的一个非常重要的服务产业，它涉及领域广、吸纳就业人数多，对促进生产、拉动消费的作用大。目前，我国物流业增加值占服务业增加值的16.1%，占GDP的6.9%。物流业涉及从业人员约为2 000万人，物流业增加值每增加1个百分点，可增加10万个工作岗位。同时，与发达国家相比，美国物流成本占GDP的比率为9%，而我国物流成本占GDP的比率为18.1%，每降低1个百分点，将带来3 000亿元的效益。我国物流成本过高的主要原因，一是产业结构因素，二是国民经济的粗放式管理，三是整体管理水平低。要提高物流业整体管理水平，则需要一支数量庞大的高素质、高技能的物流从业人员队伍。

　　2006年年底启动的"国家示范性高等职业院校建设计划"，旨在引导我国高等职业教育人才培养应面向各行业企业岗位需求，向培养高素质、技能型人才方向发展。于2009年开展的国家示范性高职院校物流管理专业课程开发与资源库建设项目，是教育部门为了满足物流产业迅速发展对从业人员素质提高的需求，规范物流管理专业人才培养模式，共享优质教学资源而做的一项重要的有开创性的工作。

　　三年多来，在中国物流与采购联合会和教育部高职高专工商管理教指委的指导下，按照教育部提出的"由国家示范高职建设院校牵头组建开发团队，吸引行业企业参与，整合社会资源，在集成全国相关专业优质课程建设成果的基础上，采用整体顶层设计、先进技术支撑、开放式管理、网络运行的方法进行建设"建设方针，确定了宁波职业技术学院、上海商学院、商丘职业技术学院、武汉交通职业学院、南京铁道职业技术学院、辽宁省交通高等专科学校、青岛职业技术学院、深圳职业技术学院、广州民航职业技术学院、天津交通职业学院等10所院校和联邦快递公司、安得物流有限公司、物美集团公司、北京络捷斯特科技发展有限公司、深圳市中诺思资讯科技有限公司等20余家企业作为联合建设单位，同时以课程和项目为单位吸收全国40余所高职院校的100余名骨干教师共同承担了10门专业课程开发和4个子项目建设工作，形成了一支学校、企业、行业紧密结合的建设团队。三年多来，项目建设团队先后召开了多次全国性研讨会，以建设具有高等职业教育特色的标志性、共享型专业教学资源库为目标，紧跟我国职业教育改革的步伐，确定了"能力本位、工学结合、校企合作、持续发展"的高职教育理念，以物流职业岗位及岗位任务分析为逻辑起点开发了物流基础、配送作业管理、运输管理、仓储作业管理、物流成本管理、物流信息管理、供应链管理、采购管理、物流营销、国际货运代理等 10 门物流管理专业理实一体的课程，以先进技术为支撑建设了各课程系列教学资源，开发了虚拟仿真实训库、行业法规库、行业标准库等三个教学平台，构建了一个物流管理专业的门户网站，也是校企沟通的平台，为本专业搭建全国性的教学与就业共享信息平台。

在上述工作基础上，项目组推出了高等职业教育物流管理专业教学资源库系列教材。本系列教材是"高等职业教育物流管理专业教学资源库"建设项目的重要成果之一，也是资源库课程开发成果和资源整合应用的实践和重要载体。三年多来，项目组多次召开教材编写会议，组织各课程负责人及参编人员认真学习高等职业教育与课程开发理论，深入进行物流职业岗位及岗位任务的调研与分析，以培养高素质的技能型物流管理人才为目标，根据物流管理教学的需求重新构架教材体系、设计教材体例，以力求做到理论知识的学习和实际技能的训练能合二为一，使"教学做"融为一体。本系列教材装帧精美，采用四色或双色印刷，使教材的表现力更加生动、形象。

另外，按照资源库建设的顶层设计要求，在本系列教材编写的同时，各门课程开发了涵盖课程大纲、教材、单元教学设计、电子课件、操作演示、虚拟实训、案例动画、视频、图片等在内的丰富的教学资源。这些教学资源的建设与教材编写同步而行，相携而成，是本系列教材最大的特色。同时，为了引导学习者充分使用资源，打造真正的"自主学习型"教材，本系列教材增加了辅学资源标注（案例 、图表 、动画 、视频 ），即在教材中通过图标形象地告诉读者本处教学内容所配备的资源类型、内容和用途，从而将教材内容和教学资源有机整合起来，使之浑然一体。如果说资源库数以千计的教学资源是一颗颗散落的明珠，那么本系列教材就是将它们有序串接的珠链。我们有理由相信，这套嵌合着数以千计的优质资源、凝结着数以百计的优秀教师心血的教材将会成为高职物流管理专业教学上第一套真正意义的理实一体的数字化、自主学习型创新教材。衷心地希望高等职业教育物流管理专业教学资源库项目成果，能够为高等职业教育物流管理专业建设和人才培养起到积极重要的推动和引导作用。

高等职业教育物流管理专业教学资源库项目组
二〇一一年十二月

第三版前言

国家职业教育物流管理专业教学资源库建设项目于2009年6月开始调研和筹备，2011年建成后全面开始应用和推广。2015年教育部《关于确定职业教育专业教学资源库2015年度立项建设项目及奖励项目的通知》（教职成函〔2015〕10号）中，确定物流管理专业教学资源库为国家四个奖励项目之一。《运输管理》第三版是国家职业教育物流管理专业教学资源库升级改进的核心课程"运输管理"的配套教材。本课程旨在培养运输调度员、货运主管及运输主管等一线从业人员必备的操作技能和管理能力。

党的二十大报告指出："坚持把发展经济的着力点放在实体经济上，推进新型工业化，加快建设制造强国、质量强国、航天强国、交通强国、网络强国、数字中国。"本书以运输操作和管理的基本知识和基本技能为出发点，介绍运输管理概述、运输计划编制与调度安排、整车货物运输操作、零担货物运输组织、特种货物运输组织、货运事故及纠纷处理、货物运输成本控制、运输服务绩效评价等内容，帮助学习者具备运输基层操作及业务运作管理的能力，在运输调度员、货运主管及运输主管等岗位从事资源调配安排、运输项目运作及运输业务综合管理等工作的能力。

党的二十大报告指出："育人的根本在于立德。全面贯彻党的教育方针，落实立德树人根本任务，培养德智体美劳全面发展的社会主义建设者和接班人。"本书根据物流人才培养规格所要求的"知识结构、能力结构、素质结构"，注重提升物流管理技能人才所需的职业素养，以专业服务面向为导向，构建"知识—能力—素质"三位一体的内容体系。根据学习渐进性理论，将各维度学习内容合理融合，形成层次梯度。

本书注重学生运输操作与管理能力的培养，设置了运输计划编制与调度安排、整车货物运输操作、零担货物运输作业与管理、特种货物运输作业与管理、货物运输事故处理五个综合实训。

本书实现了在线开放课程与新形态一体化教材的"互联网+"式互动。扫描封面二维码，可进入在线开放课程学习平台，获取课程资源。扫描教材边白二维码，即可获取与重要知识点、技能点对应的优质资源。"运输管理"在线开放课程建设了多媒体课件、案例、微课、动画、视频、交互式实训、试题库及答案等教学资源，为教师和学生实现自助化、特色化教学提供帮助。

本书由辽宁省交通高等专科学校仪玉莉担任主编，关艳萍、章良担任副主编。

本书的编写参考了大量国内外物流运输资料，由于编者水平和掌握资料有限，书中难免存在不妥之处，恳请广大读者批评指正，以臻完善。

编　者

2023 年 7 月

目　录

第一章　运输管理概述 /1
第一节　运输和运输方式 /2
第二节　物流运输系统要素 /11
第三节　运输经营管理 /24

第二章　运输计划编制与调度安排 /42
第一节　运输计划编制 /43
第二节　运输调度安排 /53

第三章　整车货物运输操作 /72
第一节　整车货运单据与运杂费结算 /73
第二节　整车货物运输生产过程 /78
第三节　整车货物运输组织 /89

第四章　零担货物运输组织 /105
第一节　零担货物运输业务的开办 /107
第二节　零担货物运输业务流程操作 /113
第三节　零担货物运输作业组织 /120

第五章　特种货物运输组织 /126
第一节　危险货物运输组织 /126
第二节　超限货物运输组织 /134
第三节　冷藏货物运输组织 /138

第六章　货运事故及纠纷处理 /146
第一节　货运事故处理及纠纷解决 /147
第二节　运输货物保险与理赔 /156

第七章　货物运输成本控制 /166
第一节　运输成本控制策略制定 /167
第二节　货物运输成本核算 /176

第八章　运输服务绩效评价 /192
第一节　运输服务绩效管理 /193
第二节　运输绩效评价指标体系建立 /199

参考文献 /211

第一章　运输管理概述

【知识目标】

- 掌握运输的概念及作用
- 掌握运输系统的含义及特征
- 了解典型运输组织机构的类型
- 熟悉货物运输管理的内容及方法
- 熟悉运输合同的内容

【技能目标】

- 准确辨析出道路运输货物种类
- 画出典型物流运输企业的组织结构
- 能简单拟订货物运输合同的基本内容

【素养目标】

- 理解运输对我国政治、经济、文化、医疗的影响和作用
- 道路运输对维护国家主权及国家建设的贡献,激发民族自信心和职业认同感

【引例】

某手机制造企业实施物流运输工作合理化革新的重点是将销售、配送、生产和采购有机结合起来,实现公司的目标,即将客户的满意程度提高到100%,同时将库存量减少50%。为了实现这一目标,该手机制造企业将进一步扩展和强化物流网络,同时建立了一个全球性的物流链,使产品的供应路线最优化,并设立全球物流网络上的集成订货交货系统,从原材料采购到交货给最终客户的整个路径上实现物流和信息流一体化,这样客户就能以最低的价格得到高质量的服务,从而对企业更加满意。基于这种思想,该手机制造企业物流工作合理化革新小组在配送选址、实物运输、现场作业和信息系统四个方面进行了物流革新。

引例分析

1. 配送选址新措施

为了提高配送中心的效率和质量,三星公司将其划分为产地配送中心和销地配送中心。前者用于原材料的补充,后者用于存货的调整。每个职能部门都确定了最优工序,配送中心的数量减少,规模得以最优化,便于向客户提供最佳服务。

2. 实物运输革新措施

为了及时交货给零售商，配送中心在考虑货物数量和运输所需时间的基础上确定出合理的运输路线。同时，一个高效的调拨系统也被开发出来，这方面的革新加强了支持销售的能力。

3. 现场作业革新措施

为了使进出工厂的货物更方便快捷地流动，公司建立了一个交货点查询管理系统，可以查询货物的进出库频率，高效地配置资源。

4. 信息系统新措施

三星公司在局域网环境下建立了一个通信网络，并开发了一个客户服务器系统，公司集成系统的1/3投入物流中使用。由于生产配送和销售一体化，整个系统不同的职能部门达到信息共享。客户如有涉及物流的问题，可以通过实时订单跟踪系统回答。

另外，随着客户环保意识的增强，物流工作对环境保护负有更多的责任，三星公司不仅对客户许下了保护环境的承诺，而且建立了一个全天开放的由回收车组成的回收系统，并由回收中心重新利用那些废品，以此来提升自己企业在客户心目中的形象，从而更加有利于企业的经营。

第一节 运输和运输方式

一、运输的概念

中华人民共和国国家标准《物流术语》（GB/T18354-2021）将运输（transportation）定义为：利用载运工具、设施设备及人力等运力资源，使货物在较大空间上产生位置移动的活动。

物流的运输专指"物"的载运及输送。它是在不同地域范围间（如两个城市，两个工厂之间，或一个大企业内相距较远的两车之间），以改变"物"的空间位置为目的的活动，是对"物"进行的空间位移。

运输一般分为运输和配送。关于运输和配送的区分，有许多不同的观点，可以这样说，所有物品的移动都是运输，而配送则专指短距离、小批量的运输。因此，可以说运输是指整体，配送则是指其中的一部分，而且配送的侧重点在于一个"配"字，它的主要意义也体现在"配"字上；而"送"是为最终实现资源配置的"配"而服务的。

二、运输的作用

（一）物品保值

货物运输有保值作用。也就是说，任何产品从生产出来到最终消费，都必须经过一段时间、一段距离，在这段时间和距离过程中，都要经过运输、保管、包装、装卸、搬运等多环节、多次数的货物运输活动。在这个过程中，产品可能会淋雨受潮、水浸、生锈、破损、丢失等。货物运输的使命就是防止上述现象的发生，保证产品从生产者到消费者移动过程中的质量和数量，起到产品的保值作用，即保护产品的存在价值，使该产品在到达消费者时使用价值不变。

（二）节约时间

搞好运输，能够节约自然资源、人力资源和能源，同时也能够节约费用。比如，集装箱化运输，可以简化商品包装，节省大量包装用纸和木材；实现机械化装卸作业，仓库保管自动化，能节省大量作业人员，大幅度降低人员开支。重视货物运输可节约费用的事例比比皆是。

（三）缩短距离

货物运输可以克服时间间隔、距离间隔和人的间隔，这自然也是货物运输的实质。现代化的货物运输在缩短距离方面的例证不胜枚举。在北京可以买到世界各国的新鲜水果，全国各地的水果也长年不断；邮政部门改善了货物运输，使信件大大缩短了时间距离，全国快递两天内就到达美国联邦快递，能做到隔天送达亚洲15个城市；日本的配送中心可以做到，上午10点前订货、当天送到。这种运输速度，把人们之间的地理距离和时间距离一下子拉得很近。随着货物运输现代化的不断推进，国际运输能力大大加强，极大地促进了国际贸易，使人们逐渐感到这个地球变小了，各大洲的距离更近了。

城市里的居民不知不觉地享受到货运进步的成果。南方产的香蕉全国各大城市一年四季都能买到；新疆的哈密瓜、宁夏的白兰瓜、东北的大米、天津的小站米等都不分季节地供应市场；中国的纺织品、玩具、日用品等近年大量进入美国市场，除了中国的劳动力价格低廉等原因外，也是国际运输业发达，国际运费降低的缘故。

（四）增强竞争

在物资短缺年代，企业可以靠扩大产量、降低制造成本去攫取第一利润。在物资丰富的年代，企业又可以通过扩大销售攫取第二利润。可是在新世纪和新经济社会，第一利润源和第二利润源已基本到了一定极限，目前剩下的一个"未开垦的处女地"就是运输。降价是近几年家电行业企业之间主要的竞争手段，降价竞争的后盾是企业总成本的降低，即功能、质量、款式和售后服务以外的成本降价，也就是降低运输成本。

国外的制造企业很早就认识到了货运是企业竞争力的法宝，搞好运输可以实现零库存、零距离和零流动资金占用，是提高为用户服务，构筑企业供应链，增强企业核心竞争力的重要途径。在经济全球化、信息全球化和资本全球化的21世纪，企业只有建立现代货物运输结构，才能在激烈的竞争中，求得生存和发展。

（五）加快物流

配送中心的设立为连锁商业提供了广阔的发展空间。利用计算机网络，将超市、配送中心和供货商、生产企业连接，能够以配送中心为枢纽形成一个商业、运输业和生产企业的有效组合。有了计算机迅速及时的信息传递和分析，通过配送中心的高效率作业、及时配送，将信息反馈给供货商和生产企业，可以形成一个高效率、高能量的商品流通网络，为企业管理决策提供重要依据。同时，还能够大大加快商品流通的速度，降低商品的零售价格，提高消费者的购买欲望，从而促进国民经济的发展。

（六）保护环境

比如，在城市外围多设几个货物运输中心、流通中心，大型货车不管白天还是晚上就都不用进城了，只利用两吨小货车配送，夜晚的噪声就会减轻；政府重视货物运输，大力建设城市道路、车站、码头，城市的交通阻塞状况就会缓解，空气质量自然也会改善。

（七）创造效益

运输实现装卸搬运作业机械化、自动化，不仅能提高劳动生产率，而且能解放生产力。把工人从繁重的体力劳动中解脱出来，这本身就是对人的尊重，是创造社会效益。

三、运输与物流的关系

（一）运输与物流的内在联系

1. 运输是物流的重要构成要素

交通运输业是物流的基本载体。第二次技术革命之后，在世界范围内生产过程和生产服务都在逐步走向专业化，从产品的生产到商品的使用，从原材料的供应、加工、储存、组装、销售到产品送到用户手中，整个过程都要靠运输来完成，在产品中深刻地凝结了运输的价值。不论是制造业、冶炼业还是加工业等生产型企业，都离不开交通运输。离开交通运输，产品难以投放市场，不能成为商品，企业就不能取得合理的经济效益。

运输费用在物流费用中占有很大的比重。组织合理运输，以最小的费用，较快的时间，及时、准确、安全地将货物从其产地运到销地，是降低物流费用和提高经济效益的途径之一。

2. 运输影响着物流的其他构成因素

选择何种运输方式决定着装运货物的包装要求；使用不同类型的运输工具决定其配套使用的装卸搬运设备以及接收和发运站台的设计；企业库存储备量的大小，直接受运输状况的影响，发达的运输系统能比较适量、快速和可靠地补充库存，以降低必要的储备水平。企业的工厂、仓库与其供货厂商和用户之间的地理分布直接影响着物流的运输费用。因此，运输条件是企业选择工厂、仓库、配送中心等物流设施配置地点所要考虑的主要因素之一。

3. 交通运输基础建设的发展为物流的发展提供了条件

初具规模的铁路中转运输网络、公路运输网络和大吨位/集装箱化运输体系、多式联运服务体系，都是其他物流新业务一时难以企及的。就我国而言，交通运输基础设施有了很大发展。党的二十大报告指出：建成世界最大的高速铁路网、高速公路网，机场港口、水利、能源、信息等基础设施建设取得重大成就。在我国未来的发展规划中，强调了交通运输在国民经济发展中的重要作用，并将要进一步开放运输市场，加大对交通运输基础设施的投资力度，加速交通运输基础设施的建设，如修建高速公路、高速铁路、扩建港口和集装箱码头，以及发展集装箱专用车船等，这些措施都为我国物流的发展创造了有利的条件。尽管与物流有关的行业还有贸易、物资、商业、供销、邮电、信息产业等，但是，发展物流的根本目的是使物资有效地发生位移，离开交通运输，就谈不上物流。因此，物流管理问题，也就是运输过程的系统管理问题。

4. 物流的发展促进运输的增长

物流业的发展促进了"企业内部生产"程度的降低。20世纪90年代以来，德国工业的"企业内部生产"所占比重平均下降到45%，日本等许多发达国家将其工业搬到国外，使其国内工业空洞化。外协购买部件、组件的任务及整个供应链的形成，导致了货物操作次数的增加，从而使运输量也相应地增长。物流理论研究如何把原材料或产品按时、按质、按量地运到目的地，并且运输过程最短、运输费用最省，所以，物流理论的发展将极大地推动交通运输业采用先进技术和现代化管理方法。

5. 物流的发展，将极大地促进运输向管理和技术的高层次发展

为适应物流发展的趋势，要注重开展综合运输，将各种不同运输方式的优势充分发挥出来，相互取长补短，提高运输效率，为用户提供及时、高效、可靠、机动、省时、省钱、优质的物流全过程服务，推动运输业积极更新技术和改进管理方式。经济发展一体化的物流过程，要求运输企业提供门到门的运输服务，因此，为降低整个物流过程的费用，并使货物及时送达，运输行业管理部门及运输企业应组织不同运输方式之间的有效衔接和相互协作，提高运输效率，缩短运输方式之间的换装时间，减少用户费用。

6. 发展物流将积极推动运输行业管理逐步完善和规范

物流是一种区别于过去单一运输方式独立经营的新的运输概念，我国现有的交通运输管理法律法规大多数是专项法规，还不能适应综合运输方式管理的需要。多式联运业务的不断扩大和深入开展，将使我们认真考虑完善各种运输方式联合运输的法律体系，推动运输行业管理上一个新的台阶。

（二）运输与物流的区别

1. 概念不同

运输是指运用适当的工具使人和货物产生位置移动。而物流是指为满足用户需要而进行的原材料、中间库存、最终产品及相关信息从起点到终点间的有效流动，以及实现这一流动而进行的计划、管理、控制过程。物流包括七个方面的内容：包装、装卸、运输、储存、流通加工、回收复用和信息系统。从概念中可以看出，运输只是物

流中的一个组成部分。但现在许多运输公司也时髦地把自己的公司称之为"某物流公司"，将运输与物流混为一谈，这是对二者关系的混淆。

2. 时间上的约束不同

物流管理与运输的另一个区别在于全过程是否用精确的时间进行控制和组织。物流在时间上是刚性约束，物流的仓储、运输、配送是以生产企业的生产、销售计划为前提的，生产的精益化组织要求物流服务时间上的精确化，因此产品的实物流动快和慢、接取送达的早和晚都是不合理的，而运输只实现产品转移过程，不需要实现服务时间上的精确化。

3. 服务的范畴不同

货运一般是指流通领域中的货物位移，而物流过程中物资在工厂内不同场所之间的移动通常称为"厂内运输"，与一般运输形式可能相似，也可能发生衔接，但不包括在运输以内的范畴。

因此一般货运实际上对应着物的流通，即流通领域中的供应物流和销售物流，并不包括生产领域中物的流动，只负责在社会的流通过程中，实现商品的空间位移。物流是远远超出运输范畴的系统化管理，这种管理系统的建立和运转，是以服务于生产过程的全部过程为出发点的。物流系统应根据生产企业的供应渠道和生产过程以及销售渠道，从生产企业中取得价值远远大于运输的收益。另外，运输包括实现人的位移，而物流的对象一般不包括人。

4. 地位不同

物流的出发点是以被服务企业的利益为中心，而运输只是物流管理控制的必要环节，永远处于从属地位。从这一意义上说：有物流必然有运输，而再完善的运输也远不是物流。运输企业要开展物流，必须主动地服务于工商企业产品的生产和销售，服务于产品的市场竞争和利益；主动开展物流市场调查、市场预测，到工商企业中做好推销、宣传等业务；根据工商企业的需要，为其提供全方位的物流服务，从上游企业的利益增长中，取得附加值远大于运输的回报。从社会利益上讲，也可以促进专业分工的发展。

四、货物运输方式及其技术经济特征

运输是人和物的载运及输送，在物流过程中，运用多种设备和工具，将物品从不同地域范围间进行运送的活动，以改变"物"的空间位置，内容包括集货、分配、搬运、中转、装入、卸下、分散等一系列操作。它是物流的一个重要组成部分，针对运输所做的决策必须纳入整个物流系统之中，必须适应这一系统。

运输方式的选择是物流系统决策中的一个重要环节，是物流合理化的重要内容。进出货物必须选择最适合的运输方式，选择运输手段的判断标准包括：货物性质，运输时间，交货时间的适用性，运输成本，批量的适应性，运输的机动性、便利性、安全性、准确性。对货主来说，运输的安全性和准确性，运输费用的低廉性，以及缩短运输总时间等因素是其重点。从行业看，制造业重视运输费用的低廉性，批发业和零售业重视运输的安全性和准确性以及运输总时间的缩短等运输服务的质量。

具体来说，在选择运输手段时，第一要素是运输物品的种类，第二要素是运输量，第三要素是运输距离，第四要素是运输时间，第五要素是运输费用。运输有五种基本方式，它们的经济和服务特征比较如下：

（一）公路运输

公路运输能提供更灵活、更多样的服务，多用于价高量小的货物的门对门服务，其经济半径一般在200千米以内。

1. 公路运输的优点

（1）运输速度快。

（2）可靠性高，对产品损伤较少。

（3）机动性高，可以选择不同的行车路线，灵活制定营运时间表，所以服务便利，能提供门到门服务，市场覆盖率高。

（4）投资少，经济效益高。因为运输企业不需要公路，所以其固定成本很低，且公路运输投资的周转速度很快。

（5）操作人员容易培训。

2. 公路运输的缺点

（1）变动成本相对较高。公路的建设和维修费经常是以税和收费的形式向承运人征收的。

（2）运输能力较低，受容积限制，公路运输不能像铁路运输一样运输大量不同品种和大件的货物。

（3）能耗高，环境污染比其他运输方式严重得多，劳动生产率低。

（4）土地占用较多。

3. 公路运输的适用范围

公路运输主要适用于以下作业：① 近距离的独立运输作业；② 补充和衔接其他运输方式，当其他运输方式成为主要运输方式时，可直达起点和终点的短途集散运输，就可以完成其他运输方式到达不了的地区的运输任务。

（二）铁路运输

铁路能提供长距离范围内的大宗商品低成本、低能源的运输，且较多地运输至少一整车皮的批量货物，其运输的经济半径一般在200千米以上。

1. 铁路运输的优点

（1）运行速度快，时速可达80～120千米。

（2）运输能力较大，可满足大量货物一次性高效率运输。

（3）运输连续性强，由于运输过程受自然条件限制较小，可提供全天候的运行。

（4）轨道运输的安全性能高，运行较平稳。

（5）通用性能好，可以运送各类不同的货物。

（6）运输成本（特别是可变成本）较低。

（7）能耗低。

2. 铁路运输的缺点

（1）设备和站台等限制使得铁路运输的固定成本较高，建设周期较长，占地较多。

（2）由于设计能力是一定的，当市场运量在某一阶段急增时难以及时得到运输机会。

（3）铁路运输的固定成本很高，但变动成本相对较低，使得近距离的运费较高。

（4）长距离运输情况下，由于需要进行货车配车，中途停留时间较长。

（5）铁路运输由于装卸次数较多，货物错损或损失事故通常也比其他运输方式多。

3. 铁路运输的适用范围

铁路运输主要适用于以下作业：① 大宗低值货物的中长距离运输，较适合运输散装、罐装货物；② 适合于大量货物一次高效率运输；③ 对于运费负担小、货物批量大、运输距离长的货物来说，运费比较便宜；④ 轨道运输，安全系数大。

（三）水路运输

水路运输通常有四种形式：沿海运输、近海运输、远洋运输、内河运输。

1. 水路运输的优点

（1）运能大，能够运输数量巨大的货物。

（2）通用性较强，客货两宜。

（3）远洋运输大宗货品，是发展国际贸易的强大支柱。

（4）运输成本低，能以最低的单位运输成本提供最大的货运量，尤其在运输大宗货物或散装货物时，采用专用的船舶运输，可以取得更好的技术经济效果。

（5）劳动生产率高。

（6）平均运距长。

2. 水路运输的缺点

（1）受自然气象条件因素影响大。由于季节、气候、水位等因素的影响，水运受制约的程度较大，因而一年中中断运输的时间较长。

（2）营运范围受到限制。

（3）航行风险大，安全性略差。

（4）运送速度慢，准时性差，运输的货物多，会增加货主的流动资金占有量，经营风险增加。

（5）搬运成本与装卸费用高，这是因为运能最大导致了装卸作业量最大。

3. 水路运输的适用范围

水运主要承担以下作业任务：① 承担大批量货物，特别是集装箱运输；② 承担原料半成品等散货运输；③ 承担国贸运输，即远距离，运量大，不要求快速抵达的客货运输。

（四）航空运输

航空运输常被看作是其他运输方式不能运用时，用于紧急服务的一种极为保险的方式。它快速及时，价格昂贵，但对致力于全球市场的厂商来说，当考虑库存和顾客服务问题时，航空运输也许是成本最低的运输模式。

1. 航空运输的优点

（1）高速直达性。因为空中较少受自然地理条件限制，航线一般取两点间的最短距离。

（2）安全性能高。随着科技进步，飞机不断进行技术革新，使其安全性能增强，事故率降低，保险费率相对较低。

（3）飞机经济性能良好，使用年限较长。

（4）包装要求低，因为空中航行的平稳性和自动着陆系统减少了货物损坏的比率，所以可以降低包装要求，而且在避免货物灭失和损坏上还有明显优势。

（5）库存水平低。

（6）保持竞争力和扩大市场。

2. 航空运输的缺点

（1）气候条件的限制，在一定程度上影响了运输的准确性和正常性。

（2）需要航空港设施，所以可达性差。

（3）设施成本高，维护费用高。

（4）运输能力低，运输能耗高。

（5）运输技术要求高，人员（飞行员和空勤人员）培训费用高。

3. 航空运输的适用范围

航空运输一般用于以下作业：① 是国际运输的重要工具，对对外开放，促进国际技术、经济合作与文化交流有重要作用；② 适用于高附加值、低质量、小体积的物品运输；③ 大多数情况下是在日常基础上进行作业的；④ 快捷运输途径；⑤ 邮政运输手段；⑥ 是实现多式联运的一种新型运输方式。

（五）管道运输

管道运输是近几十年发展起来的一种新型运输方式。管道运输的运输形式是靠物体在管道内顺着压力方向移动实现的。管道运输主要担负单向、定点、量大的流体状货物运输。和其他运输方式相比，管道设备是静止不动的。目前，全球的管道运输承担着很大比例的流体状物质运输，包括原油、成品油、天然气、油田伴生气、煤浆等。其完成的运量常常大大高于人们的想象。

1. 管道运输的优点

（1）运输效率高，适合于自动化管理。管道运输是一种连续工程，运输系统不存在空载行程，所以系统的运输效率很高。

（2）建设周期短、费用低、运输费用也低。

（3）耗能少、成本低、效益好。

（4）运量大、连续性强。

（5）安全可靠、运行稳定、不会受恶劣多变的气候条件影响。

（6）埋于地下，占地少。

（7）有利于环境保护，能较好地满足运输工程绿色环保的要求。

（8）对所运的商品来说，损失的风险很小。

2. 管道运输的缺点

（1）运输对象受到限制，承运的货物比较单一。

（2）灵活性差，不易随便扩展管道，管道线路固定，服务的地理区域有限。

（3）设计量是个常量，与最高运输量之间协调的难度较大，且在运输量明显不足时，运输成本会显著增加。

（4）仅提供单向服务。

（5）运速较慢。

当然，运输方式的选择不局限于单一运输手段，而是通过多种运输手段的合理组合实现物流的合理化。可以在不同运输方式之间自由变化运输工具，即"联运"，它是运输性质不断改变的一个反映，标志着物流管理者将两种或更多种运输方式的优势集中在一起，天衣无缝地融入一种运输方式的能力，从而比单一运输方式更能为顾客提供更快、风险更小的服务。其组合方式有很多种：① 铁路运输和公路运输；② 铁路运输和水路运输；③ 铁路运输和航空运输；④ 铁路运输和管道运输；⑤ 公路运输和航空运输；⑥ 公路运输和水路运输；⑦ 公路运输和管道运输；⑧ 水路运输和管道运输；⑨ 水路运输和航空运输；⑩ 航空运输和管道运输。这些组合并不都实用，其中有些可行的组合也未被用和采用，只有铁路运输和公路运输的组合（驮背运输）得到广泛使用。公路运输和水路运输的组合（鱼背运输）也越来越多地采用，尤其是在高价值货物的国际运输中。在一定范围内，公路运输与航空运输的组合，铁路运输与水路运输的组合也是可行的。铁路运输的联运使运输人既能享受到公路运输接送和发运的灵活性，又能获得火车在远程运输中的效率，几乎所有的航空运输都是联合运输。因为它需要由货车将货物接送并装到飞机上，然后由货车运至目的地。公路运输促使联合运输，它以最好的方式运作，提供灵活、定期和短途的服务，使联合运输的方式更有效率，联合运输可以提高运输效率，简化手续，方便货主，保证货物流通过程的畅通。它把分阶段的不同运输过程联结成一个单一的整体运输过程，不仅给托运人或货运人带来了方便，而且加速了运输过程，有利于降低成本，减少货运货差的发生，提高运输质量。因此，发展联合运输是充分发展我国运输方式的优势，使之相互协调、配合，建立起运输体系的重要途径。

目前，大多数运输会涉及一种或一种以上的运输方式，物流管理者面对的挑战在于多种运输模式的均衡必须在整体物流系统更大的框架下完成。物流运输系统的目标是实现物品迅速、完全、低成本的运输，而运输时间和运输成本则是不同运输方式相互竞争的重要条件，运输时间与运输成本的变化必然带来所选择的运输方式的改变。目前企业对缩短运输时间、降低运输成本的要求越来越强烈，这主要是因为在当今经营环境较复杂、较困难的情况下，只有不断降低各方面的成本，加快商品周转，才能提高企业经营效率，实现竞争优势，缩短运输时间来降低运输成本是一种此消彼长的关系。这也是物流各项活动之间效益背反的体现。所以，选择运输方式时一定要有效协调二者的关系，实现物流过程的合理运输。即从物流系统的总体目标出发，运用系统理论和系统工程的原理和方法，充分利用各种运输方式，选择合理的运输线路和运输工具，以最短的路径、最少的环节、最快的速度和最少的劳动消耗，组织好物流产品的运输活动。

物流管理者要对以上同种运输的基本方式进行优选，优化匹配运输方式有利于物流运输合理化，有利于做好物流系统决策，具有重大意义。设计出合理的物流系统，精确地维持运输成本和运输服务质量之间的平衡，做好运输管理工作是保证高质量物流服务的主要环节。

优化匹配运输方式有利于物流运输合理化，有利于做好物流系统决策，具有重要意义：合理组织物品的运输，有利于加速社会再生产过程，促进国民经济持续、稳定、协调地发展；能节约运输费用，降低物流成本，缩短运输时间，加快物流速度；可以节约运力和能源，缓解运力紧张的状况，这对缓解我国目前交通运输资源和能源紧张的状况具有重大现实意义。

第二节　物流运输系统要素

一、物流运输系统的含义

物流运输系统就是在一定的时间和空间内，由运输过程所需的基础设施、运输工具和运输参与者等动态要素相互作用、相互依赖和相互制约所构成的具有特定运输功能的有机整体。

二、物流运输系统的特征

物流运输系统不仅具有一般系统所共有的特征，即整体性、目的性、相关性、层次性、动态性和环境适应性，而且具有其自身显著的特征。

（一）运输服务可以通过多种运输方式实现

各种运输方式对应于各自的技术特性，有不同的运输单位、运输时间和运输成本，因而形成了各种运输方式不同的服务质量。也就是说，运输服务的利用者可以根据货物的性质、大小、所要求的运输时间、所能负担的运输成本等条件选择相适应的运输方式，或者合理运用多种运输方式实现联合运输。

（二）运输服务可分成自用型运输和营业型运输两种形态

自用型运输多限于货车运输，部分水路运输中也有这种情况，但数量很少。而航空、铁路这种需要巨大投资的运输方式，自用型运输难以开展。营业型运输在公路、铁路、水路、航空等运输业者中广泛开展。对于一般企业来讲，可以在自用型运输和营业型运输中进行选择。最新的趋势是逐渐从自用型运输向营业型运输方式转化。

（三）运输存在着实际运输和利用运输两种形式

实际运输是实际利用运输手段进行运输，完成商品在空间上的移动；利用运输是运输业者自己不直接从事商品运输，而是把运输服务委托给实际运输商。这种利用运输的代表就是代理型运输业者。

（四）运输服务业竞争激烈

运输服务业者不仅在各自的行业内开展相互竞争，而且还与运输方式相异的其他运输企业开展竞争。虽然各种运输方式都存在着一些与其特性相适应的不同的运输对象，但是，也存在着多种运输方式都适合承运的货物。这类货物的运输就形成了不同运输手段、不同运输业者之间的相互竞争关系。

（五）运输系统的现代化趋势

所谓运输系统的现代化，就是采用当代先进适用的科学技术和运输设备，运用现代管理科学，协调运输系统各构成要素之间的关系，达到充分发挥运输功能的目的。运输系统的现代化也促使运输系统结构发生了根本性改变，主要表现在：一是由单一的运输系统结构转向多种方式联合运输的系统结构，如汽车—船舶—汽车、汽车—火车—汽车、船舶（港口）—火车（站场）—汽车（集散场）等不同的联合运输系统；二是建立了适用于矿石、石油、肥料、煤炭等大宗货物的专用运输系统；三是集包装、装卸、运输于一体，使运输系统向托盘化与集装箱化方向发展；四是顺应全球经济发展的需要，一些发达国家陆续开发了一些新的运输系统，如铁路传送带运输机械、筒状容器管道系统、城市无人操纵收发货物系统等。

三、物流运输系统的构成要素

（一）运输线路

运输线路是供运输工具定向移动的通道，也是运输赖以运行的基础设施之一，是构成运输系统最重要的要素。在现代运输系统中，主要的运输线路有公路、铁路、航线和管道。其中，铁路和公路为陆上运输线路，除了引导运输工具定向行驶外，还需承受运输工具、货物或人的重量；航线有水运航线和空运航线，主要起引导运输工具定位定向行驶的作用，运输工具、货物或人的重量由水或空气的浮力支撑；管道是一种相对特殊的运输线路，由于其具有严密的封闭性，所以既充当了运输工具，又起到了引导货物流动的作用。

（二）运输结点

所谓运输结点，是指以连接不同运输方式为主要职能，处于运输线路上的承担货物集散、运输业务办理、运输工具保养和维修的基地与场所。运输结点是物流结点中的一种类型，属于转运型结点。公路运输线路上的停车场（库）、货运站，铁道运输线路上的中间站、编组站、一区段站、货运站，水路运输线路上的港口、码头，航空运输线路上的空港，管道运输线路上的管道站等都属于运输结点范畴。一般而言，由于运输结点处于运输线路上，又以转运为主，所以货物在运输结点上停滞的时间较短。

（三）运输工具

运输工具是指在运输线路上用于载重货物并使其发生位移的各种设备和装置，它们是运输能够进行的基础设备，也是运输得以完成的主要手段。运输工具根据从事运送活动的独立程度可以分为三类：

（1）仅提供动力，不具有装载货物容器的运输工具，如铁路机车、牵引车、拖船等。

（2）没有动力，但具有装载货物容器的从动运输工具，如车皮、挂车、驳船、集装箱等。

（3）既提供动力，又具有装载货物容器的独立运输工具，如轮船、汽车、飞机等。管道运输是一种相对独特的运输方式，它的动力设备与载货容器的组合较为特殊，载货容器为干管，动力装置设备为泵（热）站，因此设备总是固定在特定的空间内，不像其他运输工具那样可以凭借自身的移动带动货物移动，故可将泵（热）站视为运输工具，甚至可以连同干管都视为运输工具。

动画：货物运输车辆介绍

（四）运输参与者

运输活动的主体是运输参与者，运输活动作用的对象（运输活动的客体）是货物。货物的所有者是物主或货主。运输必须由物主和运输参与者共同参与才能进行。

1. 货物所有者

货物所有者包括托运人（或称"委托人"）和收货人，有时托运人与收货人是同一主体，有时不是同一主体。不管托运人托运货物，还是收货人收到货物，均希望在规定的时间内，以最低的成本、最小的损耗和最方便的业务操作，将货物从起始地转移到指定地。

2. 承运人

承运人是指运输活动的承担者，他们可能是铁路货运公司、航运的公司、民航货运公司、储运公司、物流公司或个体运输业者等。承运人是受托运人或收货人的委托，按委托人的意愿以最低的成本完成委托人委托的运输任务，同时获得运输收入。承运人根据委托人的要求或在不影响委托人要求的前提下合理地组织运输和配送，包括选择运输方式，确定运输线路，进行货物配载等。

3. 货运代理人

货运代理人是根据用户的指示，为获得代理费用而招揽货物、组织运输的人员，其本人不是承运人。他们负责把来自各用户的小批量货物合理组织起来，大批量装载，然后交由承运人进行运输。待货物到达目的地后，货运代理人再把这大批量装载拆分成原先较小的装运量，送往收货人。货运代理人的主要优势在于大批量装载可以实现较低的费率，并从中获取利润。

4. 运输经纪人

运输经纪人是替托运人、收货人和承运人协调运输安排的中间商，其协调的内容包括装运装载、费率谈判、结账和货物跟踪管理等。经纪人也属于非作业中间商。

（五）运输对象

货物是物流运输活动的对象，但是货物本身不能做出是否参与运输的决定，所以运输活动是否进行需要由运输参与者做出决定。

道路运输货物包括以下种类，一般根据托运人运输要求和承运人运输条件，商定适用的运输方式。

1. 零担货物

零担货物是指托运人一次托运货物量不足3吨的货物。零担货物运输是指当一批货物的重量或容积不够装一车（不够整车运输条件）时，与其他几批甚至上百批货物共享一辆货车的运输方式。托运一批次货物数量较少时，装不足或者占用一节货车车皮（或一辆运输汽车）进行运输在经济上不合算，而由运输部门安排和其他托运货物拼装后进行运输，再由运输部门按托运货物的吨千米数和运价率计费。零担货运灵活机动，方便简捷，适合数量小、品种杂、批量多的货物运输，适合商品经济发展的需要。

2. 整车（批）货物

托运人一次托运的货物在3吨（含3吨）以上，或虽不足3吨但其性质、体积、形状需要一辆3吨及3吨以上的汽车运输的，均为整批货物运输或称整车货物运输。

公路整车货物运输与零担货物运输在作业流程方面的主要区别是：

（1）整车货物运输与零担货物运输相比，虽然主要是货物计费数量不同，然而作业过程却简单得多。

（2）在接收货物形式方面，整车货物运输是整车（批）货物接收；而零担货物运输是零星接收。

（3）在是否直达运输方面，整车货物运输多数是直达运输，货物从发货地直接到收货地仓库，没有入库储存保管环节；而零担货物运输是接收每个客户的货物后，入库保管，等待一定时间货物凑足整车或到达一定时间后，才装车运送。

（4）在装车环节，整车货物运输是整车整装，而零担货物运输往往有分拣、组配和拣选环节。

（5）在是否需要押运方面，整车货物运输的部分货物如活的动植物和贵重物品的运输等，需要押运；而零担货物运输一般不需要押运。

（6）在收付款方式方面，整车货物运输多数是预交部分运杂费（30%～70%），交付货物前结算清楚；多数零担货物运输是先交清运杂费后实施货物运输。

3. 大型、特型、笨重货物

大型、特型、笨重货物运输是道路货物运输的一种，是指因货物的体积、重量的要求，需要大型或专用汽车运输。大型、特型、笨重货物运输条件包括：

（1）车辆装备。具有装载整体大型物件实际能力在20吨以上100吨以下的超重型车组，包括牵引车和挂车（半挂车、凹式低平台挂车），并有相应的配套附件。车组技术状况良好，在重载条件下能顺利通过8%的道路坡度。

（2）技术人员。具有助理工程师以上职称的汽车运用专业技术人员不少于1人；主管技术的车队长需有从事大型物件运输2年以上的实际经验。

（3）技术工人。具有符合超重型汽车列车驾驶员、超重型汽车列车挂车工、公路运输起重工的不低于初级的技术等级。

（4）技术、安全规章。具有上级或本单位制定印发的车组和起重装卸机工具的使用技术、安全操作规定、质量保证制度等规章。

（5）历史记录。已开业户应提供以往运过的主要大型物件的重量、外形尺寸、件数、安全情况和货主反映的材料。

受理大型、特型、笨重货物运输时的安全管理承运和装卸大型、特型、笨重货物，承运人提供的车辆和装卸机械，必须能保证货物在长度、高度和单件重量方面的安全作业要求。承运大型、特型、笨重货物的级别必须与批准经营的运输类别相符，不准受理经营类别范围以外的大型、特型、笨重货物。受理大型、特型、笨重货物托运时，承运人除了按照特种货物办理承运手续外，还应再派对大型、特型、笨重货物装卸、运载操作有相当经验的人员，会同托运人到货物现场，对货物与装车场地及装卸方式方法等进行实地勘察，核对落实，决定能否受理或采取一定的安全加固措施后方可受理。若遇畸形的大型、特型、笨重货物，应向托运方索取货物说明书，同时应随附货物外形尺寸的三面视图（侧视、正视、俯视），以"+"表示重心位置，要事先拟订周密的装运方案和运行路线，必要时应让托运方报请公安机关或其他有关部门审查后再予受理。

综上所述，大型、特型、笨重货物运输的条件较为严格，各大货物运输公司需严格遵守。需要提醒注意的是，大型、特型、笨重货物运输与普通货物运输存在一定的区别，不可混为一谈。

4. 汽车集装箱

汽车集装箱运输是集装箱运输的一个重要的组成部分。它能将航空、铁路、海运有效地连接起来，实现门到门运输。同时，还能把小批量的零星货物，通过汽车运输加以集中和组织，转为集装箱运输。目前，在一些工业发达国家中，汽车集装箱运输不仅承担了铁路、海运、航空接送业务，而且承担了中、短途的内陆集装箱运输。采用集装箱为容器，使用汽车运输的，为集装箱汽车运输。

5. 快件货物

在规定的距离和时间内，将货物运达目的地的，为快件货物运输。应托运人要求，采取即托即运的，为特快件货物运输。快件货物运输根据《道路零担货物运输管理办法》的规定，快件零担货物运输是指从货物受理的当天15时起算，300千米运距内，24小时以内运达；1 000千米运距内，48小时以内运达；2 000千米运距内，72小时以内运达的运输方式。由于快件运输对运达时间的限定，一般是与专门从事该项业务的公司和运输公司、航空公司合作，派专人以最快的速度在发件人、货运中转站或机场、收件人之间递送急件。

6. 危险货物

《危险货物分类和品名编号》（GB6944-2012）的规定，危险货物指具有爆炸、易燃、毒害、感染、腐蚀、放射性等危险特性，在运输、储存、生产、经营、使用和处置中，容易造成人身伤亡、财产毁损或环境污染而需要特别防护的物质和物品。危险货物运输管理有以下特点：

（1）危险货物不能当成普通货物运输，因为它具有易于发生事故的特性；危险货物不是任何运输企业都能运输的，特别是个体运输户，更不能承担运输，因为它需要具备特殊的运输条件并掌握危险货物性质的能力。

（2）危险货物不是任何车辆都能运输的。根据不同的危险品，需要配置不同装置的专用车辆，并且对技术状况的要求更加严格，必须做到万无一失。

（3）危险货物绝不能与普通货物混装，因此必须加强管理，严禁危险货物混装运输。

（4）危险货物自身稳定性处于一定的临界点，在储存和运输中，要有严格规定和特殊要求，稍有偏离、疏忽或操作错误、防范不当，就会发生事故，而危险货物一旦发生事故，往往具有灾难性，损失巨大，伤亡惨重，影响极大。

7. 搬家货物

为个人或单位搬迁提供运输和搬运装卸服务，并按规定收取费用的，为搬家货物运输。

四、道路货物运输要求

（一）常见的普通货物及运输要求

1. 粮食

粮食包括稻谷、麦、各种杂粮等，其货运的特点是货流数量大，具有季节性、单向性和时效性，运输的重点在于防潮、防污染。粮食运输常用袋装装运，装运时应注意：

（1）避免受潮，无论运距长短，天气好坏，都应随车备带油布等防雨工具。

（2）袋装粮食在装车时应严格检查缝口是否严密，包装是否完好。

（3）装运粮食的车厢应无裂缝，袋口应朝里或朝上，以防袋口松散漏失。

（4）禁止用装过化学危险品的车辆运送粮食。

2. 煤炭

煤炭的品种多、货流大，运输中不同品种不应混装，以防止漏失。通常采用散装的运输方法，装运时应注意：

（1）运送煤炭的车辆应具有完整且足够高的栏板，以保证装载品质并防止漏失。

（2）分清煤种，做到不混装、不混卸、不混堆。

（3）装运煤炭的车辆再运输其他货物时，应清扫干净。

3. 钢铁

钢铁类货物包括生铁、钢锭、各类钢材等。运输中装载要均匀平衡，防潮防湿，防止锈蚀。

（1）钢铁本身沉重，装运时车辆应备有垫木，注意装运安全。

（2）不同品种的钢铁不要混装。

（3）应备装油布等防潮、防湿工具。

（4）装载时应避免钢片超出车外，货物分布要均衡。

（5）刚出炉的钢渣遇水会发生爆炸，应避免雨天运送。

4. 矿物和建筑材料

矿物和建筑材料有砖、瓦、黄沙、石子、水泥及各种矿石等。其特点是价值低、用量大，运输中的要求不高，但砖、瓦要防碎，水泥要防潮。这类货物常采用散装运输，其目的地一般为建筑工地。

（1）运送矿物和建筑材料至建筑工地时，应做到迅速及时，并按指定地点堆垛整齐。

（2）不用有裂缝或栏板不全的车辆载运，防止散装货物漏失。

（3）运送砖瓦等建筑材料时应注意防碎。

（4）运送袋装水泥时应避免破损，要做好防潮工作。

5. 日用工业品

日用工业品包括纺织工业品、食品、日用百货、金属轻工业品和其他轻工业产品、手工业产品。因货种、货名繁多，常称为杂货。运输中重点要做好防潮，减少混合污染以及货损、货差，少数物品还具有易燃性。

日用工业品多数怕潮、怕湿（烟、糖、纱布、纸张、小五金等），容易污染和破损（纺织品、针织品、食品、玻璃及陶瓷制品等）。少数货物还具有危险性（乒乓球、火柴等）。由于货种多，特性不一，生产单位多，在混装中特别要注意避免出现污染和货差、货损。同时，不论天气如何，装运日用工业品时，都应随车携带雨布和绳索，以防潮湿。

在运输日用工业品时，拼装货物是常用的方法，应注意以下事项：

（1）液体（瓶装居多）与固体货物不宜拼装，以防包装破损或液体渗出而污染其他货物。

（2）拼装货物应下重上轻，耐压的在下。

（3）禁止将食品与污染、毒害物品等货物拼装。

（二）常见的特种货物及运输要求

1. 长大、笨重货物

（1）长大、笨重货物的特点及其运输要求。长大、笨重货物是指单件（含因货物性质或托运人要求不能分割拆散的组合件和捆扎件）长度≥6米、高度≥2.7米、宽度≥2.5米、质量≥4吨的货物。该类货物的特点是：

① 超长。此类货物多半是钢材、竹、木或其他制品，例如钢梁、钢管、圆钢、工字钢、钢板、轻轨、行车架、打桩机、原木、毛竹、水泥电杆、铝型材长料等，宜采用加长、大型货车或半挂货车等车辆运输。

② 超高、超宽。此类货物多半是钢铁制品，如立式车床、锻压机、变压器、大型锅炉、化工合成塔以及桥梁或工程设备构件等，通常采用大型平板汽车列车运输。

③ 笨重。等于或超过4吨以上的笨重货物，常见的有建筑和施工机械，如推土机、挖掘机、压路机等，以及大型金属铸件和机器设备等，可用半挂货车或大型平板汽车列车运输。

（2）长大、笨重货物的装载要求。长大、笨重货物装车后，必须用垫木、铅丝或钢丝缆绳固定牢固，以防滑动。货物长度超过车身时（如钢材、钢板等），应在后栏板用坚固方木垫高并呈现前低后高状；圆柱体及易滚动的货物，如卷钢、轧辊等，必须使用座架或凹木加固；货物超出车身的尾部须白天插红旗，夜间悬挂红灯，以便车辆安全行驶。对于超高、长大、笨重货物，为确保通行，事前应对沿途桥涵或渡口进行勘察，制定有效措施以防不测。运输时需由托运人配备电工，携带应用材料、工具随车护送，必要时还需有关部门协同在前引道开路，以便排除障碍，顺利通行，并提示过往车辆注意。

（3）长大、笨重货物运送。由于长大、笨重货物的外形尺寸较大，给运输带来了较大的难度，在运输过程中必须综合考虑货物、运输工具、装卸条件、道路、桥梁等情况，从而达到安全运送的目的。运送长大、笨重货物必须掌握下列情况：

① 全面了解货物情况。了解货物的长宽高尺寸，货物的实际质量及形状，货物的质心位置，装运中有何特殊要求，可否卧倒装运等。

② 察看装卸场地及设备。察看附近是否有电缆、水管、电话线、煤气管道、沟管及其他地下建筑物，车辆能否进入装卸场地，现场是否适合机械装卸。

③ 综合考虑运输路线情况。对承运路线的道路和桥梁的宽度、弯道半径、承载

能力以及其他车辆的流通情况，必须进行充分的调查研究。

只有对上述情况进行了全面了解，并综合分析以后，才能开始承运。由于长大、笨重货物在运输中占据的空间较大，会影响其他车辆的运行，所以承运长大、笨重货物的车辆，既要考虑自身车辆的安全运行，同时也应考虑不能给其他车辆的运行造成困难。

（4）在运输长大、笨重货物时，必须注意的事项。

① 运送长大、笨重货物之前，必须请公路及有关部门在沿途和现场作技术指导，必要时还要对桥梁加固，以确保安全运行。

② 运送长大、笨重货物时，必须经公安、公路管理等部门审查批准，发给准运证，并按规定的路线和时间行驶。

③ 运输中要悬挂明显的标志，以引起其他车辆和行人的注意。标志要悬挂在货物超限的末端，白天悬挂红旗，夜晚悬挂红灯。

④ 特殊超高的货物，要有专门车辆在前引路，以便排除障碍，顺利通行。

驾驶人要集中精力，谨慎驾驶，密切注意运行情况，利用灯光、喇叭、广播等配合运输。

2. 鲜活、易腐货物

（1）鲜活、易腐货物的特点及其运输要求。鲜活货物指在运输过程中，需采取保鲜活措施，并需在限定运输期限内运抵的货物。易腐货物是指在运输过程中，必须保持一定低温，以防止腐坏、变质的货物。其主要特点是：

① 需有人随车押运照料。如运输兽、畜、蜜蜂、鱼、虾，以及鱼苗、鳗苗等活动物，需有人在运输途中添加饲料、上水、换水、注氧气等。可用一般敞式货车（装运耕牛或生猪时，不能使用全铁底板车厢的货车），或经适当改装的专用车、高栏板车等运输。

② 对温度的要求不同。运送肉类的温度要低，运送蛋类的温度要适中，水果、蔬菜或鲜花均怕热又怕冷，如苹果和梨要保持-4℃，香蕉和菠萝要保持12-14℃、8-10℃等。运输此类货物适合使用冷藏车、保温车；对于要保持零度以上温度的货物，可采取加盖保温材料或采用封闭车厢车辆运输。

③ 季节性强、货流波动幅度大。如水果主要产于夏季和秋季，海洋水产有冬汛和春汛期，鲜蛋的运输旺季在4-6月，蔬菜的运输旺季在11月至次年的5月等。由于各地自然条件不同、气候变化不一样，往往影响这些物资的产量，使货流产生波动。

（2）运输鲜活、易腐货物运输必须注意的问题。

① 受理。托运鲜活货物，应提供最长运输期限及途中管理、照料事宜的说明书，有关部门提供的动植物检疫证明和准运手续，对于运输途中需要饲养和照料的动植物，托运人必须派人押运。对于易腐需冷藏保温的货物，托运人应提供货物的冷藏温度和在一定时间的保持温度。鲜活、易腐货物原则上专车专运，不得与其他货

物混装。

② 装载。装载水果、蔬菜、鲜活植物时，各货件之间应留有一定的间隙，使空气能在货件之间充分流动。车厢底板最好有底格，装货时应使货件与车壁留有适当空隙，以便使经由车壁和底板传入车内的热量，可以由空气吸收而不至于直接影响货物。至于易腐货物，除冷冻货物应采用紧密堆码不留空隙，对本身不发热的某些冷冻货物（如冷冻鱼虾），虽可以采用紧密堆码法，但应防止过分紧压，以免损伤物体，影响质量。对于活口动物，如牛、马需用绳索拴牢在高栏板内，禽、兽及其他小动物须用集装笼或专用工具固定在车厢内，保持平稳、妥当。

③ 运送。对鲜活货物应运送及时，运行中不得随便紧急制动，并配合押运人定时停车照料。易腐货物要快速运输，压缩货物在途中的时间，以保障货运质量。

3. 贵重货物的特点及其运输要求

（1）贵重货物的定义。贵重货物是指价值昂贵，在运输中需要特别保护的物品。

（2）贵重货物的特点。货物本身价值昂贵，如货币及有价证券、贵重金属、精密仪器、高档电器、珍贵艺术品等，在运输、装卸、保管中要特别注意安全，做好防范工作，谨防货损货差。

（3）贵重货物的种类。以下货物均为贵重货物：

① 其声明价值毛重每千克超过（或等于）1 000美元的任何物品。

② 黄金（包括提炼或未提炼过的金锭）、混合金、金币以及各种形状的黄金制品，如金粒、片、粉、绵、线、条、管、环和黄金铸造物；白金（即铂）类稀有贵重金属（钯、铱、铑、钌、锇）和各种形状的铂合金制品，如铂粒、绵、棒、锭、片、条、网、管、带等。但上述金属以及合金的放射性同位素不属于贵重货物。

③ 合法的银行钞票、有价证券、股票、旅行支票及邮票（从英国出发，不包括新邮票）。

④ 钻石（包括工业钻石）、红宝石、蓝宝石、绿宝石、蛋白石、珍珠（包括养殖珍珠），以及镶有上述钻石、宝石、珍珠等的饰物。

⑤ 金、银、铂制作的饰物和表。

⑥ 金、铂制品（不包括镀金、镀铂制品）。

（4）运输贵重货物应注意的问题。

① 受理。托运贵重货物，托运人按货物实际价值，自行选择保险或保价的一种，在运单上准确填写投保货物的声明价格。贵重货物包装必须完好、牢固，一张运单托运的件货，凡不具备同品名、同规格、同包装的，应提交物品的清单；对国家或地方政府规定禁运、限运以及需办理准运证明的，托运人应随同运单提交有关部门的文件或证明，方能受理。为确保贵重货物运输安全，托运人应对物品属性以及运输、装卸、保管注意事项和运抵时间期限等提出特约要求，以利于承运人重视。整批量大的贵重货物，原则上受理后实行整车运送，安排适宜货物载运的、性能良好的货车或专

用车直达运输；小批量、零星、贵重货物，拼装零担运输的应在运单上盖有"贵重货物"戳记，以便承运前、到达后的车站稳妥装卸和保管。

② 装载。必须做到轻搬、轻装，大不压小，重不压轻，标志朝外，箭头向上；货物间积载稳妥，不留空隙，质量分布均衡；严禁超高、超载，油布捆扎牢固，谨防湿损。

③ 运送。为确保货物安全，应尽可能实行快运，超长运距应配备双班驾驶人，日夜兼程。途中定时检查车厢和油布，运行中不得随便紧急制动。

4. 易碎货物的特点及其运输要求

易碎货物也称脆弱货物，指在运输过程中怕震动和易破碎的货物。

（1）常见易碎货物的种类及特点。易碎货物主要是玻璃及其制品、陶瓷器及石棉瓦等。随着城乡人民生活水平的提高和市场的日益繁荣，易碎货物的运输日趋增加，如常见瓶酒、酱菜、调味品、化妆品以及炊具、洁具等品种繁多。它们都具有不耐碰击、机械强度低等特性，在运输时要采取相应措施。

（2）承运易碎货物的注意事项。

① 包装。要求包装牢固，物品衬垫材料充实，不易晃动、挤压，对于无外包装的货物，必须有夹板、绳索紧固防护。

② 装载。易碎货物原则上采用整车运输，必须拼装的零星货物不得与怕湿、怕热以及易燃、易吸收、易污染的物品混装；积载时应小心轻放，注意标志，严禁滚翻、重压。

③ 运送。行驶时要匀速，不得紧急制动，避免剧烈的振动。

（三）公路集装箱运输的特点

集装箱运输是一种"门—门"运输，要实现"门—门"运输，就离不开集装箱卡车运输这种"末端运输"方式；集装箱卡车运输在集装箱的各种运输方式之间起衔接、辅助性的作用，表现出公路运输共有的特点。

1. 公路集装箱运输的要求

（1）对公路技术规格的要求。一般来说，运输大型集装箱最大轴负重10吨，双轴负重16吨就够了。为了最大限度利用轴负重，可使用不受高度限制的低拖车。所以，对公路基本建设的最低要求是公路网的载运能力至少必须等于轴和双轴的负重和车辆上载运一个按定额满载集装箱的总重量。运输6.1米、10.67米、12.2米（20英尺、35英尺、40英尺）的集装箱，公路必须满足下列要求：车道宽度3米，路面最小宽度30米，最大坡度10%，停车视线最短距离25米，最低通行高度4米。上述数据是以每小时行车速度每千米数为基础计算的。有些国家因公路有关法规的限制，允许最大宽度、最大高度分别为3.6米、3.8米。

（2）对运输车辆的要求。汽车集装箱运输的车辆是根据集装箱的箱型、种类、规格尺寸和使用条件来确定的。一般分为货运汽车和拖挂车两种。货运汽车一般适用于

图片：集装箱

小型集装箱，做短距离运送。拖挂车适用于大型集装箱，适合长途运输，它的技术性能较好，在一些发达国家采用拖挂车较多。

（3）对装卸机械的要求。虽然汽车集装箱运输的装卸作业主要在场、站或货主自己的库场上进行，不像码头、铁路货场那样进行大量的集装箱装卸工作，但为了适应某些货主以及汽车集装箱货场作业的要求，也需要配备一定数量装卸集装箱的机械设备。

（4）对营运管理的要求。汽车集装箱的营运管理主要指两方面：一是货运组织工作；二是车辆运行管理。货运组织工作包括集装箱运输的货源组织，集装箱的业务管理和装卸作业，运费结算，集装箱的保管、交付，以及与其他部门的衔接配合等。车辆运行管理是指集装箱业务量的分配、车辆运行计划制订、运输工作的日常管理、集装箱车辆在线路上的运行组织管理、集装箱的运输统计分析等。

2. 公路集装箱运输的货源组织

（1）货源组织的客观性。集装箱货源的客观性是指集装箱货源受国家政策的影响很大，涉及国家对外贸易的发展和集装箱化的比例，同时还受到货主、货运代理，以及船公司等各种变化的影响，因此从公路集装箱运输货源来说，其平衡性和稳定性只是相对的、暂时的。由于货源的不平衡性，对运输的需求也是经常处于不稳定的状态，因此公路集装箱运输在时间和方向上都存在着一定的不均衡性。表现在货物的流量上，月度、季度或各旬间有很大差异，上行和下行也存在很大差异。所以说，公路集装箱运输的客观因素在一定程度上左右了公路集装箱运输的发展。

（2）集装箱货源组织形式。集装箱货源组织最基本的形式是计划调拨运输，就是由公路运输代理公司或配载中心统一受理由口岸进出口的集装箱货源，由代理公司或配载中心根据各集卡公司（车队）的车型、运力，以及基本的货源对口情况，统一调拨运输计划。计划运输是保证集装箱公路运输正常发展的前提，也是保证企业效益的主要支柱。同时，计划运输对公路集装箱运输的运力调整和结构调整起着指导作用。

合同运输是集装箱公路运输的第二种货源组织形式。在计划调拨运输以外或有特殊要求的情况下可采用合同运输形式。由船公司、货运代理或货主直接与集卡公司（车队）签订合同，确定某一段时间运箱量多少。这尽管是计划外的，但是长期的合同运输事实上也列入了计划运输之列，这对稳定货源、保证计划的完成同样具有积极的意义。

第三种货源组织形式是临时托运。临时托运可视为小批量、无特殊要求的运输，一般不影响计划运输和合同运输的完成。主要是一些短期的、临时的客户托运的集装箱，这也是集卡公司（车队）组货的一个不可缺少的货源组织形式。

3. 公路集装箱运输货源组织的手段

（1）委托公路运输代理公司或配载中心组货。这应该被看作主要的货源渠道。因为集装箱公路代理公司或配载中心一旦成立并发挥职能，其货源组织的能量是不可低估的，不仅在于作为专门的公路集装箱货运代理与集装箱运输有关单位有密切的联系，业务上熟悉，商务上也便于处理；更重要的是，对客户来说要方便得多。这在事实上将提高其知名度，反过来其业务量亦将随之增大。

（2）建立营业受理点。委托集装箱公路运输代理公司或配载中心受理集装箱托运业务，并不排斥各集卡公司（车队）在主要货主、码头、货运站设立营业受理点。这有以下几个好处：

① 能及时解决一些客户的急需或特殊需要。

② 作为集卡公司（车队）在现场营业，办理托运，能更快地了解、掌握集装箱运输市场的信息动态，从而为其运输经营提供依据。

③ 允许适度的竞争对搞活集装箱运输市场是必要的，但是各集卡公司（车队）设立营业点必须行为规范，严格执行运价规定，并负责所产生的一切后果。

（3）参加集装箱联办会议和访问货主。参加集装箱联办会议，及时了解港区、货代、货主的货源情况，也是一个组货的好渠道。要与他们保持密切的联系，随时掌握他们手中的货源，并争取运输订单。要经常走访主要货主单位，与他们建立正常的业务联系，这是直接了解客户产销情况，并对集装箱运输的需求变化十分有效的方式。要主动帮助客户解决运输疑难问题，与其确立稳定的业务关系。

4. 公路集装箱运输在多式联运中的货运形式及业务范围

由于公路集装箱运输在多式联运中所具有的特点和作用，因此有必要确定公路集装箱运输的货运形式及其业务范围。这里仅限于多式联运（国内段）公路运输的货运形式和业务范围。

（1）货物运输的形式。货物运输的形式主要有以下几种：整箱港到门直达运输；整箱港到站或堆场运输；整箱门到港直达运输；整箱门到场或站运输；空箱场到门或站到门运输；空箱站到场或场到站运输；空箱站到站或场到场运输。

（2）业务范围。

① 进口货运业务。

第一，编制进口箱运量计划。根据港务局提供的船期动态表以及船公司或货代提供的进口船、载箱数，结合本公司运力编制运量计划。

第二，接受汽车托运。货主或其代理向集卡公司提出进口集装箱陆上运输申请，集卡公司在了解箱包货物和卸货地点情况以后，符合条件的接受托运。

第三，申请整箱放行计划。集卡公司在接受托运之后，应向联合运输营业所申请整箱放行计划，拆箱货应由陆上运输管理处批准。

第四，安排运输作业计划。集卡公司应根据"先重点后一般"的原则，合理安排运输计划。如遇超重箱或超标准箱应向有关部门申请超限证，跨省运输则应开具路单等。

第五,向码头申请机械、人力、理货、卫检等。无论整箱还是拆箱都应及时向港区提出作业申请,由港区根据需要配备机械和人力。集卡公司还应代收货人提出理货、卫检或一些特殊需要的申请。

第六,从堆场提取重箱。集卡公司在取得放行单和设备交接单后,应到指定地点提取整箱,并办理出场集装箱设备交接。

第七,交箱。集装箱送至收货人处拆箱时,须由理货公司派员理货。货主接收货物后,在交接单上签收,集卡公司运输责任在交接后才告结束。

第八,送还空箱。集装箱空箱应按指定时间、地点送回。在交接空箱时,应凭进场集装箱设备交接单办理集装箱交接。

② 出口集装箱货运业务。

第一,掌握货源。集卡公司应广泛开展货源组织工作,掌握船公司和货运代理近期待装运的箱源,预先做好运力安排。

第二,接受托运。集卡公司在掌握待装货物和装箱地点情况后,符合条件的予以承运并订立运输契约。

第三,安排作业计划。接受托运后,应及时编制作业计划。超重、超限、跨省运输应向有关部门办理申请。

第四,向码头申请机械。所承运的货物,根据船期计划,应在前一天向码头申请机械。

第五,领取空箱。集卡公司凭货代签发的出场"集装箱设备交接单"和托运单到指定地点提取空箱。

第六,装箱和送交重箱。空箱在托运人处装箱,经过理货公司理货,由装箱人提供装箱单,集卡公司将重箱连同装箱单、设备交接单到指定港区交付,并办理集装箱设备交接。

第三节 运输经营管理

一、运输型物流企业组织结构

组织机构是企业领导者对企业实行有效管理的重要依托,是企业与社会相联系的载体,它支撑着企业的生产、技术、经营等各项活动的开展,没有一个高效、稳定的企业管理组织机构,企业的一切行动将无法正常进行下去。

(一)直线制

这是组织发展初期的一种最简单的结构模型,这种形式至今仍有存在的价值,其组织结构如图1-1所示。

这种模式的特点是:组织中各种职位均按垂直系统直接排列,因而组织机构简单、权力集中、命令统一、决策迅速。在组织中,上下级和同级之间相互关系明确,

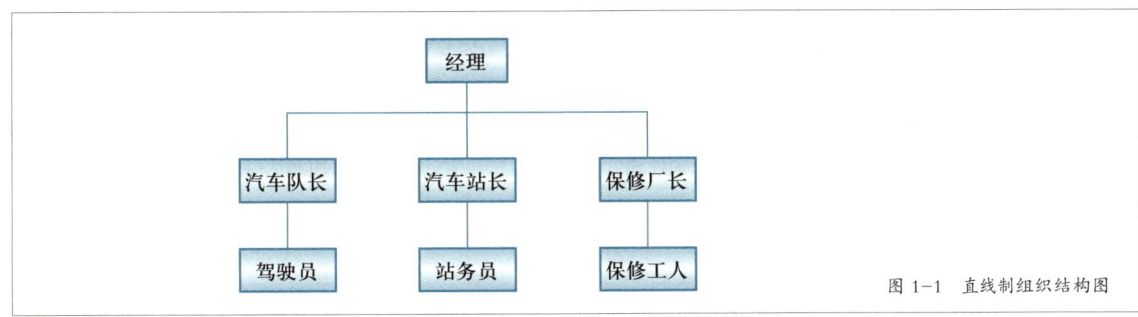

图 1-1 直线制组织结构图

职权从下到上逐级增高,各级组织的数目由下到上逐渐减少。这种形式实行没有职能机构的个人管理,它要求各级主管人员必须具备各方面的知识和技能。由于各项任务都由领导亲自处理,容易使其陷入烦琐的日常事务中而无法考虑企业的战略问题。它只适合企业人数少、规模小、生产经营活动简单的企业。

（二）职能制

职能制是企业按照职能实行专业分工管理,在各级行政负责人下设相应的职能机构,并且各职能部门都可以在自己的职权范围内向下级下达命令,直接指挥,其组织结构如图1-2所示。

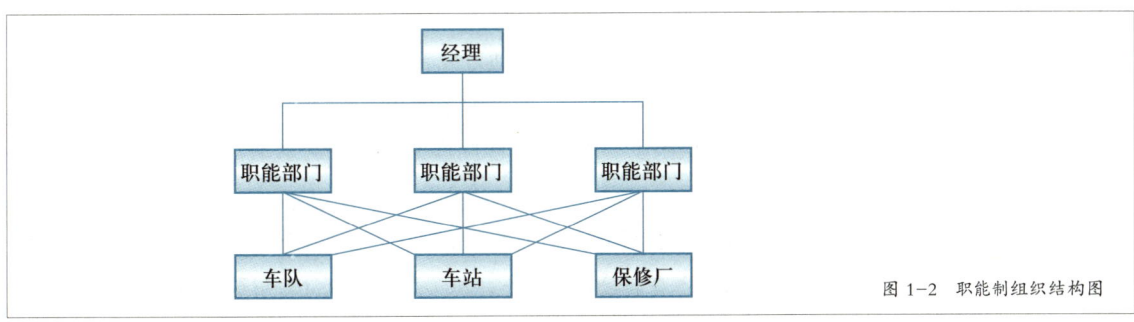

图 1-2 职能制组织结构图

其优点是有助于加强各项专业管理,发挥职能部门的作用,弥补各级行政领导者管理能力的不足。其缺点是容易形成多头领导,造成管理混乱,削弱统一指挥,使下级无所适从,影响正常生产秩序。

（三）直线职能制

直线职能制是在直线制和职能制基础上适应现代化工业生产的要求而发展起来的,是当前道路运输企业最常用的一种组织结构形式,如图1-3所示。

这种组织结构的特点是：

（1）企业经营决策权集中在企业最高领导层,然后按生产的不同特点划分成不同的班组或部门,建立行政指挥系统。

（2）各级行政管理机构由一名领导负责统一指挥并直接对上级负责。

（3）各级行政管理机构可以设立必要的职能部门。其职责是向领导提供决策依

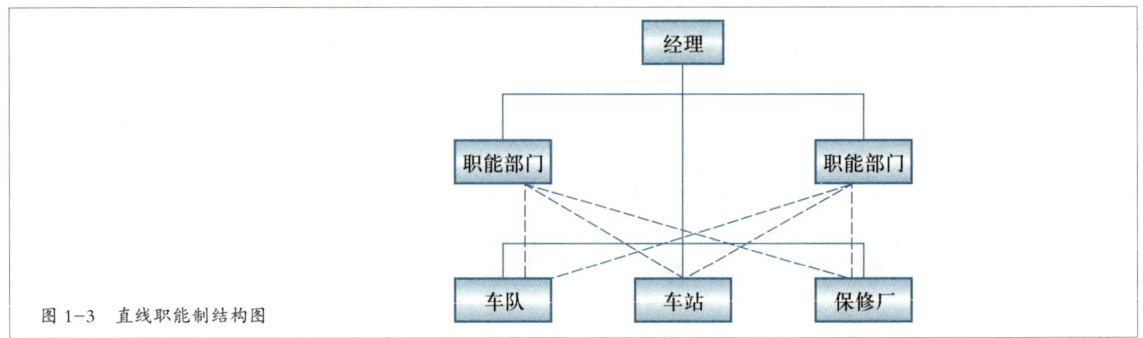

图 1-3　直线职能制结构图

据、检查、监督下级人员对计划的执行情况，并且对下级实行业务指导。各职能部门除接受正式授权外，在通常情况下只有检查、监督、建议和业务指导权，没有向下级发号施令的权力。

直线职能制的优点是：集中领导，统一指挥，便于人、财、物的调配；职责分明，各主其事，有利于提高工作效率；系统关系明确，秩序井然，企业有较高的稳定性。其缺点是：权力过于集中，各部门容易产生本位主义思想，增加上级领导的协调工作量，难以培养全面的管理人才。

这种组织较适合企业规模较大，市场环境较易控制的企业。

（四）事业部制

随着市场竞争的加剧，许多企业通过联合或兼并等方式，发展跨多种行业的企业集团或跨地区、跨国界的公司。与这种企业相适应，事业部制组织结构形式随之产生，它最早出现在美国，现已被许多国家的企业普遍采纳，其组织结构如图1-4所示。

事业部制组织结构有两个显著特点：一是企业生产经营活动按产品或地区划分为许多事业部或分公司。在总公司领导下，每个事业部或分公司都是实行独立核算、自

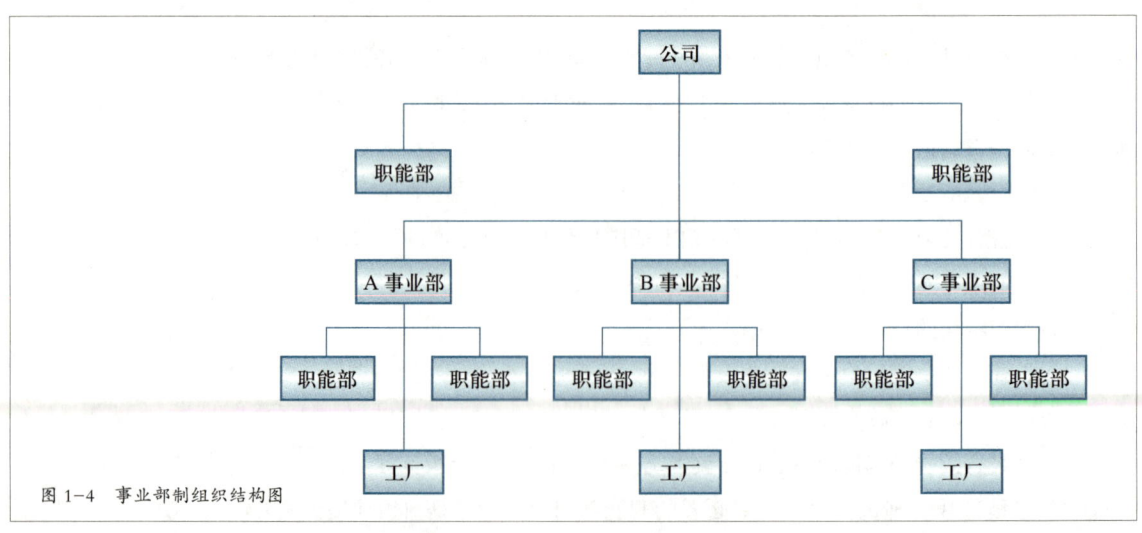

图 1-4　事业部制组织结构图

负盈亏的利润中心。二是实行"集中决策，分散经营"原则，即总公司负责研究制定各种政策，各事业部或分公司根据总公司政策拟定实施方案，开展经营活动，各事业部有自己的直线职能制组织机构。

事业部制的优点是：有利于公司最高领导层摆脱日常事务；集中精力搞好经营决策，长远规划，人才开发等战略性工作；有利于加强各事业部领导者的责任心，调动其积极性、主动性、创造性；由于各事业部之间存在竞争，有利于企业发展，有利于产品专业化、系列化生产，形成教育、科研、生产一体化的企业格局。

事业部制的缺点是：由于各事业部均为独立的利润中心，存在较激烈的竞争，因此不利于各事业部之间的协作和配合，甚至会忽视总公司的整体利益。同时，由于各事业部都有自己的一套行政机构，会造成管理人员的浪费。事业部制比较适合于企业规模大，产品类别多，生产工艺差别大，技术复杂，市场环境多变的大型企业。

（五）矩阵制

矩阵制是美国在20世纪50年代创立的一种新的组织结构形式，如图1-5所示。矩阵制组织结构形式是围绕某项专业任务成立跨部门的专门机构，办公室的大部分成员是由各职能部门和单位根据需要抽调的。任务完成后，办公室解散，人员回原单位。矩阵制组织结构是固定性结构，但每个项目小组或办公室及其成员是临时性的。

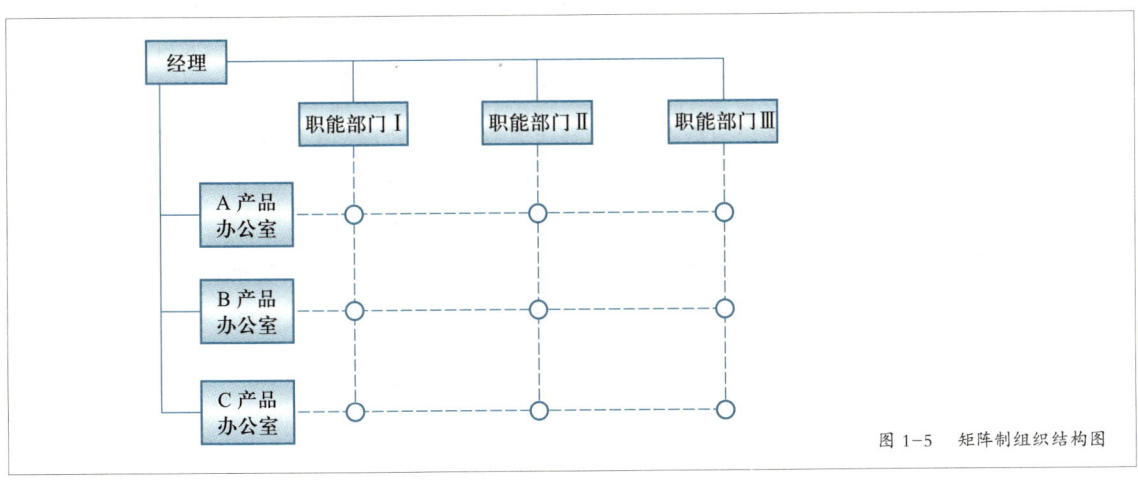

图1-5 矩阵制组织结构图

矩阵制的优点是：加强了各职能部门的横向联系，有较大的灵活性和适应性；有利于发挥人的潜力，有利于不同专业的人员相互学习和相互补充；管理上富于弹性。缺点是：小组缺乏稳定性，成员临时观念强，有时会影响工作情绪，责任心差；存在双重领导，工作上出现矛盾时不易协调，责任也不易划分。这种结构形式适合于以科技开发为主的企业。

二、货物运输管理的内容及方法

（一）货源的组织工作

1. 货源的分类

货源是运输对象的总称，是具有位移要求的各种物资，是物资的托运人对运输劳务的总需求。

货源类型的划分有多种方法，根据不同目的的需要，可按以下方式进行划分。

（1）按组织运输生产分类。

① 指令性计划运输货源。主要指国家或县级以上人民政府确定的抢险、救灾运输和关系国计民生重点运输的货源，以及军事运输货源，这类货源按指令组织安排运输。

② 指导性计划运输货源。主要包括大宗货源、水运港口和铁路车辆集散货物运输货源、线路班车运输货源。

③ 非管制货源。即非指令性、指导性运输计划货源。这类货源一般批量较小，即时性很强，而且分布广泛，允许在运输市场中由承运双方自行交易。

（2）按货流规律分类。

① 均衡性货源。主要是重点厂矿企业生产资料、产品及城市居民用粮运输等货源。其特点是货源流向与流量不受季节变化影响。

② 季节性货源。主要是指流量、流向、流时具有季节性特点的货源。如粮食、甜菜、甘蔗等农作物在收获季节运量明显大于其他季节。

③ 双向货源。指在一定区域范围或运输线路上，货流呈现双向规律，具有比较稳定相向对流的货源。如大中城市农业生产资料、日用工业品运销农村与农副产品运销城镇的货源，往往可以构成双向货源。

④ 单向货源。指一定区域或运输线路上、货源呈单向规律的货源。主要是由自然资源分布的区域性和生产发展程度、工业布局和不平衡性决定的。如南粮北调、北煤南运、晋煤外运等。

科学合理地划分货源类型，掌握各类货源状况，有利于企业组织合理运输。

2. 货源的组织方法与要求

在市场调查与预测的基础上，为进一步落实货源，必须认真做好深入细致的货源组织工作，其基本方法是：

（1）认真执行国家有关货物运输的政策、法规，执行各项货运规章制度或企业标准。

（2）定期检查运输合同、协议等的执行情况，并及时将检查结果反馈给有关部门。

（3）随时研究和掌握货物流量、流向、流时的变化及其规律并及时传递反馈。

（4）组货过程必须贯穿"一切为了货主"的思想。做到"三勤"：嘴勤、腿勤、联系勤。"四多"：多查、多问、多跑、多商量。"一主动"：主动为用户选择最佳路线，以优质服务争取和组织更多的货源。

（二）托运与受理工作

在货物运输中，物资单位向运输企业提出运送货物的要求并办理运货手续的过程叫托运。

运输企业接受物资单位对货物运输委托的过程叫受理，也叫受托或承受。货物的托运受理是运输企业生产的准备阶段，直接影响着运输生产的进行。为此，货物的托运受理必须做到以下几点：

（1）受理托运要手续简便，形式多样，可采用上门、信函、电话受理，以方便货主托运。

（2）受理托运经办人负责审核与认定托运单内容，确定运输日程和运杂费率，确定装卸办法，协商其他约定事项。

（3）托运受理必须做到：托运人、收货人名称、联系人、地址、电话要准；货物名称、规格、性质、数量、重量要准；选择运输路线、计费里程要准；货物运杂费率要准；需要特殊手续的货物运输手续要准；特种、危险货物运输安全措施要准；运费结算单的银行、户名、账号要准。

（4）受理托运后，理货人员要及时到现场核实和验货。检查托运单与实际是否相符，需进一步落实货源、货流及运输准备工作（包装、装卸等）、道路情况、装车能力、装车时间，以及其他事项。要求做到及时、仔细、不出差错。

（5）货物承运后，承运人要实行责任运输，对运输的货物全程负责，适时检查，妥善保管，防潮、防火、防腐、防丢失，发现问题及时采取措施。对运输有特殊要求的货物，必须遵守商定的事项。

（三）计划运输管理工作

（1）实行计划运输是合理组织货运生产、加速物资流通、提高企业和社会经济效益的重要措施。各级业务部门人员要加强市场调查，搞好组货工作，摸清货源货流，积极同用户联系，主动协助用户提送或登门承办托运计划。力争通过改善服务态度，提高运输质量，赢得用户的信赖和积极、主动的配合。

（2）为了保证编制运输计划的时效性，要求基层业务调度部门和人员做好月度、季度、年度托运计划，并及时核实汇总，提出安排意见，交有关部门进行托运计划平衡核定。

（3）托运计划平衡核定后，由货运调度部门提出车辆安排意见和完成运输任务的具体措施，并及时下达给各营运车辆或车队，并由受理站负责通知托运人。

（4）纳入运输计划的货物要优先于计划外货物安排运输；计划内直接用于生产的物资，鲜活、易腐货物，文艺演出用品，搬家货物等，更应优先安排运输；抢险、救灾、战备等紧急运输任务，不受运输计划的限制，必须及时安排，确保完成。

（四）合同运输管理工作

合同运输是汽车运输企业计划管理、生产管理工作中的主要依据。按照合同内容的严谨程度，又可以将其区分为运输经济合同和经济协议两种。凡运输内容、时间、地点、运输数量所需的运输工具的数量和形式都做出了明确规定，对承托双方的经济约束有具体要求并且经过有关公证单位或双方主管机关认定、批准的属于运输经济合同。如果在上列内容中一些主要事项在订约时，双方都由于客观原因难以具体规定，需要在启运前一段时间内再行协商的则属于运输协议的范畴。对于汽车运输企业来说，无论是运输合同还是运输协议，都应严格遵守，建立运输企业的信誉。为此，必须做到以下几点：

（1）受理托运大宗、固定货源，要积极实行合同运输，分别订立年、季、月或批量运输合同，并通过合同运输促进运输质量的不断提高。

（2）订立运输合同时，要采取谨慎负责的态度，必须全面掌握托运人的货源、资金、信誉等基本情况，防止出现意外。签订合同，必须内容齐全、手续完备，必要时要进行公证，以保证运输合同的法律效力。

（3）签订运输合同后，各级业务调度部门要积极配合，严格履行企业承担的一切责任，坚持遵守《公路货物运输合同实施细则》。

（4）执行运输合同过程中，有关业务调度部门和人员要认真做好运输调度及其他有关记录，及时检查、监督合同执行情况，发现问题立即协商解决。保证运输合同的顺利实施。

（5）发生无法调解的纠纷时，要积极用法律手段诉诸法律机关予以裁定，属于企业责任的必须勇于承担，不得无理推卸，以维护运输企业信誉。

（6）主动接受交通主管部门对合同运输的管理和指导。

（五）行车路单的管理工作

行车路单是调度部门代表企业签发的行车命令，是营运货车动用和驾驶员执行任务的凭证，是货运统计的重要基础资料。

目前不少省区所用的行车路单是在省（区）内各专业汽车运输企业加注燃料、进行修理并紧急求援以及供应住宿的依据。因此，行车路单除了具有工作指令、原始记录的作用之外，还在各专业汽车运输企业之间结算有关费用和免费服务等方面起着"有价证券"的作用。所以，行车路单的管理是汽车企业生产管理和经济管理中的一项十分重要的工作。

行车路单的管理必须坚持做到：

（1）行车路单由企业统一到地方交通主管部门购买或领取，企业内部设专（兼）职路单管理人员，负责路单的领取和发放。

（2）行车路单实行"一车一单、交旧领新、回收销号"制度，由各单位值班调度员按运行作业计划填写。

（3）行车路单内各项记录必须按要求填准、填全，对收回的行车路单进行审核。

（4）行车路单严禁外借，也不得车与车交换使用，必须严格执行企业规定的路单使用程序和管理方法。

（六）货物运输信息管理工作

1. 货物运输信息的内容

货物运输信息主要包括与货物运输过程有关的各种消息、情报、指令、报表、记录以及各种数据、图表、资料等。按其内容可分为：运输政策信息、货源货流信息、运输生产信息、运输经营信息、车辆动态信息、运输质量信息、道路交通信息、社会运力布局信息、运输市场信息等。

2. 货物运输信息管理系统

为了保证货物运输信息渠道畅通，及时、准确传递和处理各种信息，必须建立健全信息管理系统。

货物运输信息管理系统根据企业生产规模的大小可分为三个层次：

（1）信息处理中心。负责信息的接收、输出和储存等工作。

（2）信息处理站。除负责信息的收集、加工、传递、反馈外，还负责接收和处理下级传递的信息。

（3）信息处理点。负责信息的收集、加工传递和反馈。

为进一步扩大货物运输信息量，还应在加强管理的基础上逐步健全货物运输信息网络，动员全员收集所在单位的运输信息，最终形成纵横交错、内外贯通的信息网络。

3. 货物运输信息的处理程序及原则

货物运输信息的处理按如下程序和原则进行：

（1）收集。信息的收集必须做到内容全面、完整、可靠。信息收集的方式有：市场调查与预测；柜台情报——通过货物受理点、驻站点、代办业务点、取货送货等承托业务活动中的交谈，了解和掌握有用信息；聘员情报——由信息员提供运输信息；职工情报——业务调度、驾驶人员在货物运输过程中获得有关信息；整理分析各种文字、数据资料，从中得到运输信息。

（2）加工与传递。收集到的信息必须进行有序化整理，通过分类、排序、比较、选择等必要的加工，使之简明、系统、适用。信息传递的媒介目前主要有电话、电报、邮件、报表、会议等形式，信息传递应与管理系统相适应，多种渠道传递。主要传递规定报表以及其他与货运生产、经营、质量相关的各种比较重要和涉及面广的信息。传递信息必须准确、及时、迅速。

（3）信息的输出、存储与反馈。信息传递到有关部门后，立即进行分析、整理，确定是否可用。可用的信息应立即输送给有关单位和部门，当时不用的可以暂时保存（即储存），待日后使用。输出的信息必须及时、迅速，不得影响信息的有效性。信息使用后，使用者要迅速向转出者反馈效果，从而为货运生产、经营决策者提供重要依据。

三、运输合同管理

（一）运输合同概念

道路货物运输合同是指道路货运承运人与托运人为了实现货物位移而达成的明确双方权利义务关系的协议。承运人提供运输工具，按约定期将货物运达约定地点交付给收货人。托运人是委托承运人承运并支付运费的当事人。

物流企业认知

运输合同分为零担货运合同、整车货运合同、大型、特型、笨重货物运输合同、集装箱货运合同、特快件货运合同、危险品货运合同、出租车货运合同、搬家货物运输合同等。

托运人托运货物时，应向起运地车站办理托运手续，并填写货物托运单（或运单）作为书面申请。托运单载明了托运货物的名称、规格、件数、包装、质量、体积、货物保险价和保价、收发货人姓名和地址、货物装卸地点以及承托双方有关货运事项等。托运单是托运人托运货物的原始依据，也是车站承运货物的原始凭证，它明确规定了承、托双方在货物运输过程中的权利、义务和责任。因此，公路货物运输合同的基本文件是货物托运单。

（二）道路货物运输合同的特征

（1）道路货物运输合同的承运人必须具有合法经营资格，持有经营公路货物运输的营业执照。不具备合法经营资格的双方签订的货运合同属无效合同。而托运人的范围相当广泛，可以是社会组织，也可以是公民个人，任何需要运送货物的单位或个人都可成为托运人。

（2）道路货物运输合同直接、间接地受国家计划的制约和指导。属于国家指令性计划调运货物的运输合同，必须根据国家下达的指标签订。属于国家指导性计划调运货物的运输合同，参照下达的指标，结合承托实际情况签订。

（3）道路货物运输合同的标的是承运人运送货物所提供的运输行为，而不是货物本身。因此，道路货物运输合同的核心内容是承运人承运货物所提供运输劳务的数量和质量以及其价值的表现形式——运价。

（4）道路货物运输合同的履行往往涉及第三人，即收货人。收货人是指在指定地点接收承运人送达货物的人。收货人虽不参加合同的订立，但却享有一定的权利和义务，有权凭证接收货物，并承担及时领取货物的责任。

（5）道路货物运输具有"门到门"的优势和特点，因此，道路货物运输合同可以是全程运输合同，即交由道路货物运输承运人通过不同的运输工具一次完成运输的全过程。

（6）承运人的许多义务是强制性的，如定期检修车辆，确保车辆处于适运状态；运费的计算和收取必须按照有关部门的规定进行，不得乱收费等。

（三）道路货物运输合同的主要内容

道路货物运输合同的主要内容体现在合同的主要条款内，根据道路运输合同有关法律规章的规定，道路货物运输合同应当包括以下主要条款：

（1）运输货物的情况。合同中要对运输的货物做出明确的规定，包括货物的名称、性质、体积、数量及包装标准，这是道路货物运输合同的重要条款。一般来说，这些内容都是由托运人填写，经承运人确定后成立的。货物名称要按照规范的要求填写，不能用通俗名称。货物的性质也要如实申明，避免因对货物性质的不同理解而导致在运输途中发生损失。包装标准应当注明采用何种包装、包装使用的标准名称等。

（2）运输条件。运输条件包括货物起运和到达地点、运距、收发货人名称及详细地点。这是保证货物能够安全、完整、及时运至到站并交付给收货人的重要前提。在实践中有的托运人不注意填写收货人标准的名称、地址和联系电话，导致货物运到后难以交付；有的托运人则笔迹潦草，难以辨认，导致运错到站。因此，这个条款双方当事人一定要核对清楚，不能马虎。

（3）运输质量。运输质量要求安全、及时将货物运到目的地并交付给指定的收货人。在运输途中货物不能损坏、丢失，要保证运输中的安全。

（4）货物装卸。对货物装卸有特殊要求的，应在本条款中明确。装卸方法应当详细具体，便于操作。为了保证安全装卸，应当对货物的装卸条件和装卸说明书之类的文件由谁提供做出规定。

社会担当：不畏艰险，勇于奉献，交通人的楷模

（5）货物的交接手续。货物的交接手续直接关系到责任。因此，托运人在托运货物时一定要与承运人清点清楚。必要时，可以对货物的具体情况进行说明。承运人在到站交付货物时，也要向收货人清点。

（6）批量货物运输起止日期。指年、季、月度合同的运输计划（文书、表格、电报）提送期限和运输计划的最大限量。

（7）运杂费计算标准及结算方式。一般而言，运杂费标准由国家有关部门规定。但随着市场经济的变化，道路货物运输费用当事人协商的成分日益增多。不少合同当事人在签订合同时对运费直接进行协商，一口价到底，包门到门运输。结算方式主要是银行结算，对于小额运费也可以采用现金支付。

（8）变更、解除合同的规定。当事人可以约定变更和解除合同的条件。如果没有约定，则依照法律规定办理运输变更和解除合同的手续。

（9）违约责任。违约责任有法定责任和约定责任两种。法定责任即使当事人没有约定，一旦法定的情况出现，当事人也要承担法律责任。约定责任则由双方当事人在签订合同时明确。当约定的情况出现时，责任人要承担法律责任。免责条款要在合同中明确。如果免责条款显示不公平，不利于托运人，则该类条款是无效条款。

（10）双方商定的其他条款。双方商定的其他条款，包括当事人认为必须在运输合同中明确的内容，应当在运输合同中详细列明。

（四）当事人的违约责任、违约金、赔偿金的一般处理原则

1. 承运方的主要违约责任

（1）由于承运方过错造成货物逾期到达，应按合同规定支付违约金。

（2）从货物装运时起，至货物运抵到达地交付完毕时止，承运方应对货物的灭失、短少、变质、污染、损坏负责，并按货物实际损失赔偿。但有下列情况之一者除外：

① 不可抗力。

② 货物的自然损耗或性质变化。

③ 包装不符合规定（无法从外部发现）。

④ 包装完整无损而内装货物短缺、变质。

⑤ 托运方的过错。

⑥ 有押运人且不属于承运方责任的。

⑦ 其他经查证非承运方责任造成的损失。

（3）货物错运到达地或收货人，由承运方无偿运到规定地点，交给指定的收货人，由此造成的货物逾期到达，按规定处理。

（4）货物赔偿价格，按实际损失价格赔偿。如货物部分损失，应按损坏货物所减低的金额或按修理费用赔偿。赔偿费用应专账支付，不得在运费内扣抵。

2. 托运人的违约主要责任

（1）未按合同规定的时间和要求提供货物，应按合同规定支付给对方违约金。

（2）由于托运人发生下列过错造成事故，致使车辆、机具、设备损坏、腐蚀或人身伤亡以及到第三者物资的损失，应由托运人负赔偿责任：

① 在普通货物中夹带、匿报危险品或其他违反危险品运输规定的行为。

② 错报笨重货物重量。

③ 货物包装不良或未按规定制作标志。

（3）货物包装完整无损而货物短损、变质，收货人拒收，或货物运抵到达地找不到收货人，以及由托运方负责装卸的货物，超过合同规定装卸时间所造成的损失，均应由托运方负责赔偿。

（4）由于托运方责任给承运部门造成损失，或因误报而造成他人生命财产损失时，除由托运方负责赔偿外，必要时应交有关部门处理。

（5）托运方对承运方的赔偿要求，凡起运前发现而要求赔偿的，由起运车站负责处理，其他由到达站负责处理。但行车肇事所引起的货运事故，应由事故发生地的就近车站会同当地监理部门和有关单位做出现场记录，由责任人承担赔偿责任。

（6）要求赔偿有效期限，从货物开票之日起，不得超过6个月。从提出赔偿要求起，责任人应在2个月内做出处理。

3. 收货人的违约责任

（1）收货人逾期领取货物要承担货物的仓储保管费。

（2）收货人应当补交托运人未交或者少交的运费，迟交的要承担滞纳金。

（3）因收货人的取货行为而造成公路承运人其他财产损失的，应承担赔偿责任。

4. 关于违约金和赔偿金

当事人可以约定违约金、赔偿金。但违约金一般最高不应超过违约部分运量应计运费的10%，并在明确责任的次日起10日内偿付。逾期支付按日支付滞纳金。货物灭失、短少的，应按此部分货物价值赔偿；货物变质、污染、损坏的按照受损货物所减低的价值或者修理费赔偿。赔偿价格应按国家有关主管部门的规定计算。

（五）签订道路汽车货物运输合同条款应注意的问题

1. 恰当选择道路汽车货物运输的类别

道路汽车货物运输有以下类型。

（1）整车运输。托运人一次托运的货物在3吨（含3吨）以上，或虽不足3吨，但其性质、体积、形状需要一辆3吨以上汽车运输的，均为整车运输。

（2）零担运输。托运人一次托运货物不足3吨的为零担运输。各类危险、易破损、易污染和鲜活的货物，除另有规定和有条件办理以外，不办理零担运输。

（3）特种车辆运输。根据货物性质、体积或重量的要求，需要大型汽车或挂车（核定载重吨位为40吨及以上的）以及容罐车、冷藏车、保温车等车辆运输的，即为特种车辆运输。

（4）集装箱运输。即以集装箱为盛装器具，由专用汽车载运的运输方式。

（5）包车运输。把车辆包给托运人安排使用，并按时间或里程计算运费的运输，为包车运输。

2. 公路运输货物种类

公路运输货物分为：普通货物、特种货物和轻泡货物三种。

① 普通货物是指对运输、装卸、保管没有特殊要求的货物。

② 特种货物是指对运输、装卸、保管有特殊要求的货物。特种货物包括：长大、笨重货物，危险货物（需要特别防护的货物），贵重货物（价值昂贵、在运输过程中承运人须承担较大经济责任的货物），鲜活货物。

③ 轻泡货物是指每立方米重量不足333千克的货物。

3. 货物的保险与保价运输

汽车货物运输保险采取自愿投保原则，由托运人自行确定。

汽车货物运输实行自愿保价的办法，一张运单托运的货物只能选择保价或不保价，办理保价运输的货物，应在运单上加盖"保价运输"戳记。承运人按货物保价金额核收7‰的保价费。

4. 公路货物运输计划

公路承运人、托运人双方根据需要可实行计划运输。凡有条件提送运输计划的，托运人应在月前10天、季前15天、年前一个月向承运人提送"汽车货物托运计划表"。承运人对托运人提送的运输计划安排落实后，应在月前5天通知托运人，对已落实的运输计划，承托双方可根据需要签订运输合同，或按规定办理运输手续。托运人变更运输计划，应在运输计划协调前向承运人提出。

5. 运单的填写要求

一张运单托运的货物必须是同一托运人。拼装分卸的货物应将每个拼装或分卸的情况在运单记事栏内注明。

易腐、易碎、易溢漏的液体、危险货物与普通货物，以及性质相抵触、运输条件不同的货物，不得用一张运单托运。

一张运单托运的件货，凡不具备同品名、同规格、同包装的，以及搬家货物，应提交物品清单。

托运集装箱时应注明箱号和铅封印文号码，接运港、站的集装箱，还应注明船名、航次或车站货箱位，并提交装箱清单。

轻泡货物按体积折算重量，要准确填写货物的数量、体积、折算标准、折算重量及其有关数据。

托运人要求自理装卸车的，经承运人确认后，在运单内注明。

托运人委托承运人向收货人代递有关证明文件、化验报告或单据等，须在托运人记事栏内注明名称和份数。

托运人对所填写的内容及所提供的有关证明文件的真实性负责，并签字盖章；托运人或承运人改动运单时，亦须签字盖章说明。

托运货物时应注意：在普通货物中不得夹带危险、易腐、易溢漏货物，以及贵重物品、货币、有价证券、重要票据。

托运超限货物，托运方应提供该货物的说明书；鲜活物品，托运方须向车站说明最长的允许运输期限；托运政府法令禁运、限定以及需要办理卫生检疫、公安监理等手续的货物，应随附有关证明。

6. 托运货物的包装

托运货物的包装应符合国家标准或专业标准。没有包装标准规定的货物，应根据货物的重量、性质、运输距离等条件，按照运输需要，做好包装，保证货物安全。

托运人还应根据货物性质和运输要求，按照国家规定，正确制作运输标识和包装储运图示标识。零担货物应当用坚固的材料制作明显清晰的运输标识，对不易书写，拴挂运输标识的货物应使用油漆在货物上书写标识。

7. 货物押运

在运输中途需要饲养、照料的动物、植物、易腐物、各种贵重物品以及军械弹药、爆炸品和其他需要押运的物品，托运人应当派人押运。

押运人免费乘车，负责运输途中货物的保管、照料。押运人每车以一人为限，因货物性质需要增派押运人员时，在符合安全的前提下，经车站负责人签证，可适当增加押运人数。托运人应在运单内注明押运人员姓名及必要的情况，承运人对押运人员应宣传安全注意事项，并提供工作和生活上的便利条件。

8. 货物的承运

承运人对托运人提交的货物运单应逐项审核，填记承运人记载事项加盖承运章后，将其中一联交托运人存查。

承运有受理凭证运输的货物后，要在证明文件的背后注明已托运货物的数量、运输日期、加盖承运章、准运证明文件可随货同行，以备查验，货物到达后，一并交收货人或退还托运人。

承运港、站转运集装箱，应核对箱号，并检查箱体和铅封。发现箱体损坏或铅封脱落，须交接人签认或重新加封后，方可起运。

承运人对运输货物的全过程负安全责任，应适时检查，妥善保管，注意防火、防潮、防腐、防丢失。有特殊要求的货物，必须遵守商定的事项。

9. 运输费用

汽车货物运输价格按不同运输条件分别计价，并可按规定实行加、减承运价，有关收费按《汽车运价规则》办理。

汽车货物运输计费里程按下列规定确定：

①计费里程以千米为单位，不足1千米的，四舍五入。

②计费里程以省、自治区、直辖市交通主管部门核定的营运里程为准，未经核定的里程，由承运、托运双方商定。

③同一运输区间有两条以上营运路线可供行驶时，应按最短的路线为计费里程；如因自然灾害、货物性质、道路阻塞、交通管理需要绕道行驶时，应以实际行驶里程为计费里程；拼装分卸以从第一装货地点起至最后一个卸货点止的载重里程计算。

10. 货物的交接、运达与交付

在货物装卸和运输过程中，承运、托运双方都应按合同规定办好货物交接手续。货物起运前，双方当事人应在场点件交接，认真核对货物的品名、规格、数量与运单是否相符，并查看包装及装载是否符合规定标准，发现不符合规定或威胁安全运输的，不得起运。承运方确认无误的，应在托运方发货单上签字，然后起运。包装轻度破损，短时间修复、调换有困难，托运人坚持装车起运的，经双方同意，并做好记录，签名盖章后，方可装运，其后果由托运人承担。

整批货物运抵指定地点交付后，收货单位应在货票上签收，由驾驶员交给到达车站或带回起运点。零担货物由收货人向到达车站（仓库）凭货票提取。如发现货损、货差，双方交接人员做好记录，并签认，收货人不得因货损、货差拒绝收货。

货物交接时，承运、托运双方对货物的重量和内容如有疑义，均可提出查验和复磅，如有不符，按有关规定处理。查验、复磅所发生的费用，由责任方负担。

收货单位如货票遗失，应及时向车站说明登记，经车站确认后，可凭单位证明或其他有效证件提货。如收货单位向车站说明前，货物已被他人持票提走，车站协助查询，不负责赔偿。

承运人对发出领货通知的次日起超过30天无人领取的货物，要建立台账，及时登记，妥善保管，在保管期间不得动用，并认真查找物主，经多方查询，超过一个月仍无人领取的货物，按国家经济委员会《关于港口、车站无法交付货物的处理办法》办理。但鲜活和不易保管的货物，经企业主管部门批准可不受时间限制。

（六）道路货物运输合同的变更和解除

1. 合同的变更

运输合同签订后，如确有特殊原因不能履行或需要变更时，需经双方同意，并在合同规定的时间内办理变更。如在合同规定的期限外提出，必须负担对方已造成的实际损失。涉及国家指令性计划的运输合同，在签订变更或解除协议前，须报下达计划的主管部门核准。

托运人因故需要变更运输货物的名称、数量、起讫地点、运输时间、收发货人时，应向承运人提出运输变更申请书或其他形式的书面申请（包括信函、电报）；托运方对已托运的货物，要求变更收货人或取消托运，须向受理车站提出书面申请。承运人在接到申请后，应当认真审查，符合变更条件的，应当同意办理相应的变更手续。

货物承运后，因自然灾害、道路阻塞等造成运输阻滞，承运人应及时与托运人联系协商处理，发生的卸存、接运、转运及保管费用按下述规定处理：

① 接运时，货物卸存、接运费用由托运人负担，已完成运输里程部分运费照收，未完成运输里程部分运费退回。

② 回运时，已完成里程部分的运费照收，回程运费免收。

③ 应托运人要求，绕道行驶或改变到达地点时，全程运费照实核收。

④ 货物在受阻处存放，承运人仓库可免费保管5天，在非承运人仓库存放，保管费用由托运人负担。

货物运输服务合同范本

2. 合同的解除

由于某种原因发生，运输货物已没有必要，货物起运前可办理解除合同。合同解除的原因主要有：① 因自然灾害造成运输线路阻断；② 市场变化，托运人认为该批货物已经没有发运必要；③ 执行政府命令影响按时履行运输合同；④ 双方商定的其他情况。合同解除也应当以书面形式（包括公函、电报形式）提出或答复。

同步测试

一、单选题

1. 下列（　　）适用于公路运输。

    A. 近距离、小批量的短途货运　　B. 长距离、大批量的货运

    C. 远距离、小批量的货运　　　　D. 短距离、大批量的货运

2. 下列（　　）不属于公路运输的优点。

    A. 运输速度快　　　　　　　　　B. 可靠性高，对产品损伤较少

    C. 投资少，经济效益高　　　　　D. 运输成本（特别是可交成本）较低

3. 以下适合公路运输的作业是（　　）。

    A. 承担大批量货物运输，特别是集装箱运输

    B. 承担原料半成品等散货运输

    C. 承担国贸运输，即远距离、运量大的运输，不要求快速抵达国标的客货运输

D. 近距离独立运输作业

4. 承运人对发出领货通知的次日起超过（　　）天无人领取的货物，要建立台账，及时登记，妥善保管，在保管期间不得动用，并认真查找物主。

　　A. 15　　　　　B. 30　　　　　C. 45　　　　　D. 60

5. 下列关于整车货物运输正确的是（　　）。

A. 以千克为单位，起码计算重量为10千克，尾数不是1千克时四舍五入

B. 一般货物一律按实际重量（含货物本身包装、衬垫及运输需要的附属物品）计算，以过磅为准

C. 托运人一次托运的货物在5吨（含5吨）以上，不足5吨，但其性质、体积、形状需要一辆3吨以上的汽车运输的，均为整车运输

D. 整车运输计费以吨为单位，尾数不是10千克时四舍五入

二、多选题

1. 道路运输的缺点有（　　）。

　　A. 运输能力小　　　　B. 运输能耗高　　　　C. 运输成本高

　　D. 劳动生产率低　　　E. 占地多

2. 运输结点的种类有（　　）。

　　A. 转运型结点　　　　B. 储存型结点　　　　C. 流通型结点

　　D. 公开型结点　　　　E. 共用型结点

3. 道路运输货物的分类有（　　）。

　　A. 普通货物　　　　　B. 特种货物　　　　　C. 轻泡货物

　　D. 杂件货物　　　　　E. 散装货物

4. 按照货流规律，货源分为（　　）。

　　A. 均衡性货源　　　　B. 指令性货源　　　　C. 季节性货源

　　D. 双向货源　　　　　E. 单向货源

5. 合同解除的原因主要有（　　）。

A. 因自然灾害造成运输线路阻断

B. 市场变化，托运人认为该批货物已经没有发运的必要

C. 执行政府命令影响按时履行运输合同

D. 双方商定的其他情况。合同解除也应当以书面形式（包括公函、电报）提出或答复

E. 承运人运输成本高

三、简答题

1. 简述道路运输的优缺点及适用范围。

2. 简述汽车运输货物如何分类。每种类型请举例说明。
3. 简述货源组织的基本方法。
4. 简述道路货物运输合同的含义及特点。
5. 简述货物运输合同变更的条件。

四、案例分析题

每个物流公司都有自己的一套行之有效的运输管理办法或运输运营系统。通常来讲，大部分公司的运输管理办法基本相同，对待任何一项运输业务，公司首先会区分业务类型。公司一般将业务分为新业务运作和老业务运作两种类型。公司会依据不同的业务类型启动不同的业务流程。新业务流程比较复杂，需要经过严格的程序才能实施。而老业务流程则比较简单，主要是在原业务流程的基础上进行业务维护。

物流公司新运输业务项目的运作主要由市场部、项目策划部、资源采购部、分公司等部门协作完成，主要内容是计划、组织、协调、监控新业务的准备及启动，保障新业务按客户及市场部要求进行及时运作。请结合下述某物流公司的"运输项目运作方案"模板回答问题。

> 1. 项目背景
> 略
> 2. 项目目的
> 略
> 3. 项目目标
> (1) 项目启动时间。
> (2) 运作质量指标。
> 4. 客户需求
> (1) 运作内容、运作对象、运作范围、运作量。
> (2) 其他需求（例如IT、转仓等）。
> 5. 运作需求
> (1) 需要的运作资源
> ① 运力及仓库。
> ② 管理系统文件。
> ③ IT支持。
> ④ 运作队伍。
> (2) 现有资源评估（分公司已拥有的资源）。
> (3) 需要补充的资源。
> (4) 运作资源到位时间及日程表。
> (5) 其他运作资源（例如转仓、特殊业务营运许可证的申请等）。

6. 项目组织及分工（见下表）

项目组织及分工表

项目岗位	姓名	项目职责	项目分工	联系方式
项目总负责人		计划、组织、协调、监控运作的准备及启动工作，保障项目按客户或市场部要求进行运作	具体制定运作方案并监控、协调运作方案的实施	
分公司项目负责人		按运作方案的内容要求组织实施运作前的各项准备工作	具体落实合格运作资源、人力、流程及培训等工作	
区域客户代表		协助项目总负责人监督运作方案在分公司的准备情况	跟进、检查、反馈区域单位各项准备工作进度及质量，并提出改进措施	
项目资源采购协调		督促并保障分公司按时按质采购合格运作资源	具体下发资源采购指令，跟进采购进度，审核采购质量及费用	
实际操作负责人		项目启动后的具体操作管理	具体落实各项运作要求	

7. 实施计划

（1）制订运作资源准备计划。

① 运作点的筹建计划。

② 运力、仓库、其他设备设施等的准备计划。

③ 管理系统文件的准备计划。

④ 培训的开展计划，运作队伍的培训、供应商的培训。

（2）其他运作实施计划（如转仓）。

（3）实施计划整体效果评估（根据检查清单内容制定）。

结合上述案例背景资料，分析以下问题：

1. 一个运输项目的运作实施需要哪些软硬件资源？

2. 为保证一个运输项目实际操作的顺利完成，需要组建什么样的团队？团队应该由哪些人员组成？

3. 运输项目中一般包括哪些客户需求内容？

4. 为保证运输项目的有效实施，应事先制订好资源运作准备计划，这些准备计划包括哪些内容？

第二章　运输计划编制与调度安排

【知识目标】
- 掌握临时型运输任务货运计划的制定方法
- 领会稳定型运输任务的运输量计划、车辆及车辆运用计划、车辆运行作业计划的编制方法
- 掌握车辆运用效率指标的计算方法
- 掌握车辆调度方法
- 掌握人员任务安排方法
- 掌握线路选择方法
- 熟悉调度工作流程

【技能目标】
- 能够初步制订临时型和稳定型的货运计划
- 能够熟练地完成各运输效率指标的计算
- 能够正确地制定车辆调度方案
- 能够正确地制定运输资源（车、人、任务）指派方案
- 能够正确地制定运输线路选择方案

【素养目标】
- 树立正确的职业价值观，遵守编制运输计划的准则
- 合理制订运输计划和调度计划，并结合社会因素与环境因素灵活处理运输计划

【引例】

沈阳某物流公司承接了一份运输任务请求，客户要求把其产品从该公司生产厂运到天津、济南、合肥三个需求地点，一周内运完。公司物流主管要求运输物流员为完成该任务做一份周运输计划。条件是公路运输，给出车辆、人员、任务量，要求运输物流员用最短的时间做完，以主管满意为准。

引例分析

物流主管这种业务任务安排，考核该运输物流员是否熟悉业务管理。周计划是安排日常运输任务的一种主要计划形式，制订计划时，需要运输物流员根据运输对象，选择正确的运输方式。由于已知是公路运输，就可以根据运输任务，列出客户需求，即物资品名、数量、运距、发收单位、完成任务时限与要求等；根据运输能

力，确定影响运输进度和完成时限的主要因素，包括特殊情况下需要得到的运力支援等情况；根据运输条件，即道路交通情况、气候季节影响、技术、油料、食宿保障情况、装卸能力等，分析各种情况可能带来的影响，确保计划的稳定性；根据运输时间、货物数量和质量等要求，合理安排任务，统筹安排运力，确保运输计划的可行性和效益性。

第一节 运输计划编制

一、运输计划的种类

道路运输生产计划是从货物运输的需要出发，在充分利用企业现有运力的基础上编制的，是编制和实现其他计划的依据和基础，其目的是把运输生产的五个环节（货源的组织落实，准备技术状况完好的车辆，在运输起点装货，车辆承载在线路上行驶，在到达地点卸货）做出合理的安排，使各个环节紧密相扣、协调一致。

运输计划种类

根据货运计划下达的规律和车队的类型可以分成以下两种。

（一）稳定型的货运计划

这类货运计划指的是在某一个时期内，车队的运输任务相对是稳定的、明确的。比如一些大型建筑工地物资的运输、一些生产物资的运输，车队可以根据自己的运力情况安排运输，不会出现没有货的情况。这个时候，车队可以事先制订日计划、月度计划、季度计划和年度计划。

这种类型的车队多见于国家重点建设项目（比如高速公路、水电站）和大型企业集团（比如采矿企业、石油公司），而且这类车队一般都是以短途运输为主。

稳定型的货运计划主要包括运输量计划、车辆计划、车辆运用计划和车辆作业计划。

运输量计划和车辆计划是企业运输生产计划的基础部分，车辆运用计划是车辆计划的补充。运输量计划表明社会对汽车运输的需要，车辆计划和车辆运用计划则表明企业可能提供的运输生产能力。它们之间的关系是，根据运输量计划来制订车辆计划，然后再制订车辆运用计划和车辆作业计划。

如何编制临时型运输计划

（二）临时型的货运计划

临时型的货运计划，有时也叫货运任务或货运订单。它的特点是运输任务下达给车队的时间很短，一般在两天以内，有时是几个小时。目前，大多数生产制造企业内部车队、第三方物流公司车队都采用这种形式。车队往往一接到业务部门或客户的货运订单，就要安排车辆前往装货。当然，有时候可能会有一两天的提前期，但变化很大。在这种情况下，车队就很难提前做好车辆计划、车辆运用计划和车辆作业计划了。车队只能够"以客户为中心"，尽最大可能满足客户的需求。这要求车队调度人员必须具备很强的工作能力。

临时型运输计划的编制流程

这种类型的货运计划，车队的重点在于与客户的沟通和协调。

1. 货运计划的下达

企业或客户的货运计划（货运订单）下达给车队，可通过以下两种形式：

（1）正式的书面通知。如果是企业内部车队，可直接下达；如果是企业外部客户，一般通过传真形式或 E-mail 形式下达。极少数的企业间实行了计算机业务联网。

（2）电话或口头通知。在相互熟悉的情况下，发货人可通过电话或口头形式下达货运计划。这时，车队调度人员一定要认真记录相关信息（货物名称和数量、装卸地址、发货时间、运输要求等），千万要防止弄错。

2. 货运计划的变动

变动主要来自用车部门和用车企业。变化的形式主要有：

（1）取消计划。

（2）增加或减少计划。

（3）变更装卸地点。

（4）变更发货时间等。

对于上述变更，车队也要做好相应的准备工作。

3. 货运计划的协调

协调主要来自车队调度的需要。在许多情况下，客户的货运计划都是不考虑车队的运作实际的。在这个时候，车队需要主动与客户进行沟通。主要有以下几种情况：

（1）能否增加运量。比如采用整车运输时，如果客户只有7吨货，而车队的车辆运力是8吨，这时可以与客户协商，能否增加1吨左右的货物。因为这个时候付相同的运费，可以运输更多的货物，受益的往往是客户一方。

（2）能否减少运量。比如采用整车运输时，如果客户有9吨货，而车队的车辆运力是8吨，这个时候可以与客户协商，能否减少1吨左右的货物。因为有时候客户并不急于运输，没有必要再走1吨的零担运费，车队也更好操作，可使双方受益。

（3）能否提前或延后发货时间。客户对时间的要求有时候并不是一成不变的，如果从车辆调度的角度出发，更好地利用车辆，有时候可以与客户商量，适当地提前或延后发货时间。

当然，需要说明的是，市场是第一位的，客户也是第一位的，在协商不成、不能满足车队要求时，应该想法设方满足客户要求，不折不扣地去执行货运计划。

二、车辆运行效用指标的计算

（一）车辆运行效用指标

1. 车辆时间利用指标

（1）工作率。工作率指车辆在一定时间内，在营运车辆总车日中，工作车日所占的比重。在其他条件不变的情况下，车辆工作率越高，车辆的时间利用程度越高。其计算公式为：

$$车辆工作率 = 工作车日 / 总车日 \times 100\%$$

（2）完好率。完好率是表明汽车运输企业在技术管理和质量方面的一个综合性指标，其计算公式为：

车辆运行效用指标介绍

车辆完好率＝完好车日/总车日×100%

（3）平均日出车时间。平均日出车时间是在车辆工作一定的情况下，反映车辆时间利用速度的一个指标，其计算公式为：

平均日出车时间＝计算期每日出车时间累计/同期工作车日总数

车辆运行效用指标介绍

（4）出车时间利用系数。出车时间利用系数的计算公式为：

出车时间利用系数＝运行时间/出车时间

（5）昼夜时间利用系数。昼夜时间利用系数是反映车辆出车时间长短的指标，其计算公式为：

昼夜时间利用系数＝平均每日出车时间（小时）/24（小时）

2. 车辆速度利用指标

（1）技术速度。技术速度是指营运车辆在运行时间内达到的平均行驶速度，即在运行时间内平均每小时运行的公里数。

技术速度＝总里程/同期运行时间

（2）营运速度。营运速度是按出车时间计算的车辆平均时速，即指营运车辆在出车时间内，实际达到的平均行驶速度。

营运速度＝总里程/同期出车时间

（3）平均车日行程。平均车日行程是车辆在速度利用方面的一个基本指标，其计算公式有：

平均车日行程＝计算期总行程/同期工作车日（千米/车日）

平均车日行程＝平均每日出车时间×营运速度

平均车日行程＝平均每日出车时间×出车时间利用系数×技术速度

3. 车辆行程利用指标

总行程由载重行程和空驶行程组成。车辆的行程利用率是一个反映总行程利用程度的重要指标，它直接影响车辆生产率和企业的经济效益。行程利用率受货物流量时间上和空间上的分布状况以及车辆运行调度等多种因素的影响。其计算公式为：

总行程＝平均车日行程×工作车日数

或　　总行程＝平均营运车数×日历天数×车辆工作率×平均车日行程

行程利用率＝载重行程（重车千米）/总行程（总车千米）×100%

或　　　　行程利用率＝（总行程－空驶行程）/总行程×100%

4. 车辆载重能力利用指标

（1）吨位利用率。它是车辆在载重量利用方面的基本指标之一，其计算公式为：

吨位利用率＝实际载重量/额定载重量

（2）实载率。它是研究车辆利用方面的一个重要的综合性指标，其计算公式有以下两个：

实载率＝换算周转量/同期总行程载重量

$$实载率 = 行程利用率 \times 吨位利用率$$

（3）拖运率。它是反映拖挂运输开展情况以及挂车载重量利用程度的一个指标，其计算公式为：

$$拖运率 = 挂车周转量 / 汽车周转量 + 挂车周转量$$

$$挂车周转量 = 汽车周转量 \times 拖运率 / (1 - 拖运率)$$

5. 车辆利用指标体系及其相互关系

汽车货运经营活动，是在极其复杂的条件下进行的。车辆货运生产率，除受车辆本身技术性能、产业布局、道路和气候等条件的影响外，还取决于企业内部的组织管理水平，也就是车辆在时间、速度、行程、装载能力和后备功率五方面的利用程度。评价和计算车辆利用效率，就是通过有关指标来反映上述五个方面的利用程度。

车辆利用指标体系及其相互关系见图2-1。

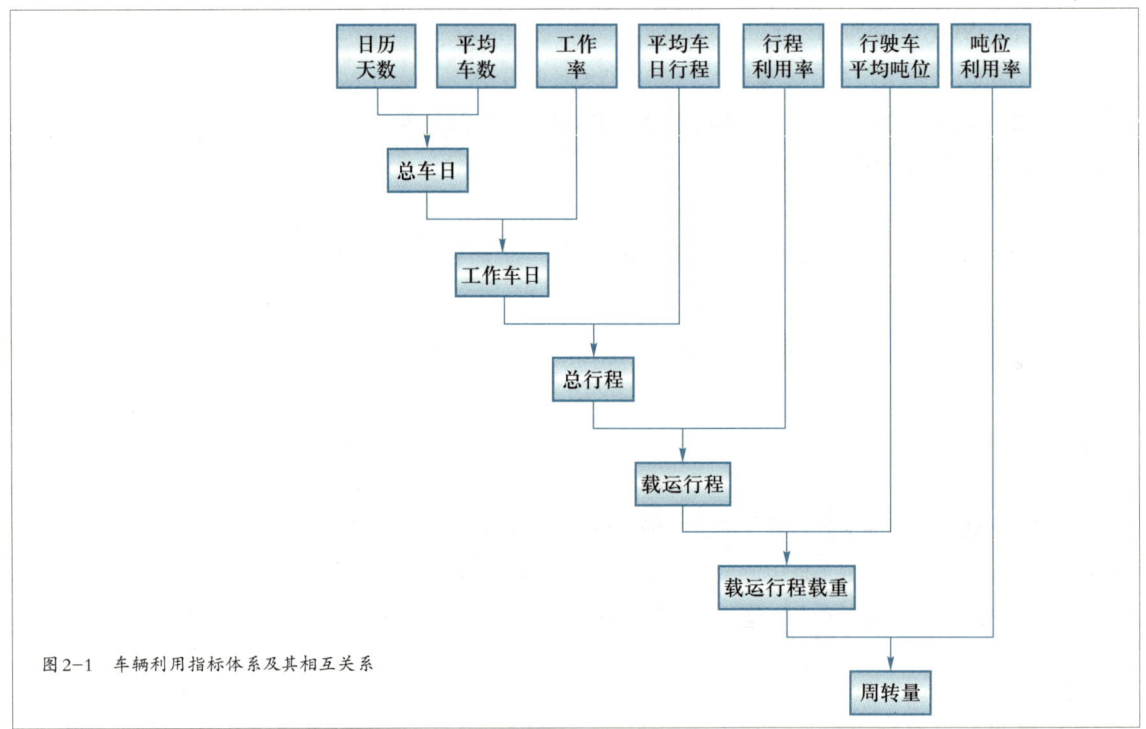

图2-1 车辆利用指标体系及其相互关系

微课：道路货物运输模式

（二）道路货物运输的模式

运输工具及相应的装卸设备及其他辅助工具是生产实施的必备条件之一。汽车货物运输主要有以下三种模式。

1. 物流企业拥有自有车队进行运输（包括挂靠车辆）

很多物流企业都拥有自己的车队，用以完成物流中的运输。此时物流企业往往扮演承运人的角色，按照合同约定的时间和地点，将运输货物运达目的地。

2. 物流企业租用他人汽车进行运输

物流企业可以不拥有自己的车队，当需要运输的时候，物流企业通常与车辆所有人签订汽车租用合同。出租人将汽车交给承租人使用、收益，由承租人支付租金。此时物流企业不仅在运输合同中扮演承运人的角色，还要在租赁合同中扮演承租人的角色。

3. 物流企业将货物运输外包给第三方（合同运输商车辆）

在实践中，很多物流企业既不使用自己的汽车，也不租用别人的汽车，而是把货物运输交给专业的汽车承运人来完成。此时物流企业扮演托运人或托运人代理人的角色与汽车承运人签订汽车货物运输合同。

三、运输计划的编制

（一）货物运输量计划编制

1. 货物运输量计划的含义

货物运输量计划是道路货运企业的运输产品计划，分别规定了计划期内预计完成的货运量（吨）和货物周转量（吨千米）。

2. 货物运输量计划编制的主要依据

货物运输量的计划值，应在深入调查、掌握运输市场供求动态变化趋势的基础上，根据下列资料进行确定。

运输计划种类

① 客户下达的计划控制数字。

② 长期计划中的有关指标。

如何编制临时型运输计划

③ 计划期货物运输量的预测资料。

④ 政治经济形势对货运发展的影响。

⑤ 计划期本企业拥有的生产能力。

⑥ 道路网与交通变化情况。

⑦ 驾驶员配备与物资供应情况。

⑧ 有关货运生产的历年统计调查与分析资料。

⑨ 有关技术经济定额。

根据上述资料，通过运输供求（即运力与运量）平衡预测结果，与上级下达的运输量任务平衡以及运输生产率与经济效果平衡后，在满足社会需要与企业最佳经济效果的前提下，合理确定货物运输量的计划值。

（二）车辆计划编制

1. 车辆计划的含义

车辆计划，即企业计划期内的运输能力计划，主要是合理确定货运车辆构成，保证有效利用车辆，并以最少的运力完成所提出的计划运输量。

2. 车辆计划编制的依据

车辆计划是用以确定企业计划期内货物运输量的主要依据之一，也是企业运输生产计划的重要组成部分。编制时，必须详尽分析货运任务的特点及构成，掌握服务区的道路及装卸工作条件，并据此确定利用挂车所能完成的运输量及所需挂车数，尽可能采用拖挂运输，最大限度地提高汽车运输工作生产率、降低运输成本。

首先，对企业原有车辆的技术状况进行鉴定，确定报废减少的数量；其次，根据预测的运输需求资料，研究分析车辆在类型上的使用程度，确定车辆增加的数量和类型；最后计算企业的计划运输生产能力。

（三）车辆运用计划及车辆运行作业计划的编制

1. 车辆运用计划的含义

车辆运用计划，是指在计划期内企业全部营运车辆运输生产能力利用程度计划，是汽车运输企业用以平衡运量与运力的主要依据之一，也是企业运输生产计划的重要组成部分。

车辆运用计划由一系列车辆利用单项指标组成。通过这些指标的计算值，综合计算出车辆运输生产率的计划值。

2. 车辆运用计划编制的依据

在车辆计划既定的条件下，能否完成运输量计划，主要取决于企业营运车辆的运输工作效率。车辆运用计划就是以企业运输量计划和车辆计划为基础，确定车辆利用各单项指标及车辆运输生产率的计划。

编制车辆运用计划的主要环节是确定各项车辆运用指标的计划值，虽然这些指标并不是作为控制指标由上级主管部门下达企业执行，但它是完成上级下达货运任务的重要保证。因此，必须按照先进与可靠的原则深入调查研究，挖掘生产潜力，在不断改进运输组织，大搞技术革新，尽可能提高车辆利用程度的基础上确定各项指标。并在企业的生产经营工作中，采取各种技术措施，不断改善运输组织工作，以保证这些指标的实现。

（四）车辆运行作业计划编制

车辆运行作业计划，是为了完成企业运输生产计划和实现具体运输过程而编制的运输生产作业性质的计划，它具体规定了每一辆汽车（或列车）在一定时间内的运输任务、作业时间和应完成的各项指标。车辆运行作业计划是企业工作人员进行生产活动的依据，通过运行作业计划可以把企业内部各生产环节组织起来，协调一致进行生产，确保运输生产任务完成。

企业的运输生产计划，虽然按年、季或月安排了运输生产任务，但也只是提出纲领性的生产目标，不可能对运输生产活动的细节做出具体安排，也不可能将全部货运任务一一落实到每一辆汽车上。因此，为了实现具体的运输过程，编制车辆运行作业计划是必不可少的。

车辆运行作业计划的主要任务是：

（1）把企业运输车队、货运车站、保修车间，以及有关职能科室有机地组织起来，协调一致地均衡组织生产，确保运输生产活动的顺利进行。

（2）充分发挥车辆运输工作效率，保证企业按日、按期完成运输任务并全面完成各项技术经济指标。

四、物流项目计划技术

（一）物流项目计划技术的基本概念

物流项目计划技术是指运用网络计划技术的基本原理对物流项目活动进行优化的一种科学计划方法，因此，物流项目计划技术也被称为网络计划技术。网络计划技术是自20世纪50年代以来，国外陆续出现的一些计划管理的新方法，这些方法都是建立在网络模型的基础上的，称为网络计划技术。如不规则运输网络、环型运输网络、总线型运输网络如图2-2～图2-4所示。

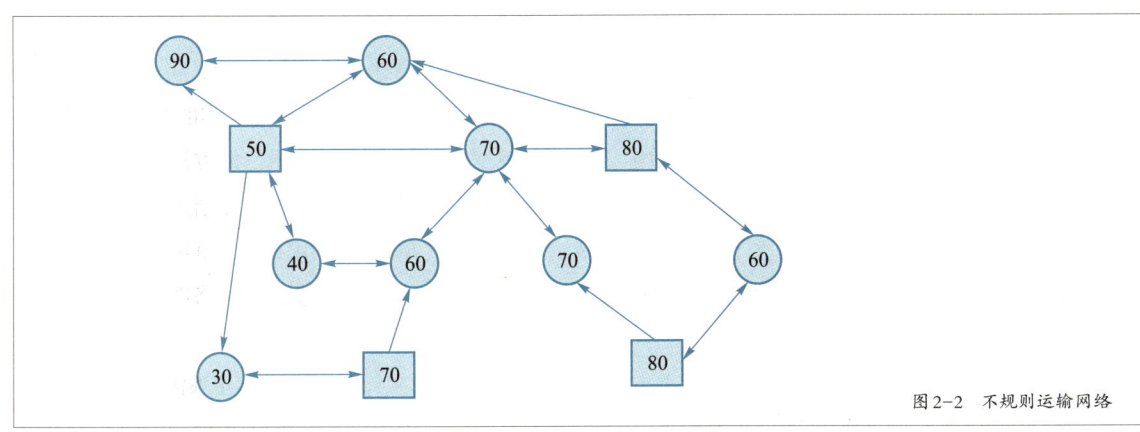

图2-2　不规则运输网络

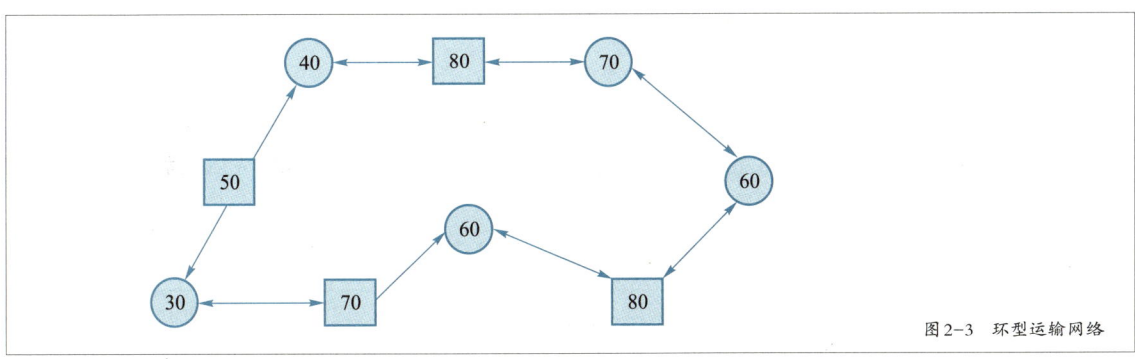

图2-3　环型运输网络

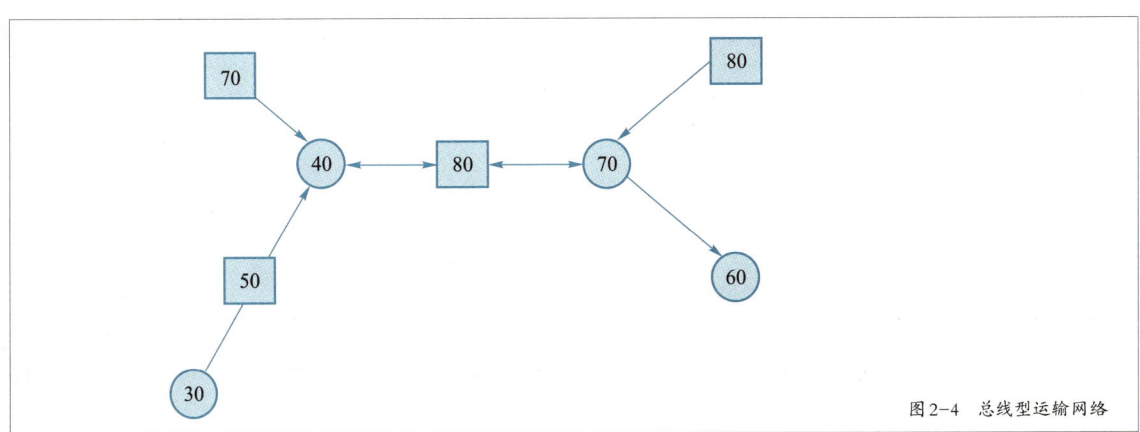

图2-4　总线型运输网络

网络计划技术在运输领域的运用

网络计划技术的基本原理是：从需要管理的任务的总进度着眼，以任务中各工作所需要的工时为时间因素，按照工作的先后顺序和相互关系做出网络图，以反映任务全貌，实现管理过程的模型化，然后进行时间参数计算，找出计划中的关键工作和关键路线，对任务中的各项工作所需的人、财、物通过改善网络计划做出合理安排，得到最优方案并付诸实施。此外，还可以对各种评价指标进行定量化分析。在计划实施的过程中，需进行有效的监督与控制，以保证任务优质优量的完成。

（二）网络计划图

网络计划图又称箭线图。在一项物流计划或工程的组织安排中，将总任务分解为若干工作（工序），找出工作（工序）之间的先后关系以及每道工作的估计完成时间，并在此基础上建立工作明细表；然后根据这个明细表，用图论的方法，按工作之间的先后关系及完成时间做出一张赋权有向图；最后对所有事项（结点）进行顺序编号，这样就建立了该项工程的一张网络图。简单地讲，由工作、事项及标有完成各道工作所需时间等参数所构成的箭线图称为网络图，一般地，网络图的建立分为以下三步。

网络图的建立过程

（1）根据各工作的先后顺序和延续时间建立工作明细表（本步骤需要熟悉此计划或工程的专家与统筹人员一道完成。

（2）根据明细表以及网络图绘制规则做出赋权有向图。

（3）对图进行标注和顺序编号。

下面举例来说明这几个步骤。

某配送中心的一个配送流程可分解为7道工作，工作间的先后关系及每道工作所需时间如表2-1所示。画出网络计划图。

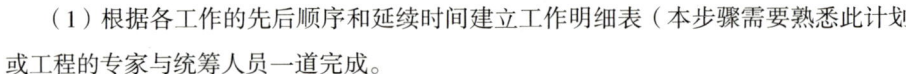

表2-1　工作明细表

工作代号	工作内容	紧前工作	持续时间/小时
A	客户洽谈下订单	—	2
B	订单审核	A	0.5
C	仓库拣货	B	2
D	委派车辆	B	1
E	委派司机	B	0.5
F	装货	C、D、E	1.5
G	送货	F	5

根据表2-1，可以做出网络计划图，如图2-5所示。画网络计划图时，工作名称或内容可以不写，有工作代号就可以了。

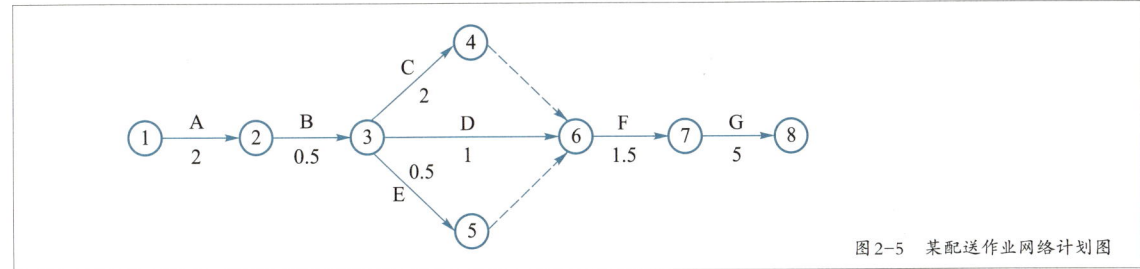

图 2-5　某配送作业网络计划图

（三）物流项目计划的优化方法及应用

通过绘制网络计划图，计算时间参数，并计算出它的总工期，找到关键路线后，可以得到一个初始的工作计划。但需要进一步考虑的是，在增加一定资源的条件下，整个工程工期可以缩短的潜力有多大；在整个网络计划图中，新增加的资源应优先投入到哪些工作，才能达到既尽可能缩短工期又使得投入的资源费用最省。

微课：项目网络计划技术

网络计划技术的精华在于对初始计划的调整和改善，直到工程进度、成本和资源利用等均达到满意为止。这一调整和改善的过程，贯穿着"向关键路线要时间，向非关键路线要资源"的思路，具体做法视条件而不同，下面是其中的两种做法。

1. 缩短工程完工时间的措施

通过绘制网络图可得到一个初始的计划方案，这时整个工程的主要矛盾便一清二楚了。关键路线是网络图的核心，它决定了整个工程的完工时间，因此缩短每道关键工作的工时都能缩短整个工程的完工时间。但是，因为每道工作的工时都是由一定的人力，在一定的设备和资源的条件下，经过一定的时间完成的，所以生产管理人员的下一步工作就是要对人力、物力和财力做出全面的规划和统一合理的安排，保证每道工作特别是关键工作所需要的人力、物力和财力，以确保整个工程按期完成。同时，在可能的条件下，对初始方案进行调整和改善，进一步缩短整个工程的完工时间，以求得一个最优的计划方案，为此，可以采取以下几项措施。

（1）检查工时。要仔细检查各道工作的工时，特别是关键工作的工时是否已压缩到最低允许值。

（2）细分工作。尤其要细分关键工作，在设备和技术条件允许的情况下，采取组织措施，多组织平行作业和交叉作业，合理调配技术人员或生产工人等。

（3）调配力量。利用时差，从非关键工作上挖潜力，使人力、物力集中于关键工作以缩短其工作时间。非关键工作一般具有一定的机动时间，把从非关键工作上抽出的部分人力、物力调去支援关键工作，以确保关键工作按时完工或提前完工。

（4）检查修正。在计划执行的过程中平衡是相对的，不平衡是绝对的，因此必须对原计划随时进行检查和修正。

2. 有限资源的合理分配

一项任务的可用资源，一般情况下总是有限的，因此时间计划必须考虑资源问题。

现以人力资源为例，已计算出关键路线为①→②→③→④→⑤→⑥，总工期为11天。画出带日程的网络图及资源动态曲线，如图2-6所示。图中虚线为非关键工作的总时差，箭头上"□"中标注的数字为工作每天所需人力数（假设所有工作都需要同一种专业工人）。

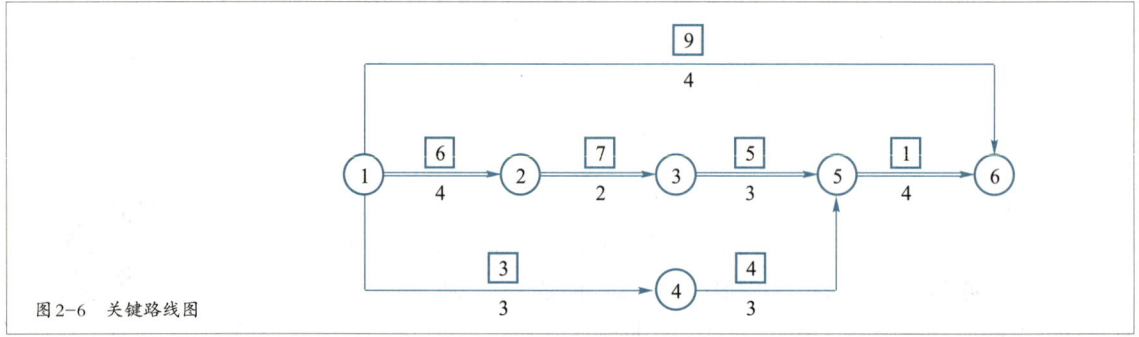

图2-6 关键路线图

由图2-6可见，若按每道工作的最早开工时间安排，人力需求很不均匀，最多为20人/日，最少为1人/日，这种安排即使在人力资源充足的条件下也是很不经济的。现假设资源有限，每日可用人力为10人，下面进行计划调整，希望能不延迟或尽量少延迟总工期。

调整的基本原则是：

（1）尽量保证关键工作的日资源需求量。

（2）利用非关键工作的时差错开各工作使用资源的时间。

（3）在技术和工程允许的条件下，可适当延长时差大的工作的工时，或切断某些非关键工作，以减少日总需求量。

具体方法是按资源的日需求划分的时间段逐步从始点向终点进行调整，经过几次调整，可得图2-7和图2-8。

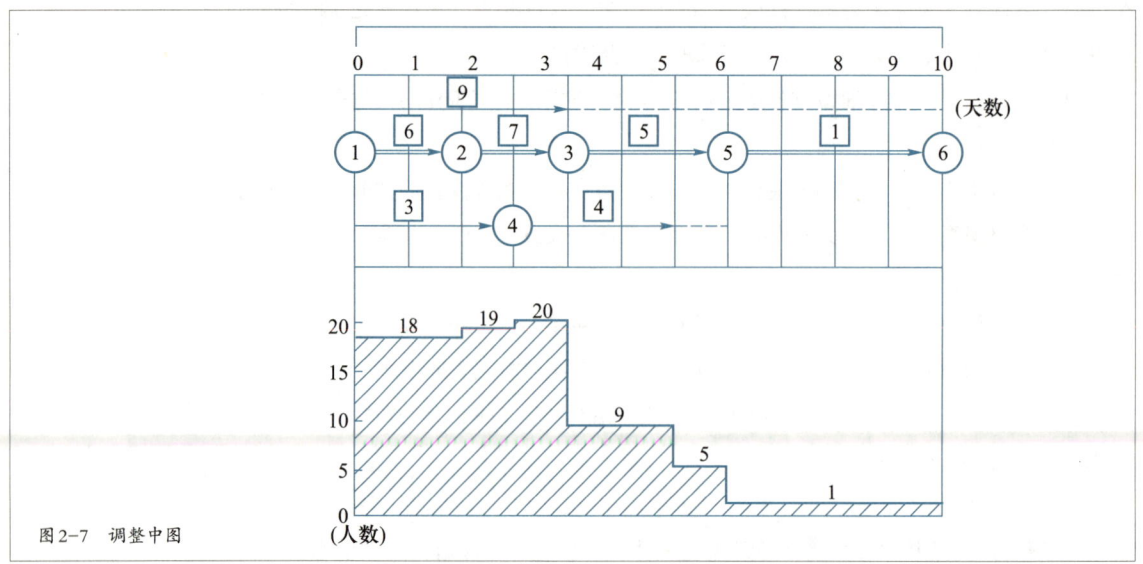

图2-7 调整中图

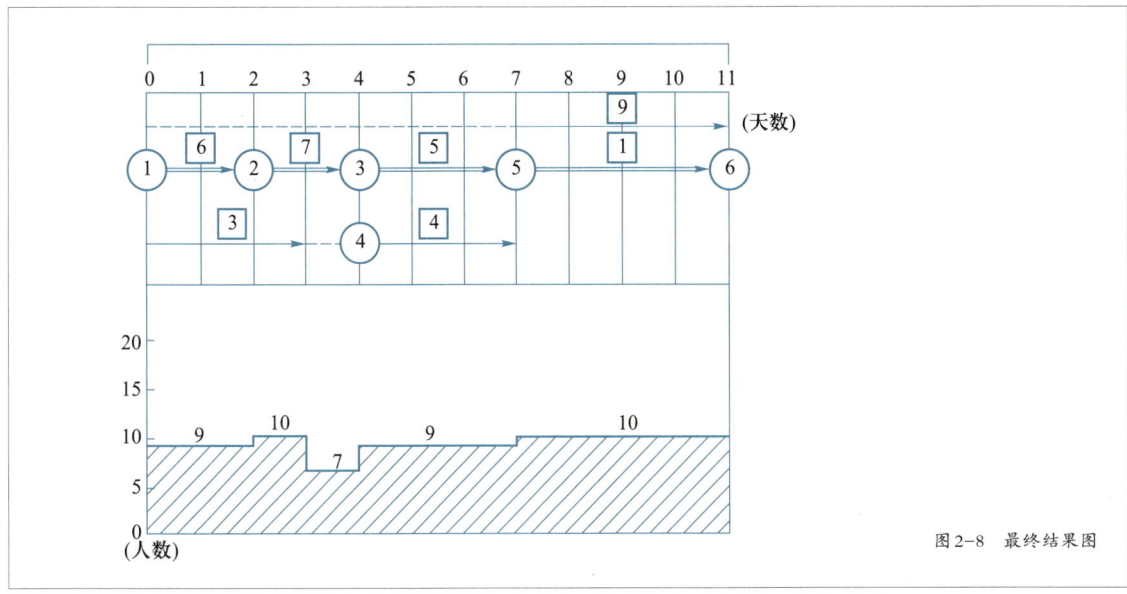

图 2-8 最终结果图

此时人力需求量已满足不超过10人的限制,总工期未受影响,必要时总工期可能会延迟。

第二节 运输调度安排

一、运输调度的工作及内容

运输企业接到货运任务后,调度就要着手任务与人员的指派,安排车辆前往装货,这就是调度。调度工作的主要内容就是根据运输任务,安排正确的车辆、驾驶员和路线。

运输调度员的日常工作

(一)车辆调度

车辆调度的目的就是安排正确的车辆。何谓正确呢?运输企业可能有很多货车,当你接到一个货运任务的时候,究竟安排哪种车型执行这次运输任务?主要应考虑以下几个方面。

某物流公司运输调度员的主要工作内容

1. 车辆品牌的选择

在选择时,主要应考虑这些品牌车辆的质量水平和性能,如东风、解放、五十铃等。比如,若是前往重庆运输10吨货物,考虑到山路多、上坡多,可能安排解放货车比较适宜。因为解放货车动力性要比东风好些,五十铃货车也不适宜在山路行使。当然,车辆品牌的考虑并不是主要的因素。

2. 车辆吨位的选择

运输企业可能有限载3吨、5吨、10吨等不同的车辆,在选择它们的时候,主要考虑本次运输任务的货量大小。需要注意的是,国内的实际情况是车辆都有超载现象，因此5吨车可能装8吨货，但最好不要超过30%。

3. 车辆容积的选择

这主要与吨位结合起来考虑。在安排车辆的时候，要通过各种途径了解货物的实际情况，许多时候，重量没问题，但体积装不下。这比较常见于一些轻泡货物、有包装的货物、不规则的货物，在这些情况下，车辆的容积利用率都不高。因此，在安排车辆时，容积是不能不考虑的因素。

4. 车辆货箱形式的选择

车辆货箱形式目前主要有平板车、低栏板车、高栏板车、蓬布车、箱式车（普通箱、冷藏箱）几种。在安排车辆的时候，这也是必须要考虑的因素。如果是高附加值的纸箱包装货物，最好安排箱式车，但如果是机械设备类的货物，应该安排平板车或低栏板车。另外，如果考虑防雨的需要，应该安排箱式车。

5. 车况的选择

车况的好坏也是车辆安排时要重点考虑的因素。运输企业的车况肯定是有差异的。车况较好的车辆应该安排在长途运输、复杂道路、重要客户、重要货物上。相反，短途运输，不是很重要的运输，安排车况相对差些的车辆，即使出现问题，影响也比较小，比较好解决问题。

6. 综合因素的考虑

在选择车辆时，除了要考虑上述五个方面的因素，还要综合考虑其他各方面的因素，比如当天的运输任务情况、车辆归队情况、天气情况、驾驶员和道路情况等。

（二）驾驶员安排

调度的另一项内容是驾驶员安排。对于"人车定位"的运输企业来说，车辆安排好了，驾驶员也就安排好了。所以在安排车辆的时候，就要考虑驾驶员的情况。在安排驾驶员时，主要考虑以下因素。

1. 驾驶经验与技术水平

运输企业里驾驶员的驾驶经验和技术水平是千差万别的，每个人各不相同。在安排人员的时候，这是最重要的考虑因素之一。一般情况下，驾驶经验丰富，驾驶技术好的驾驶员应该安排执行那些道路条件复杂的运输任务，比如长途山路、城市道路的运输任务。

2. 维修技术水平

有的驾驶员具有一定的维修技术，一般的车辆故障都能自行解决，这样的驾驶员可以安排驾驶那些车况较差的车辆或执行长途运输任务。

3. 工作态度

驾驶员往往都要直接与客户或客户的客户接触，他们的工作态度会直接影响运输企业的形象。除此之外，工作态度也是影响运输质量的重要因素。在有的运输过程中，会涉及许多其他辅助性工作，比如单证处理、货物清点与交接等。对于比较复杂的运输任务,应该安排工作态度较好的驾驶员去执行,否则一定会出现麻烦。

4. 性格特点

驾驶员的性格特点在调度方面有三点需要注意。一是性格内向的驾驶员,应该安排那些比较简单的运输,而面对那些需要回答、需要与客户沟通的运输,最好安排那些性格外向、善于沟通的驾驶员去做。二是性格比较急躁、喜欢开快车的驾驶员,应该少安排其跑高速和城市道路。三是同时安排两个驾驶员跑长途时,要考虑两个驾驶员的性格特点是否能够很好地配合。如果两个驾驶员存在矛盾,就会影响行车安全。

5. 文化水平

文化水平主要是考虑到有些运输中需要用到比较多的文化知识,比如涉及国际货运(转关运输、保税物流等)时,可能环节多、单证多(英文单证),这就需要文化高一点的驾驶员去出车。

6. 身体条件

身体状况主要考虑两方面,一方面是驾驶员本身的身体条件(身高、体重、有无病史等),另一方面是驾驶员当前的身体状况,比如生病与否、休息是否好等。调度在具体安排出车的时候,一定要考虑这些,因为涉及安全。

7. 思想状况

这里说的思想状况是指驾驶员有无思想包袱,是否愿意执行本次运输任务等。作为调度人员,不要强迫某人出车,如果他不愿意去,要了解不愿意去的原因,做好其思想工作。如果做思想工作无效,最好更换驾驶员。

8. 家庭情况

调度人员也应该对驾驶员的家庭情况有所了解。有强烈恋家倾向的驾驶员,最好少安排他跑长途。如果知道其家里有纠纷,也最好少安排其出车。

以上八点是安排驾驶员时要考虑的因素。需要具体说明的是,在做某次调度的时候,并非要同时满足以上八点,而是要针对当时的具体情况,重点考虑和分别对待。总之,调度也是要经验的,经验积累到了一定的时候,可以不用考虑这些因素,就能做出正确的安排。

(三)线路安排

安排好车辆和驾驶员之后,就要进行线路安排了。市内的短途运输,线路选择比较简单,就不作介绍了。这里主要介绍长途运输的线路选择。

(1)只有一个装货点和一个卸货点的线路安排。这种情况比较多见,客户的货物指定了装卸点,运输企业调度只需要规定一下驾驶员走哪条道路就行了,比如是走国道还是走高速公路。一般来说,在许多情况下,运输企业都不会规定得很死,而由驾驶员自己选择。

(2)有一个装货点但有多个卸货点的线路选择。这种情况多见于大型生产企业,尤其是快速消费品生产企业的内部运输。在企业仓库装货,送往分布在全国各个城市的销售点(销售分公司、批发商、代理商、加盟店)。这种运输方式还有一个特点是同一天有很多要货单位,而且要货量都不是很大,需要好几家货物才能装一个货车。第三方物流公司的零担运输也是这种情况,这时候,调度起来相对比较复杂,因为不同的线路组合会有不同的效果,所带来的综合效益是不同的。

例如,假设某天运输企业调度室接到的货运任务如下(装货地:上海,车辆都是8吨货车):

郑州(2吨)、西安(4吨)、北京(3吨)、太原(2吨)、长春(2吨)、兰州(3吨)、天津(2吨)、石家庄(1吨)、哈尔滨(3吨)、沈阳(2吨)。

面对上述情况,不同的调度人员可能有不同的调度方法,结果也会不一样。

第一种方案

第一车:郑州、西安、兰州,9吨

第二车:太原、石家庄、北京、天津,8吨

第三车:沈阳、长春、哈尔滨,7吨(从烟台轮渡)

第二种方案

第一车:西安、兰州,7吨

第二车:郑州、石家庄、太原、北京,8吨

第三车:天津、沈阳、长春、哈尔滨,9吨(走陆路)

以上是两种不同的方案,也许还有第三种、第四种。但可以肯定的是,每种方案的运输情况肯定不一样。

运输任务指派过程

(3)运输路线安排需要考虑的因素。

① 道路情况。首先应该考虑的是同一辆车上的货物是否是同一个方向,顺不顺路,这点是最关键的。还有就是道路的具体通行情况,比如高速公路是否封闭修路等。这要求调度人员对道路情况非常熟悉。

② 车辆装载情况。不能超载太多,也不能装载太少,8吨的车,如果是长途的话,至少也要装载6吨以上。

③ 卸货点之间的距离。如果同一辆车上装载多个地点的货物,尤其是这些地点相距比较远时,要考虑卸货后,车辆上还有多少货物。如果大多数货物都在前面卸完了,后面的长距离运输可能只有少量货物,车辆的吨位利用率就很差。比如,上述第一种方案的第一车,效果就不如第二种方案的第一车。

④ 每个卸货点的卸货时间。卸货速度慢的地方,尽量放在后面到达,否则它会影响其他点的到货时间。比如,假设天津的卸货速度很慢,那么第二种方案就不如第一种方案好了。

⑤ 具体的到货时间。有的卸货点可能在市中心,是禁区,白天不能通行,只有晚上才能卸货。这时,就要考虑具体的到货时间。在安排时,尽量避开白天到达

该点。

⑥ 天气条件。比如是否下雪、下雾、冰冷等。

⑦ 车辆、驾驶员、线路等情况的综合考虑。线路安排的时候，还要考虑车辆、驾驶员的情况，比如车辆性能是否适合到北方寒冷地区。

二、运输调度的管理

（一）运输调度工作流程

（1）接受运输任务。运输任务就是上述介绍的运输计划。

（2）安排车辆、驾驶员和线路。

运输调度员的管理

（3）异常情况处理。在运输调度工作过程中发生的异常情况主要是由以下情况导致的。

① 运输计划的变动。

② 车辆与人员情况的突然变化。比如预先安排的车辆发生了机械故障，不能出车了，驾驶员生病了，有时请假了等。

运输调度的工作流程

③ 驾驶员找不到装卸地点了。

④ 由于种种原因，货不能按时装卸。

⑤ 车辆装不下货物。

⑥ 车辆发生交通事故。

⑦ 车辆途中发生严重故障。

⑧ 严重违章（比如超载）时，车辆或证件被扣了。

以上异常情况发生的可能性还是比较大的，作为调度人员都要亲自或参与解决。

（4）车辆回队管理。作为调度人员，当车辆执行完运输任务回队之后，应该进行车辆回队管理。

图片：公路运输

车辆回队管理的工作内容如下：

① 任务完成情况。比如，是否按时完成了所有的送货任务。

② 车辆情况。车辆是否有故障，是否需要修理。

③ 驾驶员情况。本次运输过程中，驾驶员是否劳累，身体有没有问题，是否需要休息调整。

④ 客户情况。送货过程中，客户有什么意见或建议。

⑤ 道路情况。预报安排的道路是否顺畅。

⑥ 其他异常情况。

每个运次的车辆回队之后，作为调度都要了解上述情况，作为下次调度的参考信息。这一点很重要。

（二）对调度员的要求

调度工作是运输企业的核心工作，调度员非常重要。调度员综合素质的高低，直接影响调度工作，影响运输企业的方方面面。对调度员的要求主要体现在以下几方面。

（1）调度员业务素质要求。

① 要非常熟悉全车队的车辆情况，包括车牌号、车型、装载情况、车况等各方面。

② 要非常熟悉全队驾驶员的情况，包括每个驾驶员的姓名、年龄、驾驶水平、性格特点等。

③ 要了解道路情况，尤其要非常熟悉运输企业业务覆盖区域的道路情况，包括公路名、车流情况、里程等。

④ 要了解货物情况，包括货物的名称、重量、包装情况、体积、性质等。

⑤ 要了解客户，以及客户的有关情况。

⑥ 要了解运输市场的行情，有时候可以租用外部车辆，所以调度员要了解市场情况。

⑦ 要全面考虑问题。影响每次调度的因素很多，要站在一定的高度，全面考虑问题。

（2）调度员的思想素质要求。

① 要热爱调度工作，把调度工作看成是一种乐趣，全心地投入。

② 要有责任心。调度工作非常讲究责任心。因为运输过程中发生突发性事件的可能性很大，有时候需要24小时值班，没有责任心是很难做到的。

③ 要有很强的沟通和协调能力。一是要与客户沟通协调，二是要与驾驶员沟通，三是要与装卸点的人员协调，每时每刻都在沟通协调。

④ 要有不断创新和进取的思想。没有一次调度是十全十美的，要不断努力，力求创新与变革，努力做到"更好"。

⑤ 要廉洁自律。调度员有时"权力"很大，所以要注意自身的问题，廉洁自律，不贪图客户、驾驶员等有关人员的小恩小惠。否则，调度员很难开展工作，也会毁掉自我。

三、合理化运输组织

运输是物流系统中最重要的功能要素之一，物流合理化在很大程度上依赖于运输合理化。多年来，运输合理化已引起人们的广泛关注，成为运输管理以及实现物流系统优化的关键环节。因此，在进行运输管理以及物流系统设计和组织物流活动时，实现合理化运输是一项最基本的任务。

（一）运输合理化的含义

所谓运输合理化，就是按照商品流通规律、交通运输条件、货物合理流向、市场供需情况，行驶最短里程、经最少环节、用最合适的运力、花最低费用、以最快速度，将货物从生产地运到消费地。即用最少的劳动消耗，运输更多的货物，取得最佳的经济效益。

（二）评价运输合理化的要素

评价运输合理化的要素很多，起决定作用的有以下五个：

1. 运输距离

在运输活动中，由于运输工具、运输时间、运输成本、运输方式、货损、运费、运输工具周转等都与运输距离的长短有一定的比例关系。因此，运输距离的长短是运输合理与否最基本的要素。缩短运输距离既有宏观的社会效益，也有微观的企业效益。

2. 运输环节

进行运输业务活动，需要增加运输的附属活动，如包装、装卸、搬运等相关工作，多一个环节，必然会增加时间、费用，也会增添货损、货差，因此，组织直达运输，可减少中间环节和二程运输，对于合理运输有直接的促进作用。

3. 运输工具

各种运输工具都有各自的优势领域，根据货种、批量，对运输工具进行优化选择，按其特点组织装卸运输作业，最大限度地发挥所用运输工具的优势，是运输合理化的重要环节。

4. 运输时间

运输是物流过程中需要花费较多时间的环节，尤其是远程运输，运输时间占全部物流时间的较大比例，因此，缩短运输时间对整个物流流通时间的缩短有决定性作用。此外，缩短运输时间，还有利于运输工具的加速周转，充分发挥运力作用；有利于货主资金的周转和提高运输线路的使用效率，最大限度地发挥基础资源的作用。

5. 运输费用

运输费用是衡量物流运输经济效益的一项重要指标，也是组织合理运输的主要目的之一。党的二十大报告对降低物流成本做出了明确部署，对深入推进物流提质增效降本提出了更高要求，强调要"建设高效顺畅的流通体系，降低物流成本"。由于运输费用在整个物流成本中占近乎50%的比例，所以运输费用的高低，不仅直接关系到物流企业的经济效益，决定了整个物流系统的竞争能力，而且还影响到货主企业的生产或销售成本。尽可能地降低运输费用，无论对于物流运输企业，还是货主企业，都是追求的一个重要目标，也是判断各种运输合理化措施是否行之有效的重要依据。

上述五个要素既互相联系，又互相影响，有时甚至是矛盾的，这就要求运输部门进行综合比较分析，选择最佳运输方案。在通常情况下，运输时间短，运输费用省，是考虑合理运输的两个主要因素，它集中体现了运输的经济效益。

（三）不合理运输的表现形式

在公路运输方案设计时要求不能出现不合理运输现象，所谓不合理有时要根据实际情况而定。不合理运输是指不注重经济效果，造成运力浪费、运费增加、货物流通速度降低、货物损耗增加的运输现象。不合理运输主要有以下几种：

不合理的运输组织过程

1. 空驶

空车无货载行驶是最典型的不合理运输形式。造成空驶的主要原因是：

① 利用自备车送货提货，往往是单程重车、单程空驶。

② 由于工作失误或计划不周，造成货源没有落实，车辆空去空回，导致双程空驶。

2. 对流运输

对流运输是指同种货物或彼此间可以相互代用而又不影响管理、技术及效益的货物，在同一条运输路线或平行运输路线上做相对方向的不合理运输方式。它主要有以下两类形式。

① 明显的对流运输。即在同一运输路线上的对流，这种方式如图2-9所示。

② 隐含的对流运输。在判断对流运输时需注意的是，有的对流运输不是明显的隐藏对流。例如，不同时间的相向运输，从发生运输的那个时间看，并没有出现对流现象，所以要注意隐藏的对流运输。这种方式如图2-10所示。

不合理的运输组织过程

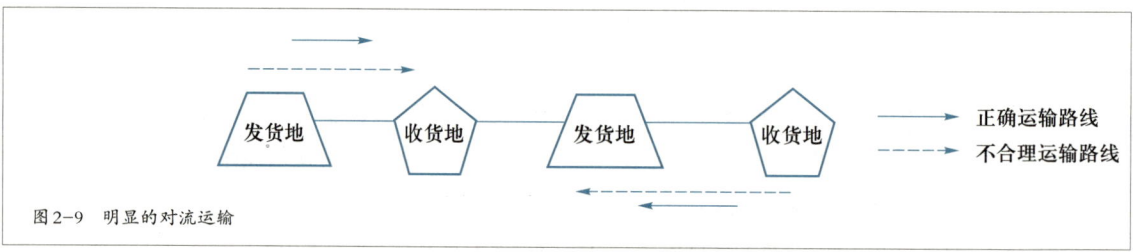

图2-9 明显的对流运输

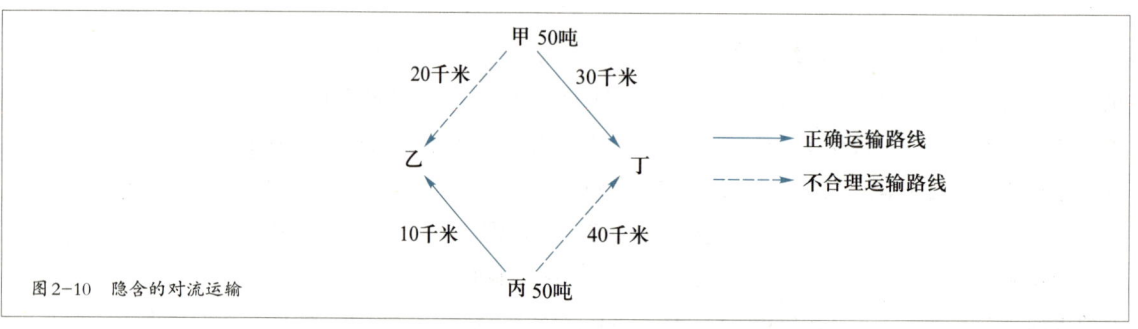

图2-10 隐含的对流运输

图2-10不合理的运输方式是，甲发50吨货物至乙，丙发50吨货物至丁，总运输量是3 000吨千米；甲发50吨至丁，丙发50吨至乙，总运输量2 000吨千米，隐含运输浪费1 000吨千米。

3. 迂回运输

它是指货物经多余的路线绕道运行的不合理运输方式。它往往是可以选取短距离运输而不采用，却选择较长路线进行运输的一种不合理形式，由于增加了运输路线、延长了货物的途中时间，造成了运力的浪费。这种方式如图2-11所示。

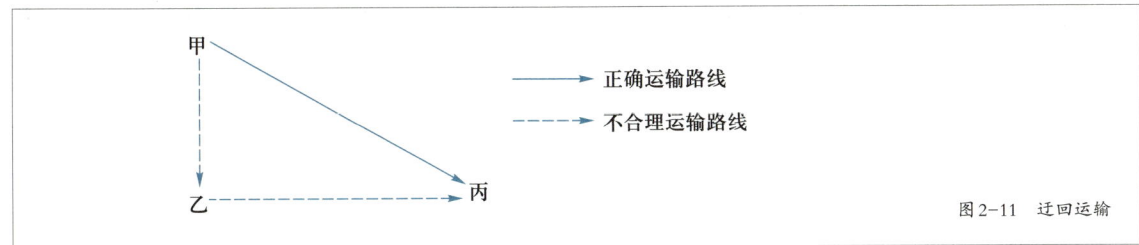

图2-11 迂回运输

图2-11中捷径路线是甲到丙,迂回路线是甲到乙再至丙,乙是中途多余的装卸点。当然,迂回运输有一定复杂性,不能简单处置。只有当计划不周、道路不熟、组织不当发生的迂回,才属于不合理运输。如果由于交通阻塞、道路情况不好或有对噪声、排气等特殊限制而不能采用捷径路线时发生的迂回运输,则不能称为不合理运输。

4. 倒流运输

它是指货物从销地向产地或其他地点向产地倒流的不合理运输方式,倒流运输导致运力浪费、增加运费开支等,这种方式如图2-12所示。

倒流运输的不合理性更甚于对流运输,这是因为往返两地的运输都是不必要的,形成了双程的浪费。

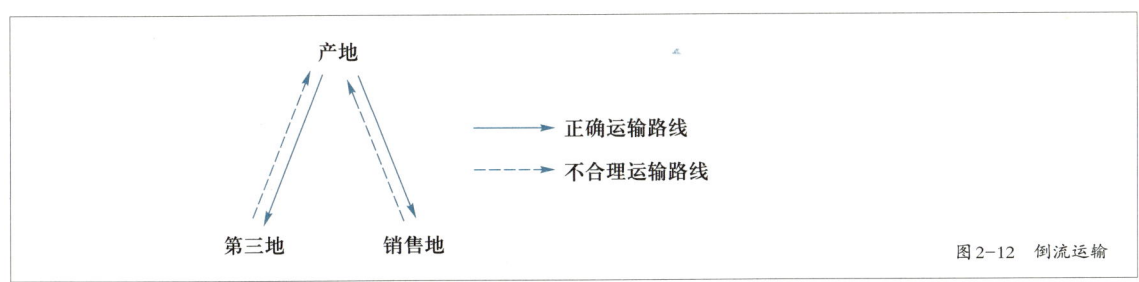

图2-12 倒流运输

5. 重复运输

它是指一种货物本可直达目的地,但因物流仓库设置不当或计划不周使其中途卸下,导致增加运输环节、浪费运输设备和装卸搬运能力、延长了运输时间的不合理运输方式,这种方式如图2-13所示。

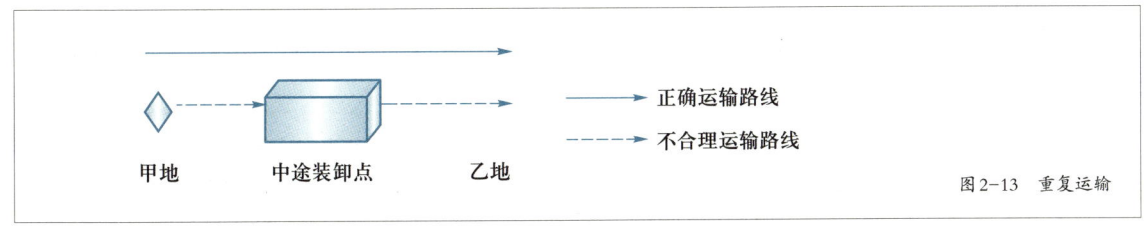

图2-13 重复运输

6. 过远运输

它是指舍近求远的不合理运输方式。即近处有资源却从远处运来,这就延长了货物运输距离，造成占用动力时间长，运输工具周转慢，物资占压资金时间长，所涉及地域的自然条件相差大，同时又易出现货损增加了费用支出。这种方式如图2-14所示。

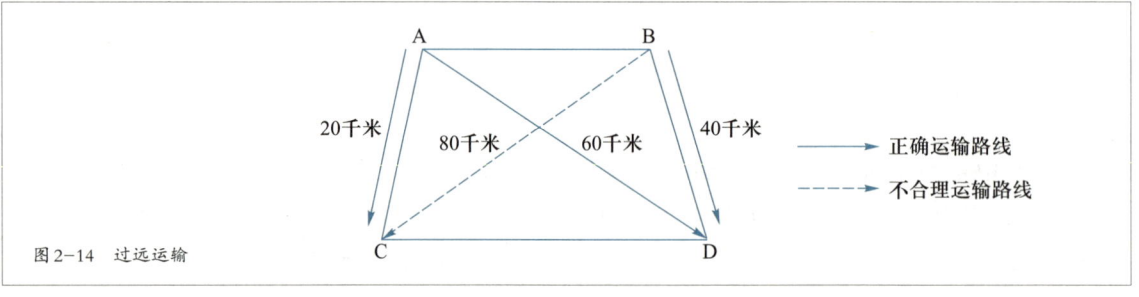

图2-14 过远运输

7. 无效运输

无效运输是指被运输的货物杂质过多，如原木使用时出现的边角余料、煤炭中的煤矸石等，使运输能力浪费于不必要物资的运输。我国每年有大批原木进行远距离的调运，但是原木的直接使用率却只有70%，而30%原木的边角余料运输基本上都属于无效运输。

上述各种不合理运输形式都是在特定条件下表现出来的，在进行判断时必须注意其不合理的前提条件，否则就容易出现判断失误。例如，如果同一种产品，商标不同，价格不同，所发生的对流不能绝对看成不合理，因为其中存在着市场机制引导的竞争，优胜劣汰。如果强调因为表面的对流而不允许运输，就会起到保护落后、阻碍竞争甚至助长地区封锁的作用。

（四）组织合理化运输的有效措施

组织合理化运输的有效措施

了解和分析不合理运输的主要表现形式后，可以从以下几方面来防止不合理运输的产生。

1. 合理选择运输方式

各种运输方式都有着各自的适用范围和不同的技术经济特征，选择时应进行综合分析和比较。首先要考虑运输成本的高低和运行速度的快慢；还应考虑货物的性质、数量的大小、运距的远近和货主需要的缓急程度。

2. 合理选择运输工具

根据不同货物的性质、数量及对湿度等的要求，选择不同类型、吨位的车辆。

微课：合理化运输组织

3. 正确选择运输路线

运输路线一般应尽量安排直达、快速运输，尽可能缩短运输时间。按照货物的合理流向，选择最短路径，避免迂回、倒流等不合理现象的发生。提高里程利用率，从而达到节省运输费用、节约运力的目的。

4. 提高货物包装质量并改进运达中的包装方法

货物运输线路的长短，装卸操作次数的多少都会影响货物的完好，所以应合理地选择包装物料，以提高包装质量。另外，有些商品的运输线路较短，且要采取特殊放置方法，如烫好的衣服需垂挂运输，则应改变相应的包装。货物包装的改进，对减少货物损失、降低运费支出和商品成本有明显的效果。

5. 混合运送，减少运力投入

混合运送的优势就是将多家需要的同一品种的货物和一家需要的多品种货物实行配装，避免一家提货或送货车回程空驶现象的发生，以达到运输工具的重量和容积得到充分合理的运用。例如，采用整车运输、整车拼装、整车分卸及整车零卸等措施，均可提高实载率。

6. 采用大吨位运输工具

在运输量等条件许可的情况下，尤其在长距离运输中，尽可能采用大吨位的运输工具，可大大降低运输费用。具体的做法是：根据汽车的运载力，加挂拖车增加运输量。

7. 发展社会化运输系统

利用社会化运输系统将运输服务外包或与其他企业合作，降低运输工具空驶率。

社会担当：为全面建设社会主义现代化国家提供战略支撑

8. 发展直达运输

直达运输是追求运输合理化的重要方面，通过减少中转环节及换装，达到提高送达速度、节省装卸费用、降低货损货差的目的。

9. 提倡合装整车运输

合装整车运输又称"零担拼整车中转分运"，主要用于件杂货的运输。合装整车运输有四种方法：

（1）零担货物拼装整车直达运输；

（2）零担货物拼装整车接力直达或中转分运；

（3）整车分卸；

（4）整装零担。

采用合装整车运输，可提高运输工具的使用效率，减少部分运输费用，所以可取得较好的经济效益。

10. 充分利用运输工具装载能力

充分利用运输工具装载能力的具体做法有：

（1）轻重货物搭配。轻重货物搭配可以充分利用运输工具的容积和载重量。

（2）注重装载堆码技术。根据车的货位情况及不同货物的包装形状、理化性质，采取各种有效的堆码方法，如采取平装、补装、骑装、套装、紧密装载等堆码技术进行装载，以提高运输效率。

四、运输路径规划方法

运输路径规划问题已经有成熟的软件帮助求解。其中，更接近实际的限制条件

微课：运输路径规划方法

包括：

① 每个站点既要取一定量的货，又要送一定量的货。

② 使用多部车辆，每部车辆的载化重量和容积不同。

③ 司机的总驾驶时间达到一定上限时，就必须休息至少8小时（运输部门的安全限制）。

④ 每个站点每天只允许在特定的时间内取货和／或送货。

⑤ 途中只有在送货后才能取货。

⑥ 允许驾驶员在特定时间休息和用餐。

这些限制条件增加了问题的复杂性，也使寻找最优解的努力受挫。但是，运用制定合理路线和时刻表的原则或启发式求解法仍然可以得到该类问题比较好的解。下面讨论的路线和时刻表问题是针对多辆卡车从仓库出发，送货到若干个站点，然后在当天返回仓库的情况。

（一）合理路线和时刻表的制定原则

运用以下八条原则，经过一番周折，决策者（如车辆调度员）可以制定出合理行车路线和时刻表。

（1）安排车辆负责相互距离最接近的站点的货物运输。

（2）安排车辆各日途经的站点时，应注意使站点群更加紧凑。

（3）从距仓库最远的站点开始设计路线。

（4）卡车的行车路线应呈水滴状。

（5）尽可能使用最大的车辆进行运送，这样设计出的路线是最有效的。

（6）取货、送货应该混合安排，不应该在完成全部送货任务之后再取货。

（7）对过于遥远而无法归入群落的站点，可以采用其他配送方式。

（8）避免时间窗口过短。

这些原则只是提供了合理路线设计的准则，但操作人员还是要处理一些在这些原则中没有考虑到，而车辆运作中可能出现的限制或例外情况（如紧急订单等）。采用这些方法设计的路线和时刻表比采用其他未经仔细推敲的方法制订的计划有实质性改进。

如何指派运输任务

（二）行车路线和时刻表的制定方法

1. 扫描法：

路线设计中的扫描法很简单，即使问题规模很大，也可以通过手工计算得出结果。

扫描法的实施过程

（1）在地图或方格图中确定所有站点（含仓库）的位置。

（2）自仓库开始沿着任何一个方向向外划一条直线。沿顺时针或逆时针方向旋转该直线直到与某站点相交，判断如果在某线路上增加该站点，是否会超过车辆的载货能力；如果没有，继续旋转直线，直到与下一个站点相交。再次计算累计货运量是否超过车辆的运载能力（先使用最大的车辆）；如果超过，就剔除最后的那个站点，并确定路线。随后，从不包含在上一条路线中的站点开始，继续旋转直线以寻找新路线。继续该过程直到所有的站点都被安排到路线中。

（3）排定各路线每个站点的顺序，使行车距离最短。排序时可以使用"水滴"法或求解"流动推销员"问题的任何算法。

2. 节约法

该方法能够处理有众多约束条件的实际问题，主要因为它可以同时确定路线和经过各站点顺序。节约法的目标是使所有车辆行驶的总里程最短，进而为所有站点提供服务的卡车数量最少。

节约法的应用过程

（1）首先假设每个站点都有一辆虚拟的卡车提供服务，随后返回仓库，这时的路线里程是最长的。

（2）将两个站点合并到同一条行车路线上，减少一辆运输车，相应地缩短路线里程。

（3）继续合并过程。

每次合并时都要计算所节约的距离，节约距离最多的站点就应该纳入现有路线。假如由于某些约束条件，节约距离最多的站点不能并入该路线，就要考虑节约距离较多的站点。

重复上述过程直到所有站点的路线设计都完成。

五、物资调运方法

物资调运是运输中比较重要的问题，是解决车辆使用、组织循环运输、减少车辆的空驶、提高车辆里程利用率的主要解决办法。

物流资源分配问题的简便算法

（一）物资调运的管理要求

1. 时效性

快速及时，即确保在指定时间内交货是配送管理最重要的因素，也是运输服务性的充分体现。因此，必须在认真分析各种因素的前提下，用系统化的思想和原则，有效协调，综合管理，选择运输线路、运输车辆、送货人员，使每个客户在其所期望的时间内能收到所期望的货物。

2. 安全性

运送过程中的机械振动和冲击及其他意外事故、卸货作业环境、接送货人员素质等都会影响运送货物的安全，为了使货物完好无损地上架销售，必须坚持运输管理中的安全性原则。

3. 服务性

商品运送为客户提供所销售或供应的商品，在物流中起着非常重要的作用。它的服务质量直接关系到销售或供应商品的时间与质量，影响运输的效果与企业的经营效益。

4. 经济性

以较低的费用完成运输作业是企业形成规模经营效益以及实现价值"卖点"或低

成本的基础，所以不仅要求运输服务高质量、便利化、敏捷化，在提高运输效率的同时，还应加强运输成本的控制与管理。

（二）影响物资调运的因素

1. 城市交通状况

它包括车流量变化、道路施工、天气变化，以及城市车辆运行限制等。

2. 车辆因素

运输企业既可以自备车辆，也可以利用社会车辆提供服务。自备车辆的运输能力、运输车辆故障、社会车辆服务质量等都会影响运输的及时性。

3. 管理因素

选择的运输计划路线不当，驾驶人员的责任心不强，中途卸货不及时等，均会造成时间上的延误。

由于各种因素的互相影响，很容易造成送货不及时、运输路径选择不当、延误交货时间等问题。所以，对货物调拨的有效管理极为重要，否则不仅影响运输效率，而且将直接导致运输成本上升。

（三）图上作业法的简介

物资调运常见的方法有运输问题的表上作业法、节约里程法、图上作业法等。在此着重介绍图上作业法。图上作业法是我国物资调运部门从实际工作中创造出来的一种方法，它的应用可以解决许多类似的问题，例如可以应用它调度车辆、组织循环运输、减少车辆空驶、提高车辆里程利用率。基建工程中的土方运输、机床负荷安排问题等，也可以应用图上作业法帮助解决。

图上作业法的实施

1. 图上作业法的常用符号

① "○"指货物装车点，即空车回收点。

② "×"指货物卸车点，即空车发出点。

③ "———▶"指重车流向线。

④ "- - - -▶"指空车流向线。

⑤ "⤳×⤳"指某段流向线的千米数。

2. 线形分类

图上作业法主要是把交通图分成道路不成圈和道路成圈两类。

（1）道路不成圈，就是没有回路的树形结构，包括直线、丁字线、交叉线、分支线等。直线为图上作业法的基本线路，不论何种线形，都要采取一定的办法，把它变为直线的运输形式，以便做出流向线。无圈的流向图，只要消灭对流，就是最优流向图。

（2）道路成圈就是形成闭合回路的环状线路，包括一个圈（有三角形、四边形、多边形）和多个圈。成圈的流向图要达到既没有对流，又没有迂回的要求，才是最优流向图。

（四）交通图上不含圈的图上作业法

根据线性规划原理，对于不成圈的交通网络运输，物资调拨或空车调运线路的确定可根据"就近调空"的原则进行。

根据图2-15的物资调拨示意图，可以得到图2-16的最优调运方案。

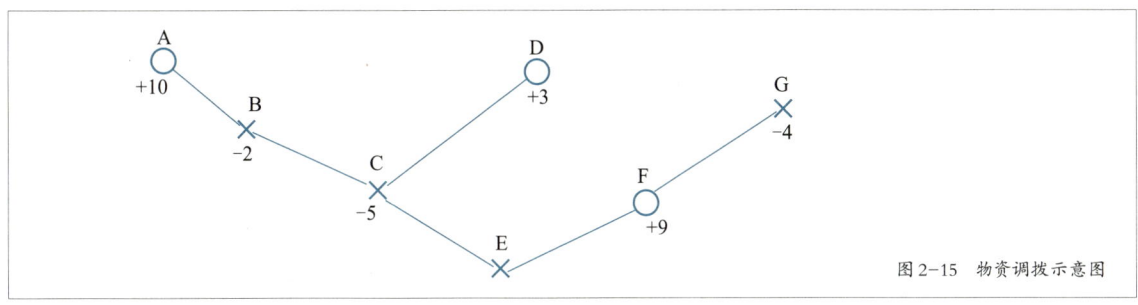

图2-15　物资调拨示意图

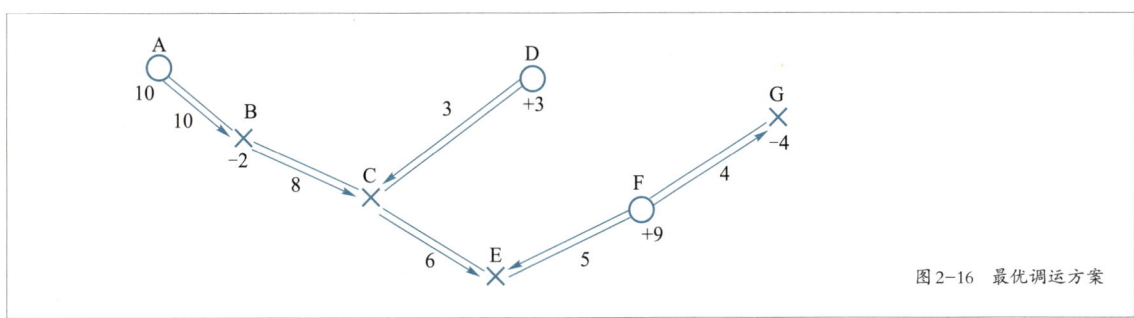

图2-16　最优调运方案

（五）交通图上含圈的图上作业法

对于成圈的交通网络，只要先假设某两点不通，将成圈问题简化为不成圈问题考虑，就可以得到一个初始的调运方案。这个方案还需要做优化处理，方法是先检查可行方案里、外圈流向线之和是否超过其周长的一半，如均小于周长的一半，则初始方案即为最优方案。如外圈流向线总长超过全圈周长的一半，则应缩短外圈流向；反之，应缩短里圈流向。

例如，某地区物资调运情况如图2-17所示，现要求得出物资调运的最优方案，可分为以下几个步骤进行。

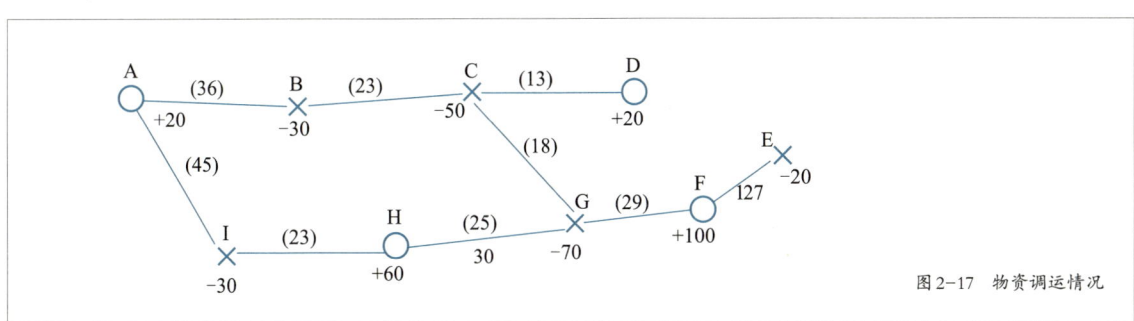

图2-17　物资调运情况

第一步，做出初始方案。

本例中，假定断开"A–B"一段，然后根据"就近调拨"的方法，即可得到如图 2-18 所示的物资调运初始方案。

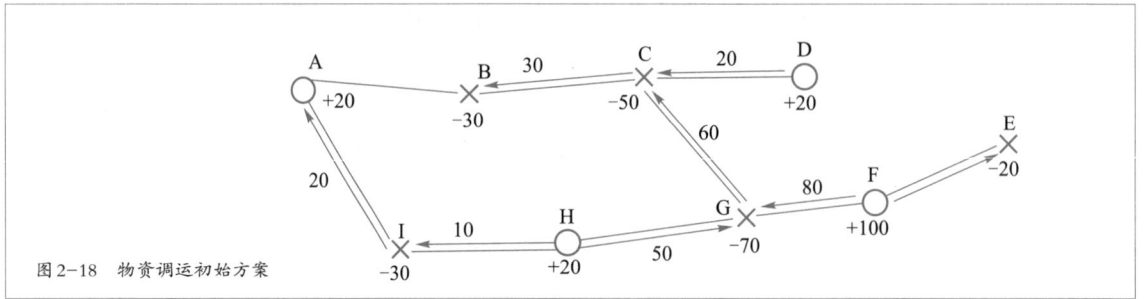

图 2-18 物资调运初始方案

第二步，检查。

本例中，物资对流情况实际上是不存在的，关键问题是要检查里外圈流向线的总长，是否超过全圈（即封闭环线路）长度的 1/2。本例中：

全圈长 =45+23+25+18+23+36=170（千米）

半圈长 =170/2=85（千米）

外圈长 =45+25+18+23=111（千米）

里圈长 =23（千米）

由以上计算可知，外圈流向线总长超过了全圈长的一半（111 千米 >85 千米），可以断定该方案有迂回调拨现象存在，该方案需要优化。

第三步，调整方案。

本例中外圈流向线总长超过了全圈长的一半，应着手缩短外圈。外圈流向线中最小流量"A–I"为 20，所以应在外圈的各段流向线上均减去 20，同时应在里圈的各段流向线及原来没有流向线的 AB 段上分别加上 20，这样就得到了如图 2-19 所示和表 2-2 所示的新的物资调拨方案。

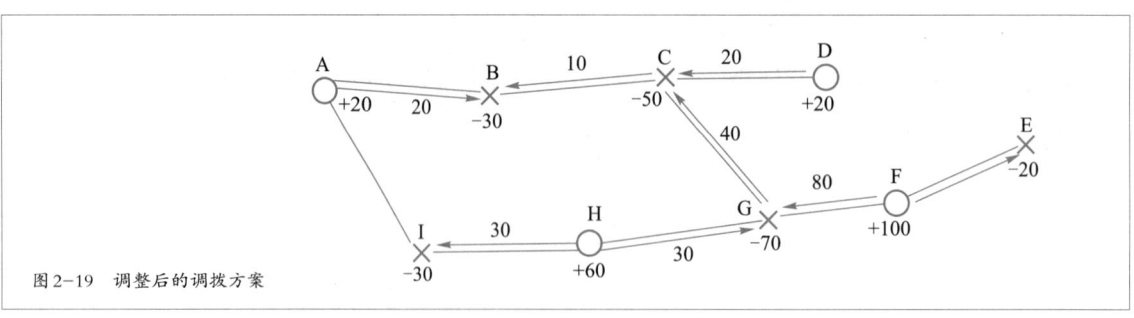

图 2-19 调整后的调拨方案

表2-2 调整后的方案平衡表

收点 \ 发点	B	C	E	G	I	发量/吨
A	20					20
D		20				20
F	10		20	70		100
H		30			30	60
收量/吨	30	50	20	70	30	200

新方案肯定比初始方案有所改进,但是仍需对它加以检查,直到满足所要求的检查结果,才能得到最优的物资调拨方案。

本例对新方案的检查结果如下:

外圈长 =25+18+23=66(千米)

里圈长 =23+36=59(千米)

由上可知,里外圈流向线总长均没有超过全圈周长的一半,所以调整后的新方案是物资调拨的最优方案。

第四步,方案比较。

前后两个方案的运力消耗如下:

第一方案:

45×20+23×30+60×18+29×80+127×20+20×13+50×25+23×10=9 270(吨千米)

第二方案:

20×36+10×23+20×13+30×23+30×25+20×127+80×29+40×18=8 230(吨千米)

第二方案比第一方案节约:9 270–8 230=1 040(吨千米)

上面的例子只是说明了一个圈的情况。如有几个圈的情况时,应逐圈调整并检查,直到每个圈都能符合要求,此时才能得到物资调拨的最优方案。在汽车运输生产过程中,各流向上的物资是不平衡的,有的地区进多出少,有的地区进少出多。这样,有些地方在车辆卸货后就无货可载,车辆必须空放到其他地方去,而另一些地方情况正好相反。这些空车如何调运才能使空车行驶里程最少其实质就是一个与物资调拨类似的问题,区别在于这里调拨的不再是物资,而是空车。

综合实训

实训目标:能够正确制订运输计划并制定运输调度方案

环境要求:学习用桌椅,多台计算机,一部打印机,计算机能连接网络

请制订运输调度方案。

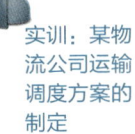

实训:某物流公司运输调度方案的制定

同步测试

一、单选题

1. 下列（　　）属于车辆的时间利用率指标。
   A. 营运速度　　　　　　　　B. 车辆工作率
   C. 吨位利用率　　　　　　　D. 托运率

2. 货物交接的第二步是（　　）。
   A. 发货　　　B. 运送　　　C. 提货　　　D. 交货

3. 一批运往重庆的10吨货物，考虑到山路多、上坡多，可能安排（　　）车运输比较合适。
   A. 东风　　　B. 解放　　　C. 五十铃　　　D. 黑豹

4. 车辆调度不应考虑（　　）的选择。
   A. 车辆吨位　　　　　　　　B. 车辆容积
   C. 车辆颜色　　　　　　　　D. 车况

5. 安排驾驶员不应该考虑（　　）。
   A. 性别　　　　　　　　　　B. 驾驶经验与技术水平
   C. 维修技术水平　　　　　　D. 工作态度

二、多选题

1. 运输生产计划主要包括（　　）。
   A. 运输量计划　　　B. 车辆计划　　　C. 车辆运用计划
   D. 车辆运行作业计划　　　E. 运输安全计划

2. 下列属于车辆运行效用指标的是（　　）。
   A. 车辆速度利用指标　　　　B. 车辆的时间利用指标
   C. 车辆行程利用指标　　　　D. 计划期平均营运车数指标
   E. 车辆载重能力利用指标

3. 汽车货运生产的过程包括（　　）。
   A. 准备阶段　　　B. 生产阶段　　　C. 运行阶段
   D. 结束阶段　　　E. 反馈阶段

4. 调度工作流程包括（　　）。
   A. 接受运输任务　　　　　　B. 安排车辆驾驶员和线路
   C. 异常情况处理　　　　　　D. 车辆回队管理
   E. 车辆补货管理

5. 调度工作主要包括（　　）。

A. 车辆调度 B. 驾驶员的安排 C. 线路的安排
D. 货物的分配安排 E. 车辆回队管理

三、简答题

1. 简述运输量计划确定的主要依据。
2. 简述编制车辆计划时应遵循的步骤。
3. 简述车辆运用计划编制的依据。
4. 简述车辆运行作业计划编制的依据。
5. 简述货物托运单的主要作用。

四、案例分析题

某汽车货运公司是当地一家具有合法经营资格并持有经营公路货物运输营业执照的现代运输企业，2017年的统计资料如下：平均车辆数80辆，平均吨位5吨，工作车日23 360车日，平均车日行程200千米，载运行程280.32万千米，完成货物周转量1261.44万吨千米。该公司为了占领激烈竞争的货物运输市场，决定实行合同运输战略，2018年与某生产企业签订了包括提供运输劳务的数量、质量，以及运价等内容的煤炭货物运输合同，全年合同运输任务为25万吨，平均运距为60千米。

根据上述资料，回答下列问题：

1. 该公司2017年车辆工作率为（　　）。
   A. 70%　　　B. 75%　　　C. 78%　　　D. 80%
2. 该公司2017年车辆实载率为（　　）。
   A. 50%　　　B. 52%　　　C. 54%　　　D. 55%
3. 该公司与生产企业签订的运输合同的标的是（　　）。
   A. 运送货物所提供的运输行为　　B. 被运送货物的距离
   C. 被运送货物的速度　　D. 被运送货物的时间
4. 该公司与生产企业签定的运输合同属于（　　）。
   A. 零担货物运输合同　　B. 集装箱汽车货物运输合同
   C. 整批货物运输合同　　D. 危险货物运输合同
5. 该公司2018年履行运输合同时，若车辆运用效率水平与2017年相同，则需（　　）才能完成合同运输任务。
   A. 提高实载率不到10个百分点　　B. 提高工作率10个百分点
   C. 增加238.56万吨千米运输能力　　D. 增加269.56万吨千米运输能力

第三章　整车货物运输操作

【知识目标】

- 熟悉整车货物运输的受理工作内容和方法
- 掌握托运单的内容及填写要求
- 掌握整车货物运输的核实理货、出货、途中、到达等作业方法
- 掌握绘制运输业务流程图的方法
- 了解运输生产组织原则
- 掌握双班运输、拖挂运输的运行组织技术方法

【技能目标】

- 能够设计和制作货物托运单并正确填写
- 能够完成整车货物的受理工作
- 能够完成整车货物运输业务的基本操作（核实理货作业、出货作业、途中作业、到达作业）
- 设计并优化整车运输作业流程
- 完成双班运输作业组织工作
- 完成拖挂运输作业组织工作

【素养目标】

- 坚持以客户为本的原则，树立正确的货物运输服务意识
- 立足整车货物运输岗位需求，团队协作，科学分工

【引例】

　　某运输公司物流中心争取到一个运输项目，为客户企业提供其下线汽车底盘产品的分拨运输服务。汽车底盘产品的需求用户为全国各地的汽车制造企业，大多数客户企业对运输服务的要求是，实行JIT适时送货制度、运货车辆配有GPS跟踪系统。该物流中心为完成这个运输项目并让客户满意，在物流中心附近专门建了汽车底盘产品储存仓库。由于该运输物流中心设计了合理的运输业务流程，并按照业务流程规范进行了操作，达到了优质服务标准，客户满意度较高，该运输项目从1998年合作至今。

【引例分析】

　　汽车底盘产品从某生产厂下线到全国各地汽车制造厂家的仓库，是一种典型的整车运输业务。物流中心运输部门的工作，主要是负责设计业务流程操作规范并

> 按照业务流程的要求进行日常业务的规范化运作，保证客户要求得到较高水准的落实。业务流程实际上是管理人员和一线运作人员要执行的内部法规，具体的运输项目业务流程设计是为了建立起正常的工作规则和工作秩序，以提高运输项目的运行效率和经济效益。若要设计合理的业务流程需要管理人员不仅要熟悉整车运输作业程序、企业自身的资源情况及项目业务情况，还要具备一定的流程设计知识，如设计原则、流程图的绘制方法等。

第一节　整车货运单据与运杂费结算

一、货物的分类

（一）按货物的装卸方法分类

1. 件装货物

件装货物是指可以用件计数的货物。每件货物都有一定的重量、形状和体积，可按件重或体积计量装运。这类货物又可分为有包装的货物和无包装的货物，装运时应注意点件交接，防止差错。

2. 散装货物

散装货物是指可以用堆积或罐装等方法进行装卸的货物，又分为堆积货物和罐装货物。从事大批量运输或专门运输此类货物的运输企业，对车辆性能、装卸设施和承载工具均有一定的要求。

（二）按货物的运输条件分类

1. 普通货物

普通货物是指在运输、配送、保管及装卸过程中，不必采用特殊方式和手段进行特别防护的货物，如一般钢材、木材、煤炭和建筑材料等。

2. 特种货物

特种货物是指在运输、保管及装卸过程中具有特殊要求的货物，在运输过程中必须采取相应措施、特殊工艺，以确保货物的安全。特种货物又分为危险货物，长大、笨重货物，鲜活易腐货物和贵重货物。

（三）按货物托运批量的大小分类

按货物托运批量的大小，可以将货物分为整车货物与零担货物。

根据道路货物运输的规定，一次货物运输在3吨以上者可视为整车运输。如货物重量不足3吨，但不能与其他货物拼装运输，需单独提供车辆办理运输，也可视为整车运输。但以下的货物必须按整车运输：

（1）鲜活货物，如冻肉、冻鱼、鲜鱼、活的牛、羊、兔、蜜蜂等。

（2）需用专车运输的货物，如汽油、烧碱等危险货物，粮食、粉剂等散装货物。

（3）不能与其他货物拼装运输的危险品。

（4）易于污染其他货物的货物，如炭黑、皮毛、垃圾等。

（5）不易于计数的散装货物，如煤、焦炭、矿石、矿砂等。

与零担运输相比，整车运输作业过程简化了，没有了货站的装卸分拣作业，一般是将整车货物从起点直接运到终点。整车运输对生产服务设施的要求不高，只要拥有一台运输车辆即可从事整车运输，因此整车运输是由大量分散的小型运输企业甚至个体车辆来完成的。

整车货物运输项目实例

二、整车货物运输单据

（一）托运单

托运单是托运人与运输企业之间的契约，是发货人托运货物的原始依据，也是车站承运货物的原始凭证。它明确规定了承托双方在货物运输过程中的权利、义务和责任。整车货物托运单的填写应填明收货单位全称或收货人姓名、地址、电话、行驶路线、运距、货物名称、标志、包装件数和质量等。

车站接到发货人提供的货物托运单后，应进行认真审查。货运员还应根据货物托运单的记载内容，认真验收货物；应注意检查货物的品名、质量、件数、包装和货物标记等是否正确齐全；按规定应附的证明文件和单据是否齐全，发货人声明栏填记的内容是否符合规定；确定运输里程和运价费率，约定运杂费结算方法。

托运人填写的托运单，必须逐日顺号收齐，按月装订成册，妥善保管备查，一般留存1~2年。

托运单的填写份数一般为一式四份，一份交托运人作为托运凭证，另外三份交承运单位：一份交受托部门存查，一份交财务部门凭以收款和结算运费，一份交调度部门作为派车依据。

填写托运单，必须注意以下几点：

（1）填写必须详细、清楚和真实。由托运人填写的各栏，若因填写不实，造成错运或其他事故，概由托运人负责。

（2）托运单每单以运到同一目的地交同一收货人为限。托运两种或两种以上货物时，应在托运单内按货物种类分别填写。

（3）托运长大、笨重货物，危险货物和鲜活易腐货物时，应将货物性质记入"货物性质"栏内。

（4）除"货规"外，托运人如有特约事宜经双方商定填入"约定事项"栏内。

（5）托运人托运的货物，应按规定包装完整、标志清楚，并做好交运前的准备工作，按托运单商定运输日期交运。

（二）货票

货票是一种财务性质的票据，根据货物托运单填写。在始发地，它是向发货人核收运费的收费依据；在目的地，它是与收货人办理货物交付的凭证之一，也是企业统计货运量、核算营运收入及计算有关货运工作指标的依据。货票的填写内容一般包括：货物装卸地点、收发货人姓名和地址、货物名称、包装、件数和质量、计费里程和计费重量、运费与杂费等。

货票一式四联：第一联由起票站存查；第二联运费收据交托运人作为报销凭证；第三联随营收缴单送车属单位；第四联随货同行。货物到站后，随货同行的货票经收货单位签收后，由到达站验货合格后收回，最后统一寄回起票站进行结案。

整车货票的使用规定及填制应当注意的事项有：

（1）凡属于整车运输，无论长途运输、短途运输或计时（日）运输包车，均属于本票使用范围。

（2）本票采用一车填一票的原则进行。一般情况下，运输一车次填一次票，但对于托运单位和收货单位都为同一个单位的短途运输或计时（日）包车，可以根据运输任务记录单，一车多趟次汇总后填制在同一张货票上。

（3）不属于同一个单位的货物拼装在一辆车上运输时，应当分别填票，并且注明相关票号。

（4）代办不属于本企业的其他车辆的运输，货票应当专本使用，货票上应当注明车属单位的全称、地址以及开户银行、账号，以便汇结运费。

（5）货票必须顺号使用，不得跳号、漏号和缺号。货票票面各栏目要填写齐全，不可以任意简写或者略写。字迹应当清晰且容易辨析，应当按照《汽车运价规则》的规定，正确计算运杂费。金额大小写都不得涂改，凡是涂改过的货票都视为无效货票。其他与金额无关地方的涂改，必须在涂改处加盖填票人的业务专用印章，以明确责任。

（6）货票开好后，应当对其进行逐项逐栏复核，以防错漏。事后检查发现差错，应当及时订正，多退少补。

（7）填票人一律使用各自的专用业务印章，不得用签字代替，也不得转借他人使用。

（三）行车路单

行车路单是调度部门代表企业签发的行车命令，是记录车辆运行的原始凭证，行车路单所记载的内容及随附的单证是统计运量、考核单车完成任务情况及各项效率指标的原始依据，是整车货物运输生产中的一项最重要的记录。行车路单由车队调度员签发，车辆完成任务回队后由车队调度员审核，经审核无误的行车路单交车队统计员记入统计台账，计算运输工号、驾驶员姓名、运输起讫站、货物装卸起讫地点、收发货单位、货物名称、件数、实际重量、运距和运量统计等。

行车路单反映了车辆运行的实际情况，具体规定了运输对象、运输车辆、运输工人、行驶路线和装卸作业运行时间等。驾驶员与工作人员都应按行车路单上的规定进行工作，未经调度部门同意，不得任意改变。

（1）行车路单必须内容齐全，各项记录必须按要求填写准确。签发行车路单必须内容齐全，字迹端正清楚，装载货物部分应与托运单相符。有关安全质量注意事项、装卸操作要求、随车需带的工具设备、随车押运人员及货主特殊要求事项等应在路单上注明。签发时，值班调度人员应做到：看行车路单是否签填完整准确，运行任务是否明确，并交代执行中应注意的事项及沿途报到、回程配载的地点。

（2）行车路单必须严格按顺序号使用，防止空白路单的丢失。

（3）车队调度员对交回的行车路单的各项记录应仔细审核。车辆执行任务归队后应交回行车路单，值班调度人员在收取行车路单和回单时，应逐一核对签证内容：看行车路单签填内容是否遗漏；检查应附的单据是否齐全，与卸收单位是否符合；检验货物签收情况。

（4）及时交回行车路单。车辆执行完任务回队后，必须及时交回行车路单，不允许积压、拒交。回收行车路单时发现问题应及时做好记录和汇报工作，验收合格的行车路单连同各种应附凭证移交统计部门汇总核算。

三、运杂费结算

运杂费结算是货运商务作业的一个重要环节，运杂费结算工作的质量直接关系到运输企业的收入和资金周转，也影响到托运方的利益和企业的信誉。因此，必须加强营收管理，做好运杂费结算工作，做到计费准确，收费迅速。

运杂费包括运费和杂费。货主向运输部门支付托运货物的基本费用称为运费，公路货物运输部门向货主收取运费以外的其他费用称为杂费。

（一）运杂费项目

整车货运费。按核定车吨位计算。各项杂费一般包括：

（1）过渡费。车辆过渡时，整车运输有货主单位派人随车押运的，由押运员自行交纳费用；无押运员的，由驾驶员代付，凭收据向货主单位结算。

（2）标签费。整车货物属于同一起讫站的，无须使用标签，不收费；整车货物有两个卸点的，必须贴标签，收取标签费。

（3）联运费。通过两种以上的运输工具联合运输及跨省市的联运，核收联运服务费。

（4）过桥费。通过大型桥梁时，凡有收费规定的，按规定费率收取费用。

（5）保管费。凡在车站由收货人自取的货物，超过免费保管时间后，按天数计收的费用。

（6）保价（保险）费等。对贵重物品实行保价运输，制定收费标准，按货物价值的百分比核收的费用。

（二）运杂费的计算

一般情况下，运杂费可按如下作业程序计算：

（1）根据托运单和运输线路，确定计费里程。整车运输的计费里程以千米为计费单位，不足1千米的尾数，四舍五入。货物运输的计费里程包括运输里程和装卸里程。运输里程按装货地点至卸货地点的实际载货里程计算，若多点装卸，以第一个装货点起至最后一个卸货点止的载货里程计算。装卸里程按车辆由车站至装货点加上卸货地点至附近车站的空驶里程的50%计算，卸货后返回原站时，按空驶里程减载货里程的50%计算。各省、自治区、直辖市根据实际情况也可以不计算装卸里程。

同一运输区间有两条以上营运线路可供行驶时，应选择最经济合理的线路为计费里程，如因自然灾害、路阻和因货物性质需要绕道行驶时，应以实际行驶里程为计费里程。

（2）确定货物的货运种别及相应的运价。整车运输的运价以元/吨千米为单位。根据货物的等级、货物运输距离的长短、货物的普通或特殊性等情况，按《汽车运价规则》计算。

（3）确定货物的计费重量。整车运输的计费重量以吨为单位，尾数不足10千克时，四舍五入。《汽车运价规则》规定，在确定货物重量时，一般货物，无论整车、零担货物，计费重量均按实际毛重计算。轻浮货物按下列规定计算：整车运输货物装载的高度、宽度和长度不得超过监理部门规定的限度，以车辆标记吨位计重；整车货物以一装一卸为限，经承托双方同意，也可中途装卸，但全程按最重装载量计重。

（4）计算运费。

整批货物运费计算公式如下：

整批货物运费＝吨次费×计费重量＋整批货物运价×计费重量×计费里程＋货物运输其他费用。

（5）根据具体情况确定杂费。

（6）累计运费与杂费，确定运杂费

运杂费＝运费＋杂费

（三）运杂费结算应注意的事项

运杂费结算要求每日将所起货票进行复核后，按托运单所签订的运费结算方式及时收取运费，做到日清日缴。

当运输过程结束，起票站在收到目的站寄回的货票第四联后，应在整车货票销号单上销号，并与货票第一联配套核对，如货票第四联与原填写的计费里程、计费重量等有出入，应向货主和车方退付或补收不符部分的运杂费。对未销号的第四联货票，应及时向目的站追收。对当月完成运输任务的托运单，调度部门应及时通知财务部门办理运费结案手续，做到一单一清，对托运量较大当月未能完成的，调度部门应将未完成的托运量另填次月托运单，继续派车完成。同时，将当月完成运量与次月托运单送交财务部门，结算当月运杂费，与托运方核对，做到一月一清。

动画：货物运输运杂费的计算

第二节　整车货物运输生产过程

一、整车货物运输流程

整车货物运输的第一步就是受理托运，在受理工作完成后，便要开始具体的货物运送任务，即承运、装运前的准备工作，以及装车、运送、卸车、保管和交付等作业。

整车货物受理实例

受理工作动作流程动画

（一）受理托运

1. 受理托运工作的要求

受理托运工作应做到：① 托运人及收货人名称、联系人、地址、电话要准确；② 起讫站名、装卸货物地址要详细；③ 货物名称、规格、性质、状态、数量、重量应齐全、准确；④ 应选择合理的运输路线；⑤ 有关证明文件、货运资料应齐全；⑥ 危险货物、特种货物应说明运输要求、采取的措施、预防的方法；⑦ 运费结算单的托收银行、户名、账号要准确。

在实践中，货物托运应注意如下事项：

（1）在办理货物托运时，如果客户是电话通知，运输公司工作人员一定要有书面记录，记录内容包括客户名、货物名、数量、规格、装卸地、发车时间等关键要素。许多公司往往会在此环节出现问题，以致发车受阻。

（2）最好要求客户通过传真、E-mail等形式下达货运任务，如果是临时电话通知，则要求以后补上书面通知。这是运输的一个重要凭证。

（3）如果是企业内部运输，就应把用车部门或用车人看成客户去要求和对待。

2. 整车货物运输的受理方法

无论是货物交给道路运输企业运输，还是道路运输企业主动承揽货物，都必须由货主和承运企业双方办理托运手续。整车货物运输受理托运的主要方法如下：

视频：某物流企业整车货物运输项目情况

整车货物受理实例

（1）登门受理。即由运输部门派人去客户单位办理承托手续。

（2）下产地受理。在农产品上市时节，运输部门下产地联系运输事宜。

（3）现场受理。在省、市、地区等召开物资分配、订货、展销、交流会议期间，运输部门在会议现场设立临时托运点或服务点，现场办理托运。

（4）驻点受理。对生产量较大、调拨集中、对口供应的单位，以及货物集散的车站、码头、港口、矿山、油田、基建工地等单位，运输部门可设点或巡回办理托运。

（5）异地受理。企业单位在外地的整车货物，运输部门根据具体情况，可向本地运输部门办理托运、要车等手续。

（6）电话、传真、信函、网上托运。经运输部门认可，本地或外地的货主单位可采用电话、传真、信函、网上托运，由运输部门的业务人员受理登记，代填托运单。

（7）签订运输合同。根据承托双方签订的运输合同或协议，办理货物运输。对于长期货运合同，每一次提货同样也要办理提货手续。

（8）站台受理。货物托运单位派人直接到运输部门办理托运。

（二）核实理货

货物的核实理货工作一般有受理前的核实和起运前的验货。受理前的核实是在货主提出托运计划并填写货物托运单后，运输部门派人会同货主进行。核实的主要内容有：①托运单所列的货物是否已处于待运状态；②装运的货物数量、发运日期有无变更；③连续运输的货源有无保证；④货物包装是否符合运输要求，危险货物的包装是否符合《危险货物运输规则》规定；⑤确定货物体积、重量的换算标准及其交接方式；⑥装卸场地的机械设备和通行能力；⑦运输道路的桥涵、沟管、电缆、架空电线等详细情况。

整车货物核实理货案例

货物起运前的核实工作称为理货或验货。其主要内容有：①承托双方共同验货；②落实货源、货流；③落实装卸、搬运设备；④查清货物待运条件是否变更；⑤确定装车时间；⑥通知发货、收货单位做好过磅、分垛、装卸等准备工作。

货物的核实理货

（三）收费

托运人向承运人交纳运费和杂费，领取承运凭证——货票。

汽车运输货票是专门用于营业性运输的组织和个人的货物运费结算单据，有时也替代运输合同，是承运人与承载人之间的承运协议，是根据货物运单填写的，主要用于临时性和零担货物或一次性包车运输，在运输市场广泛使用。一式四联，用不同颜色区分，分别是存根、收据、报单、统计。

在发站，货票是向发货人核收运费的收费依据；在到站，货票是向收货人办理货物交付的凭证之一。此外，货票也是企业统计完成货运量，核算营运收入及计算有关货运工作指标的原始凭证。

（四）货物监装

1. 出货作业内容

在车辆到达厂家出货地点后，司乘人员和现场接货人员会同厂家出货负责人一起根据出货清单，对货物包装、数量和重量等进行清点和核实；核对无误后进行装车环节服务。

货物出货作业

（1）车辆到达装货地点，监装人员应根据货票或运单填写的内容、数量和发货单位联系发货，并确定交货办法。一般情况下，散装货物根据体积换算标准确定装载量，件杂货以件计算。

（2）货物装车前，监装人员检查货物包装有无破损、渗漏、污染等情况。监装人员如果发现有不适合装车的情况，应及时和发货人商议修补或调换。如果发货人自愿承担由此引起的货损，则应在随车同行的单证上做批注并加盖印章，以明确其责任。

整车货物出货及装卸案例

（3）装车完毕后，应清查货位，检查有无错装、漏装，并与发货人核对实际装车件数，确认无误后，办理交接签收手续。

2. 实践中货物装卸的注意事项

（1）货物运输中的质量事故，很多是在装卸作业过程中发生或由于装卸作业质量不好而在运输过程中发生的。货物承运人应监装监卸，使装卸质量得到保证，并尽量压缩装卸作业时间。

（2）最关键的是要严格遵守到车时间的规定。现实中，在许多情况下，由于承运人的车辆没有按时到达装货现场，导致了一系列问题的发生。当然，托运人也要及时装车，不要一拖再拖，否则也会造成很大的损失。

（3）有些货物装载时需要衬垫、加固，必须照章做到，所需费用由托运人承担。货物运到后，将衬垫材料和加固材料交给收货人。

（4）防止货物装卸时的混杂、污染、散落、漏损、砸撞。特别要注意的是，有毒货物不得与食用类货物混装，性质相抵触的货物不能混装。

运输途中作业案例

（5）装车货物应数量准确，捆扎牢固，做好防丢措施；卸货时点交清楚，码放、堆放整齐，标志向外，箭头向上。

（6）装车前、卸货后，对车厢进行检查和清扫。因货物性质要求，装车前、卸货后需对车辆进行特殊清洗、消毒的，必须达到规定要求。所需费用由托运人负担。

（7）装好货物后，要及时盖篷布，防雨淋湿。

（五）运输途中作业

1. 运输途中作业内容

货物在运输途中发生的各项货运作业统称为途中作业。途中作业主要包括途中货物交接、货物整理或换装等作业内容。为了方便货主，整车货物还允许途中拼装或分卸作业，考虑到车辆周转的及时性，对整车拼装或分卸应严密组织。

为了保证货物运输的安全与完好，便于划清企业内部的运输责任，货物在运输途中如发生装卸、换装、保管等作业，驾驶员之间、驾驶员与站务人员之间，应认真办理交接检查手续。一般情况下，交接双方可按货车现状及货物装载状态进行，必要时可按货物件数和重量交接，如接收方发现有异状，由交出方编制记录备案。

动画：货物运输途中作业

2. 实践中运输途中作业的注意事项

（1）在运输途中，驾驶员或押运人员要不时检查车内货物，尤其是要防止货物由于路途不平、车辆颠簸造成的松动。如有异常情况，要及时解决。

（2）如果遇上交通堵塞、交通事故，可能会延误到达目的地的时间，要通过电话、手机通知公司或直接通知客户，以便采取措施。

视频：途中车辆跟踪

（3）如果是拼装货物，途中有不同的卸货点，要特别注意不要误卸货物，否则造成的损失是很大的。

（4）遇上大雨、大雪等恶劣天气，应以保护货物为首要任务。

(5) 如果是冷藏运输，途中还需要维持和记录冷藏机的温度。

（六）货物到达作业

1. 货物到达作业内容

（1）货物在到达站发生的各项货运作业统称到达作业。到达作业主要包括货运票据的交接、货物卸车、保管和交付等内容。

货物到达作业

（2）货物监卸人员（运输物流人员）在接到卸货预报后，应立即了解卸货地点、货位、行车道路、卸车机械等情况。在车辆到达卸货地点后，应会同收货人员、驾驶员、卸车人员检查车辆装载有无异常，一旦发现异常，应做出卸车记录后再开始卸车。

货物到达作业

（3）卸货时应根据运单及货票所列的项目与收货人点件或监秤记码交接。如发现货损货差，则应按有关规定编制记录并申报处理。收货人员可在记录或货票上签署意见但无权拒收货物。交接完毕后，应由收货人在货票收货回单联上签字盖章，公路承运人的责任即告终止。

2. 实践中货物到达作业的注意事项

（1）到达目的城市后，如果是第一次送该点的货，建议驾驶员或送货人员要通过电话先联系收货人，确认准确的卸货地点。因为许多时候，托运单上的地址不一定正确（往往是收货人的地址，而非卸货地）。

（2）送货人员要注意周六、周日、节日、晚间等特殊时间的卸货问题，同时也要注意卸货点是否允许货车通行，这点很重要。

（3）车辆装运货物抵达卸车地点后，收货人或车站货运员应组织卸车。卸车时，对卸下货物的品名、件数、包装和货物状态等应做必要的检查。

（4）货物交接是到达作业最重要的内容，对包装货物要"件交件收"，点件清楚；散装货物尽可能做到"磅交磅收"，计重准确；施封货物如集装箱凭铅封点交。

（5）货物运到交货地点，承运人应立即请收货人查验签收，之后，运输履行完毕。如发现有货损、货差情况，双方交接人员应做详情记录，并签章确认、交货。收货人不得为此拒收。货物交接时，承托（或收货人）双方的任何一方，如对货物重量或内容有异议，均可提出查验与复磅要求。如有不符，应确定责任方，按有关规定处理。为此而发生的费用由责任方负担。

（6）承运人对运达到站的货物无人接收时，一方面要妥善保管货物，另一方面要积极查找货主。

二、货物装卸作业

在整车货物运输作业流程中，货物装卸是必不可少的一个环节，也是容易出现货损货差的环节，货物装卸作业的质量和组织水平直接影响着运输企业的货运质量，运输效率，以及仓储、流通加工和配送过程的工作质量和效率。因此，研究装卸作业的

某企业运输业务流程案例

特点、基本要求和基本方法，有利于提高运输效率。

（一）装卸作业的特点

装卸作业是生产活动、流通活动不可缺少的环节，与物流过程的其他环节和功能相比，具有以下基本特点：

1. 装卸作业是附属性和伴生性的活动

装卸作业的附属性和伴生性表现在无论是生产领域的加工、装配和检验，还是流通领域、消费领域的运输、仓储、包装及废物处理，装卸作业都是物流每项活动开始及结束时必然发生的活动。各种运输方式，其运输全过程都包括了装货、运送和卸货几个主要环节。装货是运输生产的开始，卸货是运输生产的终结，没有装卸，运输生产就无法进行和完成。

2. 装卸作业具有提供保障和服务的特点

在生产与流通领域中，装卸作业对其他物流活动具有一定的决定性，会影响其他物流活动的质量和速度。没有装卸的保障与服务，就无法使运输高质量、高效率地运行，装卸的质量、效率对运输过程有着重要的制约作用。例如，装车不当，会引起运输过程的损失；卸放不当，会引起货物在转换成下一步时运行困难。运输生产活动只有在有效的装卸工作支持下，才能实现运输生产的高水平。

3. 装卸作业具有衔接性的特点

不同物流活动相互过渡时，常以装卸来衔接，因而装卸作业往往成为物流各功能之间能否紧密衔接的关键。各种运输方式，都需要一个集、装、运、卸、散的过程和相互换装的环节，在这五个环节中，"运"是主体，"集、装"是"运"的开始，"卸、散"是"运"的继续和终结，从而组成了运输生产的全过程。在运输全过程中，"装"与"卸"起着运输的衔接作用，才可能使运输生产活动得以正常运转，才可能实现各种运输方式的中转换装，保证综合运输能力的形成。

4. 装卸作业具有空间、时间分布不均衡的特点

由于货流的波动性和不均衡性，货物装卸作业表现出在时间和空间上分布不均衡，使得货物装卸作业的设备、设施分布较分散，装卸作业量起伏波动较大，常会出现集中到货和停滞等待的不均衡现象，使组织管理较困难。

5. 装卸作业的内容较复杂

货物装卸作业与运输、仓储和配送等作业紧密衔接。例如，在装卸过程中，同时需要进行货物的堆码、加固、计量和分拣等作业，使作业内容较为复杂。

（二）装卸作业的基本要求

1. 掌握时间构成，提高装卸作业效率

在现代物流活动中，装卸和运输关系密切。装卸工作的质量和效率对提高车辆生产率，加速车辆周转，确保运输效率起着十分重要的作用。因为在运输过程中，货物装卸作业所占用的时间，是车辆停歇时间的主要组成部分。它主要由以下几部

分组成：

（1）车辆等待装卸作业时间。它的长短取决于作业点的装卸能力与需要进行装卸作业的车辆数量之间相互适应和协调的程度，也与组织管理水平有关。如果装卸能力大于或等于需装卸作业车辆的工作量，则车辆等待装卸现象一般不会发生，但当车辆到达极不均衡，在某段时间内车辆到达过于集中，使该段时间内的装卸能力小于需要进行装卸的工作量，就会出现车辆等待装卸的现象。如果达到一定程度，不仅会产生严重的车辆等待装卸现象，而且会使装卸作业现场产生混乱和阻塞，使装卸作业无法进行。

影响作业点装卸能力大小的因素，主要有作业场地的大小、进出口通道的完善程度、作业线的长度与位置、人员与装卸机械的配备，以及作业点规定的作息制度等。这就需要对完成这一运输任务的运力和装卸能力进行合理的计算。

（2）车辆进行调车、摘挂作业时间。这个时间的长短取决于装卸场地面积的大小和场地布局的合理性、设施设备设计的可行性、装卸作业线的排列及长度、车辆运行组织方式和进出口通道的完善程度等，可以用系统工程方法进行有关的规划与布局。

（3）装卸作业时间。这个时间取决于货物的特性、形态，工人技术的熟练程度，装卸作业的机械化程度和装卸组织水平等。高效率的装卸机械化和装卸组织工作，能保证货物装运质量和效率，减少装卸成本，缩短装卸作业时间，从而缩短车辆装卸货物的停歇时间。

（4）办理商务作业时间。办理商务作业时间的长短，取决于承托双方业务上的协作、联系及作业的繁简程度。必须办理的业务手续，应尽可能采用平行作业法，在进行装卸的同时进行相关手续的办理，以尽可能缩短商务作业时间。

2. 减少不必要的装卸环节

在运输过程中，货损、货差主要发生在装卸环节，而装卸作业又是反复进行的，发生的频数超过任何其他活动，较多的装卸次数必然导致损失的增加。另外，装卸环节不仅不增加货物的价值和使用价值，反而有可能增加相应的运输成本。每增加一次装卸，费用就会有较大比例的增加。此外，装卸还会对整个运输的速度产生影响，它是降低物流速度的重要因素。因此，系统地分析研究运输过程中各个装卸环节工作，取消、合并装卸作业的次数，避免进行重复或可进行可不进行的装卸作业，是减少不必要装卸环节的重要措施。

3. 提高装卸作业的连续性

在运输过程中，应尽可能提高装卸作业的连续性，按流水方式作业，将各个工序密切地衔接起来，进行的换装作业，尽可能采用直接换装方式。

4. 提高货物集装、散装化作业水平

成件货物的集装化与粮食、盐、糖、水泥、化肥和化工原料等粉粒状货物的散装化是提高作业效率的重要方向。实际上，集装化和散装化也是一种集中作业形式，通过集装化和散装化将小件集中为大件，可以提高装卸作业效率。所以，成件货物尽可能集装成托盘系列、集装箱、货捆和网袋等货物单元再进行装卸作业；各种粉粒状货物尽可能采用散装化作业，直接装入专用车、船和库。不宜大量化的粉粒状货物也可装入专用托盘箱、集装箱内，提高货物活化指数，使用机械设备进行装卸作业。

5. 相对集中装卸地点

装卸地点相对集中可以提高装卸工作量，便于采用机械化作业方式，在货物堆场上，尽可能将同类货物的作业集中在一起进行，以实现装卸机械化和自动化。

6. 力求装卸设施、设备和工艺标准化

为了促进物流各环节的协调，要求装卸的工艺装备、设施与组织管理工作相协调，实现装卸作业的标准化、系列化和通用化。

7. 做好装卸现场的组织工作

装卸现场的作业场地、进出口通道、作业线长度和人机配置等布局的设计合理与否，关系到现场装卸能力的发挥。应避免由于组织管理工作不当造成装卸现场拥挤、阻塞和紊乱的现象发生，确保装卸工作顺利进行。

（三）装卸作业的基本方法

装卸作业的方法是多种多样的，进行装卸组织工作时，要依据不同的情况选择相应的装卸作业方法，这对提高装卸效率、节约装卸作业时间、降低装卸作业费用是至关重要的。常用的装卸作业方法有：

1. 按作业手段和组织水平分类所形成的装卸方法

（1）人工作业装卸法。人工作业装卸法是完全依靠人力和人工使用无动力器械来完成装卸的作业方法。该方法在装卸作业中，货物的举升、搬移和安置等全部工序都借助人力来完成。在操作时，虽然也用一些简单工具，但仅起到改善劳动条件的作用。人工装卸需要大量的劳动力，其装卸时间比较长，装卸成本比较高。因此，采用人工装卸，要根据装卸对象是否适合人工操作，再按货物的重量、外形和装卸现场条件等情况做出选择。

（2）机械化作业装卸法。机械化作业装卸法是以各种装卸机械完成货物装卸的作业方法。采用该种方法，工人只需要操纵机器，就可以完成货物的举升、搬移和安置。不但改善了工人的劳动条件，加速了装卸作业过程，缩短了装卸作业时间，提高了装卸效率，降低了装卸成本，而且对加速车辆周转，保证货物的完整性，提高运输质量也有较大作用，是目前装卸作业的主流。

（3）综合机械化装卸法。综合机械化装卸法是代表装卸作业发展方向的作业方法，综合机械化装卸法是要求作业机械设备和作业设施、作业环境相互配合，对装卸系统进行全面的组织、管理和协调，并采用自动化控制手段取得高效率、高水平的装卸作业方法。

2. 按装卸作业对象分类的装卸方法

（1）单件作业法。单件作业法是对单件、逐件货物装卸的方法。现实中，使用单件作业法是由于某些货物自身特有的属性，使采用单件作业法更利于安全；同时，某些装卸场地没有或难以设置装卸机械也必须单件作业；此外，某些货物的体积过大，形状特殊，不便于集装化作业也需要采用单件作业。

单件作业可采取人工作业、半机械化作业及机械化作业。由于逐一装卸，速度较慢，且在作业中容易出现货损，反复作业次数较多，也容易出现货差。

单件作业法常用于装卸单件货物、零散货物、单件大型笨重货物和不宜集装的危险货物等。

（2）集装作业法。集装作业法是将货物先进行集装，再进行装卸的方法。

集装作业法一次装卸的作业量较大，作业速度快，仅对集装体进行作业，因而货损、货差小，一般货物都可进行集装，因而集装作业法的应用范围较广，例如：粉、粒状和液气态货物，经过一定包装后，可集合成集装件装卸；长大、笨重的货物，经适当分解处置后，也可采用集装方式进行作业。集装作业法包括以下几种：

① 托盘作业法。托盘作业法是用托盘系列集装工具将货物形成成组货物单元，然后采用叉车等设备实现装卸作业机械化的作业方法。对于不宜采用平托盘的散件货物可采用笼式托盘形成成组货物单元，对于批量不大的散装货物，如粮食、啤酒等，可采用专用箱式托盘形成成组货物单元，再辅之以相应的装载机械、泵压设备等配套设施，以实现托盘作业。

② 集装箱的装卸作业法。集装箱的装卸作业法通常分为垂直装卸作业法和水平装卸作业法两种。

垂直装卸作业法又叫吊装作业法，一般使用龙门起重机、轮胎起重机和集装箱起重机等进行垂直装卸作业。另外，集装箱跨运车也被广泛使用。在集装箱港口，一般配备岸边集装箱起重机械，将船上集装箱吊下后，再使用各种机械堆码或送出，在车站以轨道龙门起重机方式为主，配以叉车使用，轮胎龙门起重机和跨运车方式也常常被采用。

水平装卸作业法是一种滚上滚下的作业。在港口，以集装箱牵引车、挂车和集装箱叉式装卸车为主要装卸设备；在车站，主要采取叉车或平移装卸机械的方式，在车辆与挂车或车辆与平移装卸机之间进行换装。

③ 滑板作业法。滑板是用纸板、纤维板、塑料板或金属板等制成，与托盘尺寸一致的、带有翼板的平板，可用以承放货物组成的搬运单元。与其匹配使用的装卸搬运机械是带推拉器的叉车。叉货时，用推拉器的钳口夹住滑板的翼板，将货物拉上货叉，卸货时先对好位置，然后叉车后退，推拉器前推，货物放置就位。滑板作业法具有托盘作业法的优点：占用作业场地较少，节约空间，利于操作。但缺点是带推拉器的叉车较重、机动性较差，对货物包装与规格化的要求很高，一般包装不规则的货物不太适用此作业法。

④ 框架作业法。框架作业法是采用框架进行集装化装卸作业的一种方法。对于各种管件以及各种易碎建材,可以根据货物的外形特征选择或特制各种形式的框架,进行框架集装化装卸作业,使易碎货物通过不同的集装框架来实现装卸的机械化,以确保货物的装卸质量,降低装卸过程中对货物的损耗,提高装卸效率。框架通常采用木制或金属材料制作,要求有一定的刚度、韧性、质量较轻,以保护商品、方便装卸、利于运输作业。框架是集装化的一种手段,它的使用可以使一些管件以及各种易碎建材装卸快捷化。

⑤ 货捆作业法。货捆作业法是用捆装工具将散件货物组成一个货物单元,使其在运输过程中保持形状不变,从而在装卸过程中能较好地与其他机械设备配合作业,实现装卸作业的机械化。木材、建材和金属之类的货物最适合于采用货捆作业法。带有与各种货捆配套专用吊具的门式起重机和悬臂式起重机等重型装卸机械,是货捆作业法的主要装卸机械。叉车、侧叉车和跨运车等是配套的搬运机械。

⑥ 网袋作业法。网袋作业法是一种先集装再进行装卸的方法,即先将粉粒状货物装入多种合成纤维和人造纤维编织成的集装袋,然后将各种袋装货物装入多种合成纤维或人造纤维编织成的网络,最后将各种块状货物装入用钢丝绳编成的网,最后再进行装卸的方法。网袋作业法适宜于粉粒状货物、各种袋装货物、块状货物和粗杂物品的装卸作业。网袋集装工具的体积小、自重轻,回送方便,可一次或多次使用。

(3) 散装作业法。为提高货物装卸效率,散装作业法越来越被广泛使用。该方法是指对大批量粉状、粒状货物进行无包装的散装、散卸的装卸方法。煤炭、建材和矿石等货物通常都采用散装、散卸的方式。随着谷物、食糖、原盐、化肥和水泥作业量的增大,为提高装卸效率,也开始散装散卸。散装作业法可分为重力作业法、倾翻作业法、机械作业法和气力输送作业法。

① 重力作业法。重力作业法是利用货物的位能来完成装卸作业的方法。例如,重力作业法卸车主要是指底开门车或漏斗车在高架线或卸车坑道上自动开启车门,煤或矿石依靠重力自行流出的卸车方法。

② 倾翻作业法。倾翻作业法是将运载工具的载货部分倾翻,将货物卸出的方法。例如,当铁路敞车被送入翻车机,夹紧固定后,敞车和翻车机一起翻动,货物倒入翻车机下面的受料槽。带有旋转车钩的敞车和一次翻两节车的大型翻车机配合作业,可以实现列车不解体卸车。汽车一般依靠液压机械装置顶起货厢实现卸载。

③ 机械作业法。机械作业法是采用各种机械,使其工作机构直接作用于货物,通过舀、抓和铲等方式达到装卸目的。常用的机械有带式输送机、单斗装载机、抓斗机、链斗装车机和挖掘机等。

④ 气力输送作业法。气力输送作业法是利用风力压缩机在气力输送机的管内形成单向气流,依靠气体的流动或气压差来输送货物的方法。主要设备是管道及气力输

送设备。

以上几种装卸作业法中，集装作业法和散装作业法都是随着物流量的增大而发展起来的，并与现代运输组织方式、存储方式等相互联系、相互配合并互为条件，加速了物流现代化的进程。

（四）装卸组织工作

装卸组织工作，就是按照货物属性与数量配备合理的装卸设备和劳动力，充分发挥物化劳动和活劳动的作用，提高装卸效率，把装卸停歇时间压缩到最低限度的过程。装卸组织的手段通常有：采取必要的措施，设计科学合理的装卸方案，有计划地逐步采用现代化的装卸设备，加强对人力、物力和财力的组织，因地制宜，采用科学的组织方法，提高装卸工作效率。运输效率能否充分发挥，与装卸组织工作安排得恰当与否、装卸效率的高低及装卸停歇时间的长短有着直接的关系。科学合理的装卸组织工作，应做到：

图片：大型设备装卸

1. 制定科学合理的装卸工艺方案

装卸是货物、劳动力、设施设备、作业方法和信息、工作等因素组成的整体。货物装卸作业采用不同的工艺方案，对车辆装卸作业、停歇时间有很大影响，在进行装卸工艺设计时应尽量减少"二次搬运"和"临时停放"的现象，使搬运次数尽可能减少，实现装卸合理化。方案要体现装卸机械化，使车辆、装卸机械、仓库等设施设备的设计合理，从而提高装卸质量、装卸效率。

2. 科学组织好装卸调度的指挥工作

在装卸现场，科学组织好装卸调度的指挥工作，对合理使用装卸机具、劳动力、提高装卸质量和效率有极大的关系。装卸调度员应根据货物的信息、装卸设备的性质、数量、车辆到达时间、装卸点的装卸能力、技术专长，以及装卸工人的数量、体力情况等进行科学的调配组织，有效地进行装卸调度指挥。在装卸量大、装卸劳动力充沛、货物条件许可的情况下，可采取集中出车、一次接送装卸工人的方法，对于装卸点分散的地区，可以划分装卸作业区，通过加强装卸调度工作，减少装卸工人的运输调遣。

3. 提高现代移动通信系统的应用水平

提高现代移动通信系统或固定通信系统的应用水平，及时掌握车辆到达的时间、数量等有关信息，合理调度安排装卸，是减少车辆等待装卸作业时间的有效措施。应当根据现有移动通信系统或固定通信系统技术条件的应用情况，建立车辆到达信息的预报系统，根据车辆车号、到达时间、货物名称和收发单位等情况的报告，事先安排好相关装卸机械和劳力，做好装卸前的准备工作，保证车辆到达时的及时装卸，提高装卸效率。

三、运输业务流程设计

设计运输业务流程是为运输项目管理提供规范化的工作程序与量化标准，流程文件实际上是企业的内部法规,有了它,企业才能建立起正常的工作规则和工作秩序。科学合理的流程设计可以提高运输绩效,进而提高企业的运行效率和经济效益。运输业务流程因运输项目内容、客户需求、企业条件等的不同而不同。

(一)流程

流程就是为特定的顾客或特定的市场提供特定的产品或特定的服务所精心设计的一系列活动。流程可以把一项工作中,若干个作业项目或者若干个工作环节,以及它们的责任人和责任人之间的相互工作关系一目了然地表述出来。

(二)流程设计的原则

人们做什么事都要遵循一定的原则,流程设计也不例外。在进行流程设计时,应当掌握以下基本原则。

1. 以顾客为导向

今天的市场竞争,在很大程度上表现为对顾客的争取。一家极具竞争力的企业,必然是能充分满足顾客需求的企业,也必然是一家以顾客为导向的企业。因此,以顾客为导向就成为流程再造要遵循的最基本的原则。

2. 以流程为中心

坚持以流程为中心的原则,就是将企业的管理方式从以任务为中心改造成以流程为中心,将原来一个个孤立的任务,连接成能够表示任务之间关系的流程。企业管理的重点不是任务而是流程,这也就是通常所说的"流程式管理"。

3. 以人为本的管理团队

因为流程需要一个团队而不是一个人去完成,所以在流程再造中,要贯彻以人为本的团队式管理精神,注重团队的整体作用,注重团队中人员之间的相互配合。这也是从单纯的任务式管理向流程式管理的一种转变。形成流程式管理之后,团队的每个成员都知道自己要做什么,这样有助于提高员工工作的自觉性。

设计人员只有掌握了以上三项基本原则,才有可能设计出适合本企业、适应市场竞争的流程,流程式管理也才有可能落到实处。否则,就会给企业的管理、发展等带来诸多负面的影响。

(三)流程图的绘制方法

除了掌握流程设计的原则外,对与企业有关的部门和人员来说,很现实的一个问题就是如何绘制流程图。

一般来说,流程图分为一、二、三级。一级流程图即公司级的流程图,如公司主导业务流程图、公司决策流程图等。二级流程图即部门级的流程图,如客户业务开发流程图、人力资源管理流程图、供应商管理流程图等。三级流程图即部门内具体工作的流程图,如运输项目业务流程图、销售流程图、统计工作流程图等。运输项目业务流程图应属于三级流程图,它是公司运输部门运输项目的工作流程。

流程图应该是环环相套的。上个级别的流程图中的一个结点，到下个级别可能就会演化成一张流程图。例如，在二级流程图的运输业务开发管理流程图中，某个客户运输项目工作可能只是一个结点，而它会演化成三级流程图中的具体运输项目业务流程图。

具体来说，流程图有很多类型，其中"矩阵式流程图"，是国际通用的一种流程图形式。这种流程图分成纵向和横向两个方向，纵向表示工作的先后顺序，横向表示承担该项工作的部门和职位。通过纵向和横向两个坐标，可以达到前面所述要求，既解决了先做什么、后做什么的问题，又解决了甲项工作由谁负责、乙项工作又由谁负责的问题。

关于矩阵式流程图，美国国家标准学会（ANSI）规定了以下管理流程设计标准符号，如表3-1所示。

表3-1 管理流程设计标准符号表

设计符号	符号含义
椭圆	椭圆——流程的开始或结束
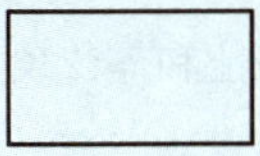 矩形	矩形——具体任务或工作
菱形	菱形——需要决策的事项
箭线	箭线——流程线
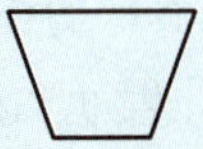 倒梯形	倒梯形——信息来源
平行四边形	平行四边形——信息存储与输出

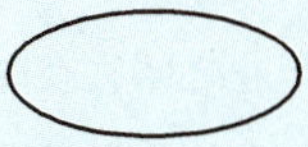

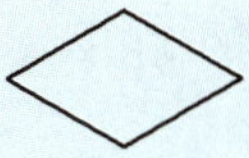

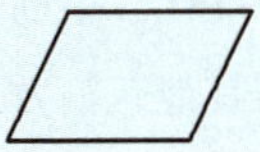

第三节 整车货物运输组织

一、整车货物运输的特点

（1）为了明确运输责任，整车货物运输通常是一车一张货票、一个发货人。为此，道路货物运输企业应选派额定载重量（以车辆管理机关核发的行车执照上标记的载重量为准）与托运量相适应的车辆装运整车货物。一个托运人托运整车货物的重量（毛重）低于车辆额定载重量时，为合理运用车辆的载重能力，可以拼装另一个托运人托运的货物，即一车二票或多票，但货物总重量不得超过车辆额定载重量。

（2）整车货物多点装卸，按全程合计最大载重量计重，最大载重量不足车辆额定载重量时，按车辆额定载重量计算。

（3）托运整车货物由托运人自理装车，未装足车辆标记载重量时，按车辆标记载重量核收运费。

（4）整车货物运输一般不需要中间环节或中间环节很少，送达时间短、相应的货运集散成本较低。涉及城市间或过境贸易的长途运输与集散，如国际贸易中的进出口商通常选择以整车为基本单位签订贸易合同，以便充分利用整车货物运输的快速、方便、经济、可靠等优点。

二、运输过程的组织原则

尽管企业有各自的特点，针对运输生产过程组织而言，最基本的要求是尽可能做到运输生产过程的连续性、协调性、均衡性、经济性。

（一）运输生产过程的连续性

连续性是指在运输过程的各个生产环节、各项作业之间，在时间上能够紧密衔接和连续进行，不发生各种不合理的中断现象，使货物在接受运输服务过程中的各项作业能够很好地衔接起来，不发生或少发生不必要的停留和等待现象。运输生产过程的连续性是获得较高运输劳动生产率和运输服务质量的重要因素。因此，要尽可能减少无效停车时间、加速车辆周转，以提高车辆、站场等的利用效率，保证运输生产效率的提高。

为了提高货物运输过程的连续性，应当重视以下方面：

第一，运输车辆、运输设施及装卸设备、承载器具等的标准化、系列化和通用化。加强"三化"工作可以大大提高物流过程中包装、装卸、运输、储存、分送等各项作业环节中的连续性；而且，实现设施与设备的标准化、系列化、通用化，不仅可以提高货物公路运输过程的连续性，还能提高汽车与其他运输方式的衔接性，避免了功能性的换装等作业所引起的停滞。

第二，尽可能采用先进的工艺方案，加强货物运输过程中的组织与控制手段，将优越的技术条件与先进的经营管理方法相结合，提高货物公路运输过程的连续性。

第三，采用先进的科学技术，提高生产过程的机械化、自动化水平，如现代化通信、机械化装卸设备等，以保证生产过程的连续性有重要的意义。

第四，要提高经营管理水平。

（二）运输生产过程的协调性

协调性是指货物运输过程中的各个生产环节、工序之间以及业务发展与站场、仓储、服务设施等方面，都要在数量上保持适当的比例。运输过程的协调性现代化大生产的客观要求，是劳动分工与协作的必然结果，是运输生产系统运行的必然要求。运输过程的各个环节、各项作业在安排生产能力上保持协调性，既可以大大提高货物的运送速度，又可以提高车辆、设备、站场等设施设备、工具的利用率和劳动生产率，进一步提高运输过程的连续性。同时，它对合理利用运输资源、提高运输活动的经济效益也会起到重要作用。

在公路货物运输生产活动中，由于货物情况的变化、技术组织条件的改变、劳动者技术水平的提高等原因，会使各个生产环节、各项作业间生产能力和作业安排发生较大改变。因此，为了适应协调性作业要求，必须及时根据变化了的客观情况，积极采取有效措施调整以实现新的协调，从而保证运输生产的顺利进行。

（三）运输生产过程的均衡性

均衡性是指运输企业及其内部各个生产环节在同一时期内完成大致相等的工作量，或稳步递增的工作量，不出现时紧时松、前松后紧的不正常现象。

保持运输生产的均衡性，能充分利用车辆、设备和站场的生产能力，保证车辆的正常运行和维修，维护正常的运输秩序，避免由于突击而造成的行车事故和业务差错，保证运输质量，避免车辆早期损坏造成经济损失，以及由此而造成保修生产的被动现象。

社会担当：同心加速，从蓝图走向现实——助力粤港澳大湾区迈向国际一流湾区和世界级城市群

在企业中，影响均衡生产的因素很多，如计划的前松后紧、车况不良、生产组织上的突击会战，货运调度不当造成的车辆拥挤、间断，以及货物的流量、流向在时间和空间上分布不均等都可能带来运输生产的不均衡性。对整个运输生产过程来说，应力求达到均衡，并随时准备应付客观上可能出现的不均衡状况，保证运输均衡生产，满足社会需要。

（四）运输生产过程的经济性

经济性就是要讲究经济效益，用尽可能小的消耗取得尽可能大的生产成果。以上所阐明的连续性、协调性和均衡性，多是运输过程时间上的组织。而时间的节约，最终将通过经济效益反映出来。除此之外，运输生产过程还有一个空间组织问题：由于在运输过程中，货物的流向不同、特性不同，常常不能充分利用车辆的回空行程，这就要求调度机构应周密编制车辆运行计划，在较大的空间范围内组织循环运输，尽可能减少车辆的空驶行程，提高车辆的行程利用和吨位利用。同时，合理安排货物运输任务，避免或减少迂回、对流、重复和过远等不合理的运输现象，节约社会运输费用，最终达到提高经济效益和社会效益的目的。

综上所述，组织运输生产过程的连续性、协调性和均衡性要求，是以运输企业服务于社会和货主的现代市场经营思想为指导的，必须以系统的观念看待运输生产过程的各项基本要求，不能片面地只强调其中的一项。

三、整车运输组织方法

从实际出发选用车辆运行方式，并加强运输过程的组织衔接，就能取得较好的经济效益。

（一）双班运输

1. 双班运输概述

双班运输组织案例

为了满足社会日益增长的运输需求，运输企业固然可以有计划地增加车辆，配备与需求相适应的运力，更主要的还是应该不断加强运输生产的组织和管理工作，在不增加或增添较少设备的前提下，充分挖掘运输潜力，以既定设备完成更多的运输生产任务。

一天24小时内，如果一辆车出车工作两个班次（以8小时为一个班次）或三个班次，就称为双班运输或多班运输。其基本出发点就是"人停车少停"，充分发挥设备（主要是车辆）的利用率，为社会提供更大的运输能力。

组织双班运输的基本方法是根据双班运输的不同形式，每辆汽车配备一定数量的驾驶员，按计划分日夜两班出车工作。这种组织方法比较简便易行，在货源、保修、驾驶员等条件满足的情况下，不再需要增添其他车辆或设备就可获得一定效果，因此易于推广应用，它已成为一种有效的车辆运行组织方式。组织双班运输原则上应满足以下几点要求：

（1）最大限度地发挥车辆的运输效能，努力提高驾驶员的劳动生产率，尽量满足货物运输的需要，争取最大的经济效益。

（2）加强劳动组织，科学安排好驾驶员的工作、学习和休息时间，保证劳逸结合；加强技术管理，合理安排好车辆的保修时间，保证有较高的完好率。

（3）加强企业内外的协作与配合，特别是与物资部门、装卸部门，以及其他运输部门之间的联系，确保双班运输的正常进行。

（4）必须贯彻安全第一的方针，注意行车安全，尽可能做到定车、定人，确保作业计划的执行。

2. 双班运输的组织

不同的双班运输组织形式，会有不同的效果。双班运输组织形式的选择涉及运距长短、站点配置、货流分布、货源数量、运输条件、道路状况、驾驶员配备、保修和装卸能力等具体因素。因此，只有因地制宜地选择和安排各种相宜的组织形式，才能充分发挥既有设备潜力，才能充分体现双班运输的优越性。根据驾驶员劳动组织的不同，双班运输主要有以下几种组织形式。

双班运输组织原理

（1）一车两人，日夜双班。每车固定配备两名驾驶员，每隔一定时期（如每周或每旬），日夜班驾驶员互换一次。驾驶员可在正常编制的情况下加倍配备。这种组织形式的优点是能做到定人、定车，能保证车辆有比较充裕的保修时间；驾驶员工作、学习和休息时间能得到正常的安排；行车时间安排也比较简单，伸缩性较大，易于得到物资单位及有关部门的配合。其缺点是车辆在时间上的利用还不够充分，驾驶员不能完全做到当面交接。这种组织形式的具体交接方法如图 3-1 所示。

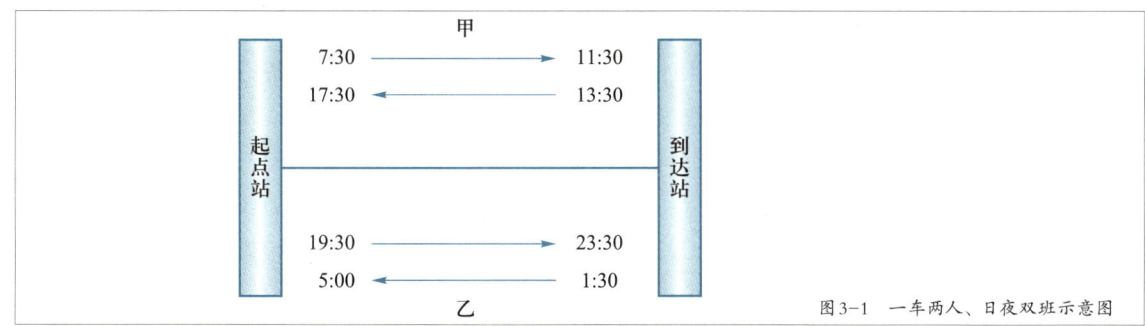

图 3-1　一车两人、日夜双班示意图

（2）一车三人，两工一休。每车配备三名驾驶员，每个驾驶员工作两天、休息一天（见表 3-2 所示），轮流担任日、夜班，并按规定地点定时进行交接班。这种组织形式适用于一个车班内能完成一个或几个运次的短途运输线路，因此，在城市出租汽车运输中采用较多。这种组织形式的优点是，能做到定车、定人，车辆出车时间较长，运输效率较高；缺点是每车班驾驶员一次工作时间较长，容易出现疲劳；安排车辆和保修时间比较紧张；需要配备驾驶员的数量较多。

表 3-2　两工一休制排班表

驾驶员	周一	周二	周三	周四	周五	周六	周日
甲	日	日	休	夜	夜	休	日
乙	夜	休	日	日	休	夜	夜
丙	休	夜	夜	休	日	日	休

（3）一车两人、日夜加班、分段交班。每车配备两名驾驶员，分段驾驶，定点（中间站）交接。每隔一定时期驾驶员对换行驶路段，确保劳逸均匀。这种组织形式一般适用于运距较长，车辆在一昼夜内可以到达或往返的运输线路。其具体交接班的方法如图 3-2 所示。这种组织形式的优点基本与第一种形式相同，但能保证驾驶员当面交接。

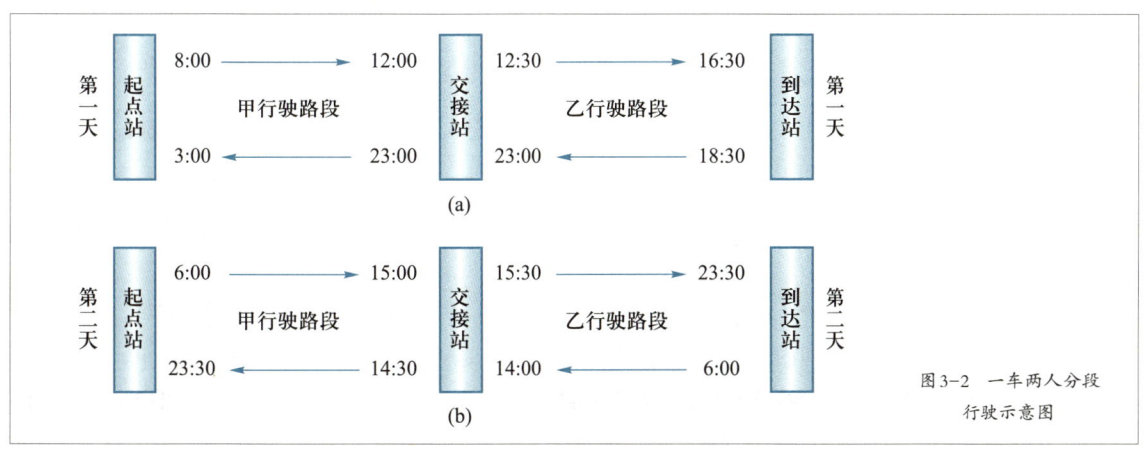

图 3-2　一车两人分段行驶示意图

（4）一车三人、日夜双班、分段交接。每车配备三名驾驶员，分日夜两班行驶，驾驶员在中途定点、定量进行交接，中途交接站可设在离终点站较近（约为全程的1/3），并在一个车班时间内能往返一次的地点，在起点站配备的两名驾驶员采用日班制，每隔一定时期可使三名驾驶员轮流调换行驶线路或时间（如图3-3）。这种组织形式的优点是，车辆在时间上利用充分，运输效率较高，能做到定车、定人运行，驾驶员的工作时间比较均衡；缺点是车辆几乎全日行驶，如不能做到快速保养，则遇保养时需另派机动车顶替。因此，这种组织形式只能在保养力量很强，驾驶员充足，或为完成短期突击性运输任务时采用较为适宜。

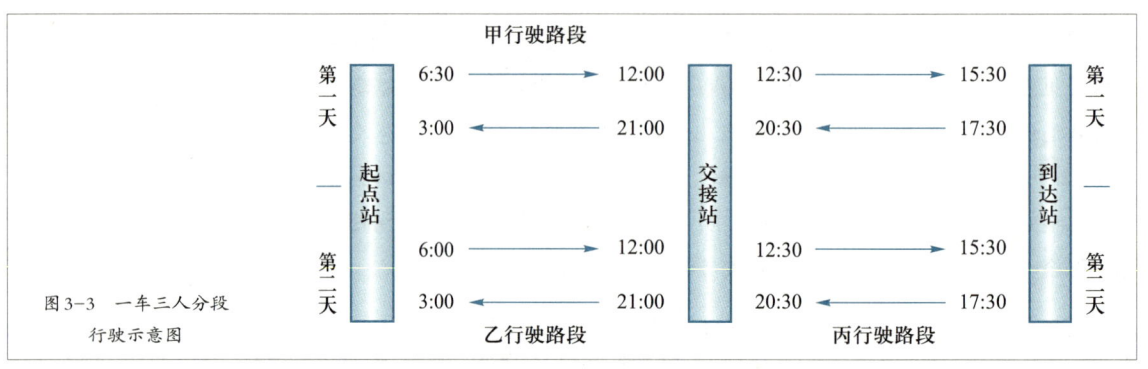

图3-3 一车三人分段行驶示意图

（5）两车三人，日夜双班，分段交换。每两辆车配备三名驾驶员，分段驾驶。其中两人各负责一车，固定在起点站与交接站之间行驶，另一个人每天交换两辆车，驾驶员在固定站定时交接。交接站同样设在离起点站或到达站较远处，这种组织形式适用于两天可以往返一次的行驶线路，其具体交接班方法如图3-4所示。

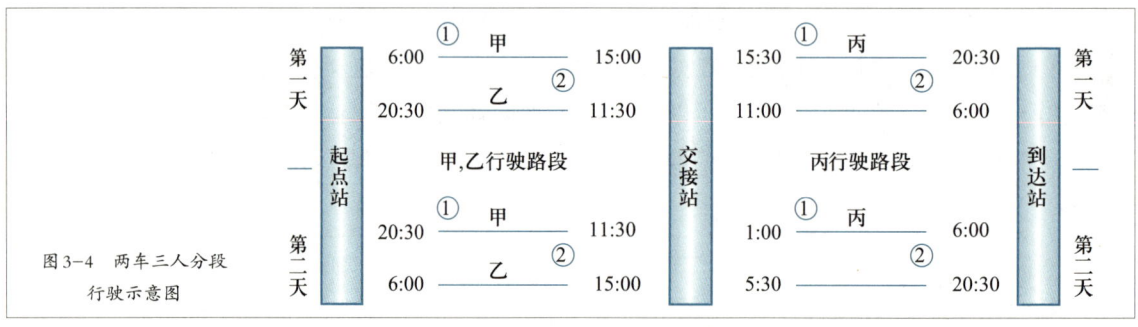

图3-4 两车三人分段行驶示意图

这种组织形式的优点在于，能做到定人、定车运行，可减少驾驶员配备；车辆在时间上利用较好；车辆保养时间充分。缺点是驾驶员工作时间较长，不利于正常休息；运行组织工作要求严格，行车时间要求正点。这种组织形式仅在运输能力比较紧张时采用。

（6）一车两人，轮流驾驶，日夜双班。一辆车上同时配备两名驾驶员，在车辆全部周转时间内，由两人轮流驾驶，交替休息。这种组织形式适用于运距很长，货流不固定的运输线路或长途干线货运线路。其优点是能定人、定车，最大可能地提高车辆时间利用率；缺点是驾驶员在车上得不到正常休息。随着道路条件的不断改善，车辆性能的不断提高，这种组织形式已越来越多地被采用。表3-3表明了这种组织形式的实际情况。

表3-3　一车两人行驶示意

时间		14:30-17:00	17:00-21:00	21:00-1:00	1:00-5:00	5:00-12:00	12:00-19:00	19:00-21:30
作业项目		准备与装车	运行	运行	睡眠	运行	运行	卸车与加油
执行者	驾驶员A	√	√		√	√		√
	驾驶员B	√		√	√		√	√

（二）拖挂（定挂）运输

1. 汽车列车与拖挂运输

汽车货运所采用的车辆，通常可分为汽车、牵引车和挂车三大类。不同用途的车辆按照一定的要求进行组合和搭配，便构成了各类汽车列车。比较常见的搭配形式，一种是由载货汽车和挂车组成的汽车列车；另一种是由牵引车和半挂车组成的汽车列车。

拖挂运输也称汽车运输列车化，是以汽车列车形式参加生产活动的一种运行组织方式。

拖挂运输是一种有效的运行组织方式，根据汽车列车的运行特点和对装卸组织工作的不同要求，一般可分为定挂运输和甩挂运输两种。不论哪种组织形式，只要在适宜的条件下运用，都有助于车辆生产率的提高。

拖挂运输是世界汽车货运发展的主要趋势之一。一些工业比较发达的国家，无论是从挂车配备的数量和吨位，还是从汽车列车所完成的运输工作量来看，都充分说明了这一点。提高车辆核定吨位，增加车辆载重量是提高车辆生产率的有效途径，但大吨位载货车在不断增加载重量的同时，轴载荷逐渐受到法规、轮胎与道路承载能力等方面的限制。有关研究资料表明，载货汽车轴载荷的增加，与损坏道路路面的四次方成正比，即轴载荷每增加1倍，对路面的损坏程度将增至原来损坏程度的16倍。拖挂运输得到发展还得益于汽车发动机功率的逐渐增大和道路状况的日益改善。因此，增加载重量更为合理的途径是发展拖挂运输。

2. 拖挂运输的经济性

拖挂运输的经济性极为显著，具体表现在：

（1）相同运输条件下，采有拖挂运输可大大增加载货汽车（或牵引车）的拖载量，能使原有的生产能力成倍增加。

（2）挂车结构简单，制造比较容易，耗用金属材料也较少，适用于企业自行设计和制造，增加运输能力更为直接。

（3）拖挂运输不需要增加额外的驾驶员，保修作业比较简单。增加的保养技工也有限，有助于提高劳动生产率。

（4）拖挂运输（以吨千米计算）的行车燃料消耗、挂车的初次投资以及它的保修费用，均比使用同等载重量的单个汽车要低，拖挂运输的单位运输成本会有较大幅度的下降。

（5）汽车列车便于采用多种灵活、先进的运行方式，满足社会的需要，经济效益比较理想。

拖挂运输增加了载重量，其结果会使汽车的牵引性能比单车运输时要差，汽车列车直接挡动力因素比单个汽车有所下降，这不仅会导致汽车列车平均技术速度的下降，增加驾驶员在操作上的困难，而且因操作次数的相对增加，也会导致燃料消耗量的增加。

图片：牵引车

3. 定挂运输工作组织

定挂运输是指汽车在完成运行和装卸作业时，汽车（或牵引车）与全挂车（或半挂车）不予分离。这种定车定挂的组织形式，在运行组织和管理工作方面基本上与单车运行相仿，易于推广。它是拖挂运输开展之初被采用的一种主要形式。

汽车列车的运输组织工作与单车相比，必须在货物装卸和车辆运行调度方面尤其注意，否则收不到预期的效果。

增加了拖带的挂车，虽然增加了货物的装载量，但同时也增加了货物的装卸作业量。如果不相应改善装卸条件，提高装卸作业的效率，就会使汽车列车装卸工作停歇时间大大延长。组织定挂运输时，一方面应加强现场调度与指挥工作；另一方面应合理组织装卸作业，尽可能采用机械化装卸，压缩汽车列车的停歇时间。

定挂运输中，汽车列车总长度比单车显著增加，必须保证有足够长度的装卸作业线。汽车列车停妥时与装卸作业线的相互位置，以平行排列较为合适，这样有利于拖车同时进行货物的装卸作业。装卸现场应有平坦而宽阔的调车场地和畅通的出入口，否则会增加汽车列车的调车作业时间，甚至可能造成货场拥挤和堵塞。

挂车上货物的装载要求，必须按照有关交通法规以及《汽车货物运输规则》等有关内容办理。鉴于汽车列车的行驶稳定性不如汽车，挂车上货物的装载高度和质量应加以适当限制，以确保汽车列车行驶的安全性。

采用定车定挂运输方式时，汽车列车运行调度方法与单车并无多大区别，可视具体情况安排相应的运行作业计划。

（三）甩挂运输

1. 甩挂运输概述

甩挂运输是指汽车列车按照预定的计划，在各装卸作业点甩下并挂上指定的挂车后,继续运行的一种组织方式。甩挂运输也称甩挂装卸,这种运行组织方式可以使得载货汽车(或牵引车)的停歇时间缩短到最低限度,从而充分发挥它的运输效能,最大限度地利用它的牵引能力。甩挂运输是拖挂运输的特殊形式。

在同样的条件下,甩挂运输可望比定挂运输有更高的运输效率。以在往复式行驶路线上运送散装货物为例,如单程运距20千米,技术速度40千米/小时,装车作业时间定额6分钟/吨,卸车作业时间定额4.5分钟/吨,摘挂作业6分钟/次,载货主车、全挂车、半挂车的装载量分别为4吨、4吨、8吨,则组织甩挂运输和定挂运输时的工作情况分别如图3-5～图3-7所示。通过对各图例的分析,可以得出如下结论:甩挂运输比定挂运输能获得更高的生产率;在承担相同载重量的情况下,由牵引车和半挂车组成的汽车列车所完成的工作量,比由载货汽车和全挂车组成的列车要高。

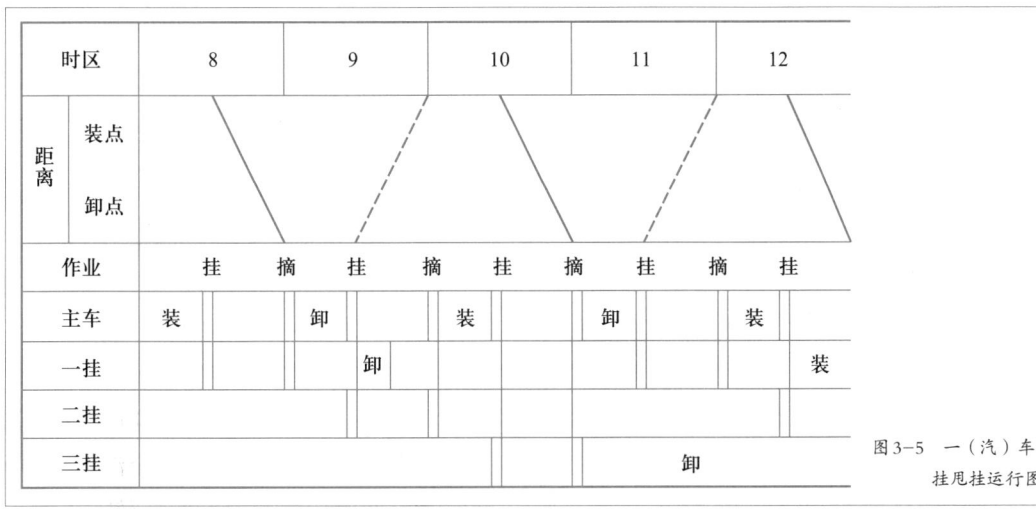

图3-5 一(汽)车三(全)挂甩挂运行图

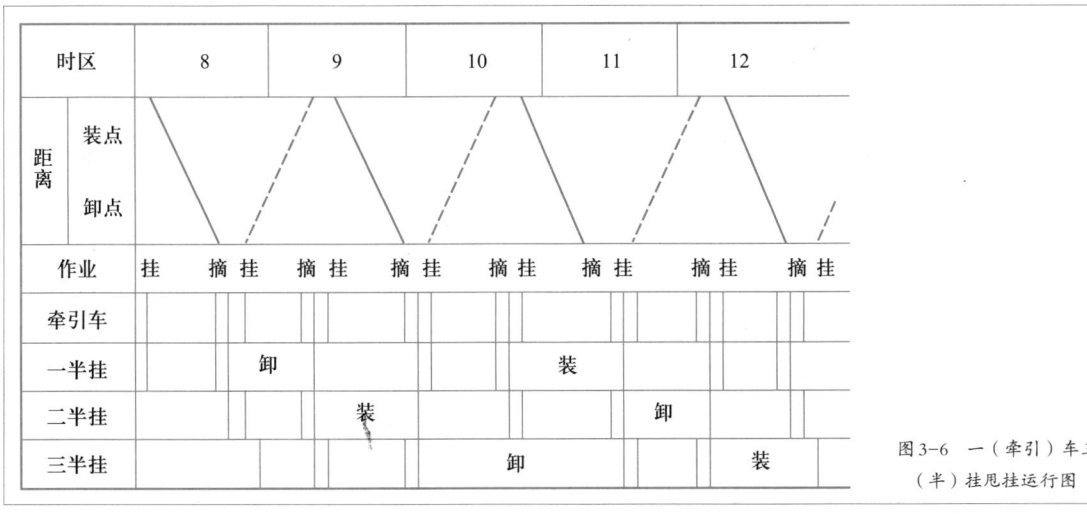

图3-6 一(牵引)车三(半)挂甩挂运行图

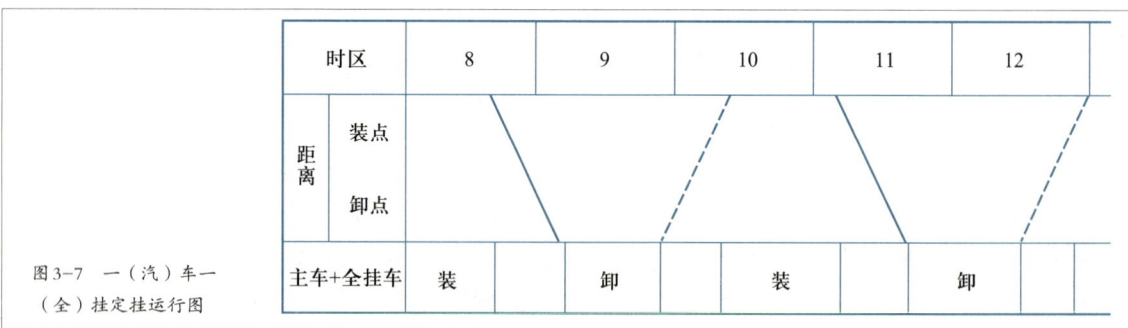

图 3-7 一(汽)车一(全)挂定挂运行图

甩挂运输是为了解决短途运输中因装卸能力不足,造成车辆过长的装卸作业停歇时间而发展起来的。为了说明甩挂运输的基本原理,可以汽车列车行驶在往复线路上,"一线两点两端甩挂"为例(如图 3-8)。当汽车列车在 A 地装货行驶至 B 地后,卸车工人摘下重挂,再集中力量将载货汽车卸空,然后挂上已预先卸妥的全挂车返回 A 地;与此同时,B 地卸车工人完成摘下挂车卸车作业。当汽车列车返回 A 地,装车工人摘下空挂,再集中力量完成载货汽车的装车作业,然后挂上已预先装妥的全挂车,继续向 B 地行驶。

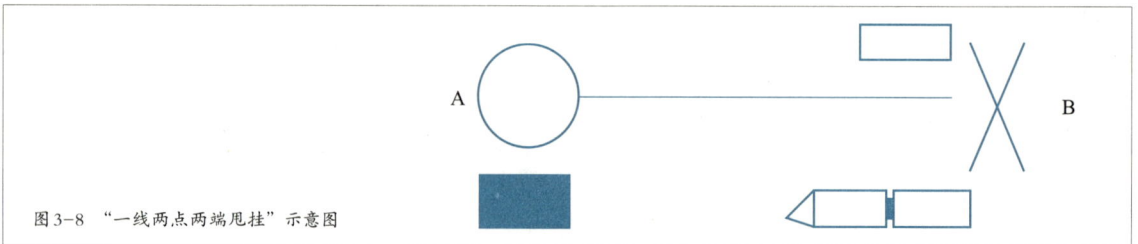

图 3-8 "一线两点两端甩挂"示意图

由此可见,上述甩挂运输的基本原理实质上是平行作业原则的最大应用,它是利用汽车列车的返回行驶时间来完成甩下挂车的装卸作业,从而使原来整个汽车列车的装卸作业时间缩短为汽车装卸作业时间和甩挂作业时间,加速了车辆的周转,提高了运输效率。甩挂运输虽有不同的组织形式,其作业程序也可能会有所区别,但基本作业原理是一样的。

从甩挂运输的工作过程可以看出,只有当主车的装卸作业时间加甩挂作业时间小于整个汽车列车装卸停歇时间时,采用甩挂运输才是合理的,同时,为充分发挥挂车的效能,挂车在完成装卸作业后的待挂时间也不宜太长。

事实上,挂车待挂现象在所难免,其长短虽与装卸工人的休息时间有关,但主要取决于运距长短、技术速度高低等因素。甩挂运输一般适宜于短距离运输,运距太长情况下如采用甩挂运输,汽车列车装卸作业时间在其出车时间中所占比重较挂车待挂时间反而更长,甩挂运输效果不甚明显,反倒增加了作业的复杂性。有时可能还会产生这样的情况,当运距大到一定程度时,即使甩挂运输可减少汽车列车装卸作业的停歇时间,由于汽车列车的技术速度低于同等载重量的汽车,使得汽车列车生产率不一定高于同等载货量载货汽车的生产率(如图 3-9)。

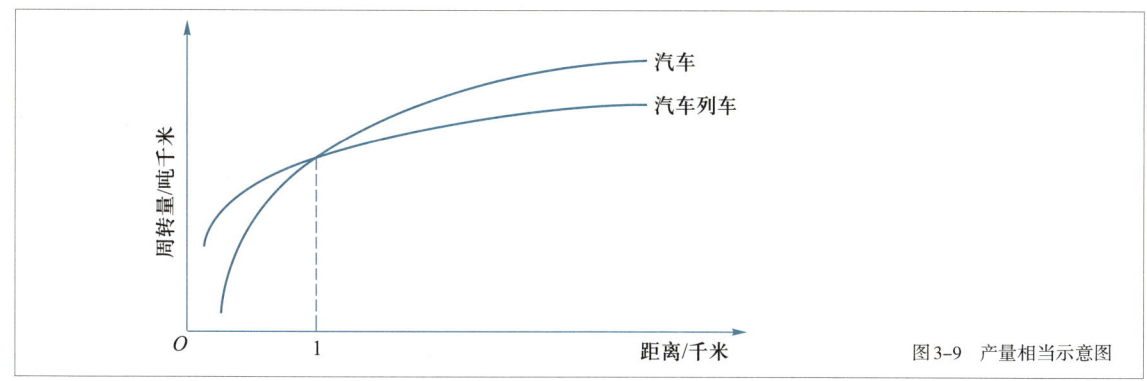

图 3-9 产量相当示意图

2. 甩挂运输组织形式

根据汽挂车的配备数量、线路网的特点、装卸作业点的装卸能力等，甩挂运输可有不同的组织形式。而且随着运输组织工作的日益发展和完善，甩挂运输的概念和技术也在不断发展。一般来说，甩挂运输（或作业）有以下几种形式：

（1）一线两点甩挂运输。这是在短途往复式运输线路上通常采用的一种甩挂形式。汽车列车往复于两种装卸作业之间，在整个系统中配备一定数量的挂车，汽车列车在线路两端根据具体条件作甩挂作业（装卸），根据货流情况或装卸能力不同，可组织"一线两点，一端甩挂"（即装甩卸不甩或卸甩装不甩）和"一线两点，两端甩挂"。

图片：低平板式运输挂车

这种形式对于装卸点固定、运量较大的地区，只要组织得合理，效果比较显著。在运量大或运输任务比较紧急的情况下，还可以增加主车的数量，在一个复式甩挂系统内进行两头甩挂作业，这对车辆运行组织工作要求较高，必须根据汽车列车的运行时间、主挂车的装卸作业时间等资料，预先编制汽车列车甩挂运行图，以保证均衡生产。

这种形式被广泛应用于集装箱甩挂作业。

（2）循环甩挂作业。这是在车辆环形行驶线路上，进一步组织甩挂作业的一种方式。它要求在闭合循环回路的各装卸点上，配备一定数量的周转集装箱或挂车，汽车列车每到达一个装卸点后甩下所带集装箱或挂车，装卸工人集中力量完成主车的装（或卸）车作业，然后装（挂）上事先准备好的集装箱（挂车）继续行驶，如图 3-10 所示。

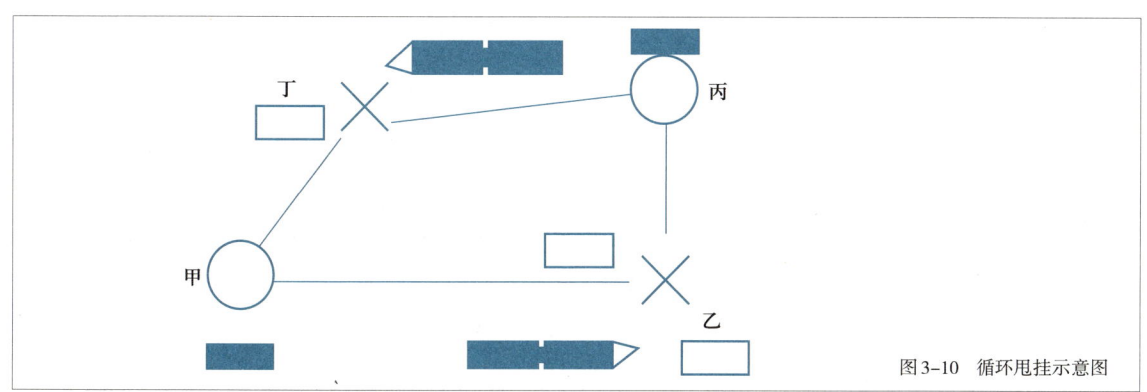

图 3-10 循环甩挂示意图

这种组织方法的实质，就是用循环调度法来组织封闭回路上的甩挂作业。它不仅提高了载运能力，压缩了装卸作业停歇时间，而且提高了行程利用率，所以是甩挂运输较为经济、运输效率较高的组织形式。由于它涉及面广，组织工作较为复杂，因此，在组织循环甩挂作业时，一方面要满足循环调度的基本要求；另一方面应选择运量较大、稳定且适宜组织甩挂作业的货物条件。

（3）驮背运输。为了适应多式联运发展的需要，更好地解决伴随联运产生的大量装卸和换载作业，甩挂运输的基本原理与组织方法已被运用到集装箱或挂车的换装作业上。其基本方法是：在多式联运各运输工具的连接点，由牵引车将载有集装箱底盘车或挂车直接开上铁路平板车或船舶上，停妥摘挂后离去，集装箱底盘车或挂车由铁路车辆或船舶载运至前方换装点，再由到达地点的牵引车开上车船，挂上集装箱底盘车或挂车，直接运往目的地。这种组织形式被形象地称为"驮背运输"。

驮背运输组织方式使得汽车列车运行作业与摘下集装箱底盘车或挂车的载运作业平行进行，加速了车辆的周转；同时，由于这种方式扩大了货运单元，从而节约了装卸和换装作业的时间，提高了作业效率。

甩挂运输作业原理

3. 甩挂运输工作组织

加强对甩挂运输的运行调度、货源和货流的组织以及现场指挥等工作，是保证甩挂运输顺利进行的基本要求。

适宜的货源条件是组织甩挂运输的基础，通常应选择装卸比较费时的固定性大宗货源。加强货源组织工作以及日常管理工作，掌握货流的特点及其变化规律，是组织甩挂运输应注意的问题。

运输部门需加强与收、发货单位的联系和协作，争取货主单位积极改善装卸现场条件、合理安排工作面。装卸作业现场应保证平整，并设有足够的装卸作业线。为便于顺利甩挂、调车、停靠挂车、推车和搬运货物，需有宽阔的场地和固定环行通道。此外，还应配备必需的照明设备和消防器材等。

装卸组织工作与甩挂运输关系密切，有计划地安排劳动力和装卸机械，合理地组织装卸作业时间定额；装卸工人与驾驶员应密切配合，加强装卸与运行的衔接；道路运输部门、货主单位和装卸队三者之间应积极配合，以经济合同的形式密切协作关系。

组织甩挂运输应有周密的运行作业计划，在可能的情况下应该绘制甩挂运行图，并应加强对甩挂运输的调度工作。调度员应根据不同的甩挂形式，掌握每项作业的需要时间，对汽车列车和挂车的周转时间和运行间隔、主、挂车需要量等指标进行具体计算，保证甩挂运输均衡地、有节奏地进行。

"一线两点一头"装甩挂示意图见图3-11。

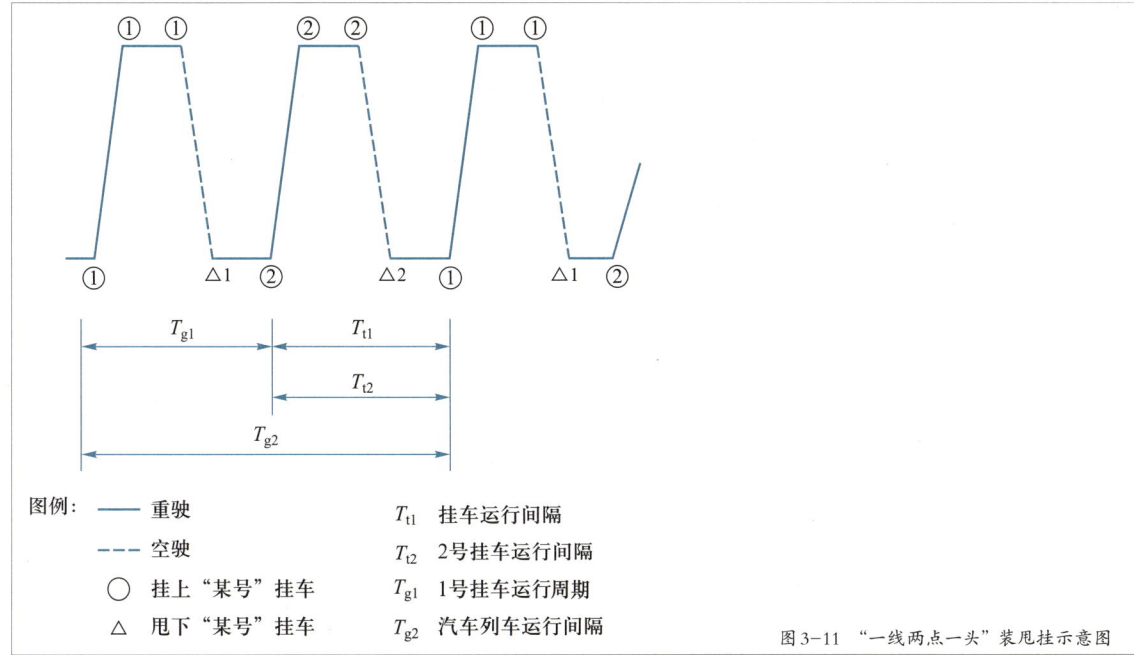

图3-11 "一线两点一头"装甩挂示意图

甩挂运输需要配备一定数量的周转挂车，这增加了管理工作的复杂性。车型选择与车数的配备，应根据甩挂运输的不同形式加以确定；周转挂车原则上应在本车队小组内使用，并应建立相应的保养、维修和管理制度；要确保挂车的完好率指标，要合理运用每辆挂车，以提高挂车的运输效率。

汽车列车与单个载货汽车相比，在运行和装卸作业中更易发生事故，因此在机件设备、驾驶操作、甩挂作业等方面都必须具有一定的安全措施，努力避免一切事故，确保运输服务的质量。

汽车列车行驶线路的选择必须以安全为前提。选择行驶线路的原则是：

（1）被选择的线路要适合汽车列车的通行，路面平坦且没有过大的坡度，道路曲线最小半径应能保证汽车列车顺利、安全地通过。

（2）运距适宜。

（3）应尽量避开交通流量较为拥堵的路段（尤其在城市范围内），选择的运行线路应保证汽车列车中速行驶。

课堂活动

目标：完成双班运输作业组织工作并画出示意图，完成拖挂运输组织工作并绘制拖挂示意图。

环境要求：多套学习用桌椅，多台计算机及一部打印机，计算机要与网络连接，多台牵引车模型，多台挂车模型。

任务：某物流公司现有一项运输服务项目，其中具体的运输活动情况是：在单程往复式行驶线路上运送散装货物，单程运距20千米，技术速度40千米/小时，装车作业时间定额6分钟/吨，卸车作业时间定额4.5分钟/吨，摘挂作业6分/次，载货主车、全挂车、半挂车的装载量分别为4吨、4吨、8吨。运输主管要求负责该项运输任务的运输物流员对三种拖挂方式的运输效率进行比较，从中选择一个效率最高的运输组织方式，并绘制该种方式的运行图。

提示：小组讨论完成，提交一份作业单。

实训目标：

1. 能根据客户发货计划请求，熟练地完成货物交接、运送、单据流转等操作。
2. 能够通过业务操作训练，熟练掌握整车运输的业务流程及操作标准。
3. 能优化整车货运业务流程及标准，并能编写相关文件。

整车货物运输操作

环境要求：

1. 约80平方米的房间一间，配有多媒体一套。
2. 多套学习用桌椅，其中每张学习桌配六把椅子。
3. 多台计算机及一部打印机。
4. 载重20吨平板挂车或模型敞车（12米长）一部。
5. 箱式包装货物50箱，长×宽×高为100厘米×300厘米×400厘米。
6. 模拟客户（生产厂家）仓库及办公室一间（约10平方米）。
7. 模拟的物流企业综合办公室一间（约10平方米）。
8. 车、货配货信息系统一套。
9. 模拟终点接收货物的仓库一间（约5平方米）。
10. 业务单据（托运单、物品清单、派车单、送货单等）一套。

请根据运输计划请求信息，按要求完成本次运输任务。

一、单选题

1. 在许多情况下，尤其是一些临时、短期的客户，是没有运输合同的，（　　）往往就是合同。

A. 运输计划　　B. 运单　　C. 调度指令　　D. 口头协议

2. 有关研究资料表明，载货汽车轴载荷的增加与损坏道路路面的（　　）次方成正比，即轴载荷每增加1倍，对路面的损坏程度将增至原来损坏程度的（　　）倍。

A. 一，1　　　　B. 二，4　　　　C. 三，9　　　　D. 四，16

3. 在（　　）的条件下，适宜采用甩挂运输组织方式。

   A. 运距长、装卸作业时间短、货量多

   B. 运距短、装卸作业时间长、货量多

   C. 运距长、装卸作业时间长、货量多

   D. 运距短、装卸作业时间短、货量多

4. 在绘制运输业务流程图时，用（　　）表示具体任务或工作？

   A. 椭圆　　　　B. 矩形　　　　C. 菱形　　　　D. 平行四边形

5. 在道路货物运输中，客户向道路运输部门提出运送货物的要求叫（　　）。

   A. 受理　　　　B. 承运　　　　C. 揽货　　　　D. 托运

二、多选题

1. 下列（　　）是不予受理的。

   A. 危险货物

   B. 未取得检疫合格证明的动植物

   C. 未取得准运证明的超长、超高、超宽货物

   D. 文物

2. （　　）是双班运输的组织形式。

   A. 一车一人、日夜双班

   B. 一车两人、日夜双班

   C. 一车两人、轮流驾驶、日夜双班

   D. 一车三人、日夜双班、分段交接

   E. 一车三人、两工一休

3. 下列（　　）是甩挂运输的组织形式。

   A. 一线一点甩挂运输　　　　B. 一线两点甩挂运输

   C. 循环甩挂作业　　　　　　D. 驮背运输

   E. 多线多点甩挂运输

4. 绘制运输业务流程图的要求有（　　）。

   A. 简洁、明了　　　　　　　B. 符号越多越好

   C. 符号尽量少　　　　　　　D. 表明工作的先后顺序

   E. 表明承担工作的部门和职位

5. 拖挂运输的缺点是（　　）。

   A. 平均技术速度下降　　　　B. 驾驶员在操作上困难

   C. 增加拖载量　　　　　　　D. 挂车结构简单

   E. 燃料消耗量增加

三、简答题

1. 什么是运单？其作用是什么？填写要求有哪些？应从哪几个方面对托运单的内容进行审批和认定？
2. 受理整车货物托运的工作程序是什么？
3. 整车货物运输的基本作业程序是什么？
4. 什么是双班运输？其经济意义是什么？
5. 什么是拖挂运输？分哪两种组织形式？

四、案例分析题

某物流运输企业一直采用传统货运，即从出发点到目的地一车到底。但是，随着沿海企业的生产下滑、业务萎缩，运输货源减少，该公司从湖州到广州货运专线的车辆空驶率上升，工作车日明显下降，企业经营成本上涨。如何才能让货车不跑空呢？公司经过调查发现，甩挂运输可以在整车到达目的地后，挂车留在当地，牵引车拉着其他挂车继续运输，这也是国家提倡的大吨位、集约型、环保型运输模式。

2017年，该公司投入百万元更新设备，购买厢式货车，同时对运输方式进行了革新，采用大型物流公司较热门的甩挂运输方式。

具体做法是：在广州和湖州两地的货物集散点上，满载货物的高性能牵引车甩下挂车，挂上另一辆已经满载货物的挂车，马不停蹄地返回另一个集散点。在集散点处，装卸工如同装卸火车车皮般随时装卸"甩挂"，另有10余辆小型厢式货车专司"转驳"，负责支线运输以及送货上门。

以往，货物从承接到运达需要3天，如今货运时间大大缩短，仅用了19个小时。该公司管理人员对这一项目进行跟踪和测算，结果是：按1辆牵引车配置3辆挂车来计算，采用甩挂运输可比传统运输降低成本40%左右，减少油耗30%以上。

一车（牵引车头）多个挂车的汽车快速甩挂运输，大大减少了空驶等无效运输，并且大幅降低了油料消耗。运输方式革新后，公司又开发了多条甩挂运输专线，花费了500多万购置了5辆牵引车，这主要缘于企业尝到了"甩挂运输"的甜头，它不仅节能，还减少了企业的人力和物力成本。

根据上述案例，请思考以下问题？

1. 什么样的线路适合开展甩挂运输这种运输组织方式？
2. 为保证甩挂运输作业顺利进行，应重点做好哪些工作？
3. 甩挂运输在国际上得到了广泛的推广应用，已经成为非常普遍的先进运输组织方式。但我国的甩挂运输发展仍然滞后，最主要原因是什么？
4. 为什么多年来我国运输实践中一直在推进甩挂运输这种货运组织模式？国外的汽车拖挂运输发展实践是什么？

第四章　零担货物运输组织

【知识目标】

- 完成零担货物运输的含义，开办公路零担货物运输业务的条件，零担货物运输网络形式，零担货源市场调查方法，零担货源的组织方法等专业知识的学习及相关训练
- 完成零担货物的受理托运、过磅量方作业、验收入库作业、开票收费作业、配载装车作业、货物中转作业、货运到达作业等专业知识的学习
- 完成零担货运班车的作业组织方法，不定期零担货运车的作业组织方法，零担货物的中转作业组织方法的学习；并完成零担货物运输营运组织方案的技能训练任务

【技能目标】

- 完成开办公路零担运输业务的前期物质准备工作训练；能够制定有效的零担货源组织方案
- 完成零担货物运输作业知识学习，设计零担货物运输作业流程并绘制操作程序流程图
- 模拟演练零担货物运输作业操作，能够正确设计零担货物运输业务流程并优化

【素养目标】

- 遵纪守法，树立正确的零担货物运输服务意识
- 立足零担货物运输岗位需求，团队协作，科学分工

【引例】

某快运有限公司是一家主要从事公路零担货物运输的民营企业。公司拥有运输网点1 100多个。拥有以高速公路和国家高等级公路为依托，根据客户需求，发展建成了以上海、天津、广州、武汉、杭州、西安、沈阳、淮安、成都、郑州十地为中枢，遍布全国的信息化货运网络。公司拥有先进的运输工具和管理设施，拥有车辆3 000多台，其中95%以上是标准箱式货车，长途车约1 200余辆、市内配送货车1 800辆，拥有可调配的其他车辆1 500余台。公司具有以下严格规范零担货物运输的业务流程：

第一，客户到当地公司办事处办理货物托运业务，仓库验货人员严格计重、计量，并将货物信息填入货物验收卡中。填写货物验收卡时，发货人规范填写运单，准确写清发货人及收货人的详细信息。填写完毕，仓库验收人员将货物信息打印成货物标签，牢固地粘贴在货物上。货物搬运人员将按照目的地，将货物存入相应的库位。客户手持货物验收卡至营业厅办理货物托运手续。收款人员根据运单的结算金额和付款方式收取运费。

第二，办事处向地区总办发车之前，仓管员检查车辆是否性能完好、清洁、牢靠，消防器材是否齐备有效。根据货物流向，依据先急后缓，先短途后长途的原则对货物装车。如有中转则要求考虑中转办事处的卸车方便。按照点一票装一票的原则，仓管员核对发车统计表。防止错记、漏记、差货、错号、无号情况发生。装车完毕后关上门并锁好封铅，驾驶员在装车清单和运输合同上签字。

货物到达主办后司机要与仓管员进行装车清单交接。由仓管员审核登记到车时间和车牌号，核对装车清单和封铅是否完好。核对完毕无误后，仓库工作人员根据装车清单，组织搬卸工人卸货，根据其不同目的地一致相应的区域存放。

仓管员与司机在货物搬卸并验收完毕后，将运单文件、卸车清单、货物验收单等交至主办办公室。办公室业务操作员要认真登记核对到车时间、车牌号并核对文件、装车清单、签单等。如发现单据不齐全，请及时与发货办事处联系。

第三，调度人员根据不同线路和货物的多寡，在保证单车利润的情况下选择不同的车辆进行运输并配备足够的人员，按顺序进行装车锁好封铅。驾驶员在运输途中应安全驾驶，防止丢货或中途湿货。如遇到被盗、交通事故、火灾等情况，应及时自救，以减少损失并报警，取得公安部门的相关认定，并与公司领导取得联系，保护现场，配合相关部门处理。

第四，货物到达目的地，仓管员应严格考核货车途中行驶时间，记录在运输合同上，并认真核对封铅号和封铅是否完好。当核对无误后对车上的货物进行装卸。业务操作人员通知客户货物已经到达，客户在输入提货密码后方可提货。营业厅业务人员应认真核对提货人员的身份证文件真伪，核对收货人姓名与电话是否一致，防止付错货物。

公司重视信息技术对企业服务能力的提升，车辆管理系统、GPS卫星定位系统、网上查询系统、短信通知系统等信息系统日臻完善。公司将以货物运输业为龙头产业，带动相关产业协同发展，以速度和品质为中心，以信息化为助力，不断提高运输效率，不断研发贴近客户需求的产品，为客户提供高效、安全的现代零担货物运输服务。

引例分析

这是普通零担货运的典型运输业务案例，运输物流员必须熟练掌握零担货运的组织作业程序，组织实施。运输的整个过程，运输物流员的主要工作是在企业现有业务流程的基础上，针对任务的具体情况设计出科学、合理的零担业务流程方案，保证低耗、高效地完成送货任务，保证客户的服务要求得到较好的落实。

若要设计合理的业务流程，管理人员不仅要熟悉零担货物运输的作业程序、企业自身的资源情况及项目业务情况，而且要具备一定的流程设计知识等。

第一节　零担货物运输业务的开办

一、零担货物运输的特点

（一）零担货物运输的含义

零担货物运输是相对整车运输而提出来的，由于现在是多品种小批量的需求方向，因此零担货物运输非常重要。零担货物运输是指同一托运人一次托运货物的计费重量不足3吨（不足一整车）的运输。人类利用运输工具使零担货物产生位置移动的活动称为零担货物运输。零担货物运输一般需要特别的运输处理作业，如要求定线路、定班期发运。

（二）零担货物运输的意义

随着国民经济的发展和人民物质文化生活范围的扩大，特别是现代物流理念和技术的飞速发展，货物的流动无论从时间还是从空间上都发生了根本变化，当前，零星用户、零星货物、零星整车的"三零"货物急剧增加，使得零担运输呈现出日益繁荣的景象，普通零担货物运输作为货物运输的重要形式之一，越发显现出它的重要性。

（1）零担货物运输非常适合商品流通中品种繁杂、量小批多、价高贵重、时间紧迫、到达站点分散等特殊要求，补充了整车运输的不足。同时，零担货物运输还可以有力地配合客运工作，承担行李、包裹的运输，及时解决积压待运的行包，便利了旅客的出行。

（2）零担货物运输机动灵活，可以面向社会各个角落，而且批量不限，可以多至几吨，少至几千克，又可以就地托运，手续简便，运送快速。可以缩短货物的送达时间，有利于加速资金周转。这对于竞争性、时令性和急需的零担货物运输尤为重要。

（3）随着我国社会主义市场经济的发展，国民经济呈现持续、健康的发展格局，市场日益繁荣兴旺，生产资料中的成品、半成品和消费资料中的中高档商品越来越多地进入流通领域，使零担货物的运量出现猛增的局面。在新形势下，发展零担货物运输，对于促进市场经济发展，满足日益增长的运输需求，具有极为重要的意义。

（三）零担货物运输的特点

零担货物运输是汽车货物运输中相对独立的一个部分，相对于其他汽车运输，零担货物运输有其独有的特点：

1. 道路零担货物运输的优点

（1）安全。零担货物运输商务作业有比较严格、细致的货物交接规程，减少了货损货差，如行李、包裹的运输。零担货物运输一般都使用厢式货车，运行时厢门封闭严紧，能够有效防止货物失落和损失，减少货损事故的发生。

（2）方便。零担货物托运，随交随收，手续简便。对需要经由几个运输单位中转的货物，可以一次托运、一次交费、一票到底、全程负责，并能做到上门取货、送货到家。有些公路运输企业还为货主办理提货、报关、加固包装等事项，货主只要将提货单交付承运人就可以在家等待收货，省去不少麻烦，得到许多方便。

（3）迅速及时。在许多情况下，零担货物运输运送速度较铁路、水路等运输方式快捷。

（4）经济。仅就花费在运输工具上的费用而言，零担货物运输是最高的。但是，如果计算其他各种运杂费用，这种差异就显著缩小了。例如，装卸费，公路零担货物运输基本上是一装一卸，而铁路、水路则需三装三卸，装卸费是1∶3。另外，公路零担货运也有明显的节约效果：公路零担货损、货差少，货主还可减少损失。所有这些都说明了公路零担货运有较好的经济性。

（5）车辆运用效率高。零担货物运输车辆，一般都有较高的行程利用率（往返有载），吨位利用率也较高。这都有利于提高车辆生产率和运输经济效益。

2. 道路零担货物运输的缺点

（1）货源的不确定性和来源的广泛性。零担货物运输的货物流量、货物流向具有一定的不确定性，并且多为随机性发生，难以通过运输合同方式将其纳入计划管理范围。货物的来源涉及社会的方方面面，计划性较差。

为发展零担货运业务，物流运输部门应加强对零担货物流量、流向的经常性调查，注意信息的反馈和分析，结合参考以往的统计资料，积极妥善地开展零担货运服务。

（2）货运组织工作比较复杂。零担货物运输货物来源、货物种类繁杂，且绝大多数是由零担货物运输作业的主要执行者——货运站完成零担货物质量的确认、负责保管和组织装卸的，劳动组织工作比整车运输复杂。这样就使得零担货物运输货运环节多，作业工序细致，设备条件繁杂，对货物配载和装载要求较高。这一切对零担货运业务组织工作提出了更高的要求。

（3）单位运输成本比较高。为了适应零担货物运输的需求，货运站要配备一定的仓库、货棚、站台，以及相应的装卸、搬运、堆置的机具和专用厢式车辆。此外，相对于整车货物运输而言，零担货物周转环节多，更易于出现货损、货差，赔偿费用较高，因此，导致了零担货物运输成本较高。

二、道路零担运输业务

（一）道路零担运输业务的开办条件

物流运输企业要开办和发展零担货运业务，必须具备一定的前提条件，这些前提条件一方面包括宏观经济社会发展的大环境，另一方面就是零担货运的微观物质条件。从物流运输企业开办和发展零担货运实际工作看，零担货运的基础工作主要是指其物质条件，物流运输企业开办和发展零担运输就必须做好下述基础工作：

1. 建立零担货物仓库

货物仓库是开办零担货运的首要条件。由于零担货物具有品种多、小批量、多批次、时间紧迫、到站分散的特点，这就决定了多数零担货物不可能在业务受理后立即装车，也不可能在货物运达卸车后即行交付，而是有一个"集零为整""化整为零"的过程。同时，有些货物还需要中转，必须在货运站作短期堆存保管。所以，必须根据吞吐量的大小，建设一定面积的零担货物仓库。

2. 开办零担货运站

货运站是开办零担货运业务的中介。货运站是货源、货流的直接组织者，它一方面起着为社会集结和疏散货物的作用，另一方面为运载工具包揽运输业务，是建立在运载工具和货物之间的纽带。货运站一般开在人口量比较大，或有专业市场（比如服装批发市场）的附近。可以采用加盟中介，也可以开设直营网点。

3. 开辟班车和建立零担货运网络

班车和货运网络是开办和发展零担货运的基础。零担货运网络是指由若干站点和运行线路组成的具有循环功能的运输系统。班车是零担货运网络的基本组成部分。班车的开辟应以适应货流需要，尽量减少中转环节为原则，并在货源、货流调查基础上确定和制定车辆运行方案。

4. 零担货车配备

零担货车是开办和发展零担货运的保证。零担货车是公路运输零担货物的工具，没有它，即使其他条件都已成熟也不能实现零担货物的运输。

5. 组织零担货物联运

联运是增强零担货运活力的关键。联运是指通过两种以上不同运输方式或虽属同种运输方式但必须经中转换装的接力运输。由于零担货物运距长短不一，货车不可能每点都到，各线都跑，因此，必须与铁路、水路、航空搞好联运，才能满足托运人多方面的需要。

（二）组建零担货运网络

商品经济的发展，为零担货物运输业的发展提供了充足的货源，零担货物运输业要持续、健康地发展，必须依据零担货物运输运量小、批量多、流向分散、品种繁多的特点，建立零担货物运输网络，充分发挥零担货物运输网络化规模经营的优势，取得最大的经济效益与社会效益。

根据我国情况，发展零担货运网络应根据地区经济发展状况、产业构成、公路网状况等确定零担货运站数量、分布状况、货运班线等，依托行政区域，建立相应的各层次零担货运网，进而形成全国范围内的零担货运网络。

下面介绍零担货物运输网络的几种发展形式。

1. 县内网络

县内网络是指以县城为中心，以乡（镇）村零担货运站为网点的网络，对区域内企业产品、日用消费品进行集结和疏散。

2. 城市（地区）网络

城市（地区）网络是以中心城市为中心，以县内网络为基础，以市县、县城间交通干线为脉络，形成城市（地区）内的网络系统。它对发挥中心城市的作用，加快流通速度具有一定作用。

3. 省（自治区）网络

省（自治区）网络是指以省（自治区）、直辖市或经济中心城市为中心，依托公路干道，形成省（自治区）内的完整循环系统。

4. 片区（经济）网络

片区（经济）网络是指跨越数省（直辖市、自治区），以片区内的经济中心城市为连接点，以沟通城市之间干线为脉络组成的网络。片区（经济）网络的建立，为发展远距离零担货物运输创造了必要条件。

5. 全国网络

全国网络是指以大城市为中心、以干线为骨干，形成的全国范围内零担货物运输网。只有建立全国零担货物运输网络，才能最大限度地方便货主，使零担货物在全国范围内流通，实现零担货物运输现代化。

三、零担货物货源组织

（一）零担货物货源组织的意义

在完成好零担货物运输的基础工作以后，零担货物运输便进入货源组织阶段。零担货物货源组织工作，开始于货源调查，终止于货物受理托运。其主要目的是寻找、落实货源。

获得货源货流信息并进行有效处理，开展零担货运货源的市场实际调查，是零担货物运输经营管理的基础性工作。由于零担货物运输是货物运输的组成部分，其市场调查的内容、方式、方法基本相同。零担货运货源的调查，其实质就是通过有效的市场调查方法，获取货源货流的基本信息，并对获取的信息作进一步分析，指导零担货运的过程。

（二）零担货源调查

物流企业要经常开展货源调查工作，以发现新的商机，及时为社会潜在客户提供服务，增强企业的经营能力。

1. 货源货流

货源即货物的来源。货流是指一定时间、一定区段内货物流动的情况。它包括货物的流量、流向、流时、流程四个要素。公路货物在一定时间、一定区段内流动的数量称为货物流量。公路货物流动的方向称为货物流向。货物流向分为顺向货流和反向货流。路段上货流量大的方向的货流称为顺向货流。路段上货流量小的方向的货流称为反向货流。零担货物运输的货源货流信息是指与零担货物的发生地、流量、流向、流时、流程及其变化有关的各种情报的总称。

获取零担货运的货源货流信息不仅是零担货运经营决策的重要依据，而且是提高零担货运应变能力的重要手段。

2. 零担货运中货源货流信息的收集方法

（1）开展零担货运的市场调查。零担货运的市场调查按调查方式可分为全面调查、典型调查和专题调查。

① 全面调查。是在一定时期内，对零担货运企业吸引区内的自然资源（土地、矿山、森林、土特产等）、人口、企事业单位、学校、机关等的基本概况，对工农业、农副产品产量、规格、供给流通，对工业生产所需的原材料、燃料、辅助材料的品种、消耗量、自产量、流入量，对商品流通的数量、范围、时间、交通运输网络布局、竞争对手的发展变化等，作全面综合的调查分析。

② 典型调查。是根据需要选择一些具有代表性的地区、单位或运输线路进行解剖，用"由此及彼"的推理方法，以了解同类事物的共同规律。

③ 专题调查。为研究零担货运的某些特殊问题（如新辟零担货运线路），专门进行的市场调查。

（2）整理分析资料。整理分析零担货运企业近期承托运资料、地区发出运量统计资料等，从中分析货源货流信息。

（3）实时情报的收集。指在定点货运站点代办业务、取货送货等承运业务活动中，通过询问、交谈，获取货源货流信息。

（三）零担运输货源的组织方法

零担运输货源组织工作始于货源调查，直至货物受托为止。即为寻求、落实货源而进行的全部组织工作。

常用的零担货源组织方法，除配备专职货运人员组货外，还有以下方式：

1. 实行合同运输

实行合同运输是多年来公路运输部门行之有效的货源组织方式之一。实践中实行合同运输的好处如下：

（1）有利于加强市场管理，稳定一定数量的货源。

（2）有利于计划运输，合理运输。

（3）有利于加强运输企业的责任感，提高运输服务质量。

（4）有利于简化运输手续，节约人力和时间。

（5）有利于改进产、运、销的关系，促进国民经济发展。

2. 设立零担货运代办站（点）

由于零担货物具有零星、分散、品种多、批量少和流向广等特点，需要通过站点和仓库来集散组织零担货源。但这些站（点）和仓库不能仅依靠运输企业自身的力量去设置。因此，借鉴客运站点设置的经验，利用代办单位或个人的闲置资源开办零担货物代办站（点），是组织零担货源的较好方法。这种站（点）特别适合于农村地区。

设立零担货运代办站（点），既可以弥补运输企业在发展业务中资金、仓储以及人力的不足，又可以调动代办站（点）工作人员的积极性，从而在客观上为运输企业扩大了组货能力。零担代办站一般只负责零担货物的受理、中转和到达业务，不负责营运。

3. 寻找合作

委托货物联运公司、日杂、百货、打包公司以及邮局等单位，代理零担货运受理业务。这些单位社会联系面广，有较稳定的货源，委托货位办理零担货运受理业务，是一种较为有效的零担货源组织方法。他们一般向托运人收取一定的业务手续费，有的同时向零担站（点）收取一定的劳务费。打包公司一般都与大百货公司、日杂商店挂钩，代外地人办理零星商品打包和托收业务，既扩大了这些商品的营业额，又深受购物者欢迎。山西省利用邮局点多面广的优势，委托邮局代办零担货物受理业务，取得了较好的效果。

4. 建立货源情报制度

在物资单位发展货运信息联络员，建立货源情报制度。此时，货运联络员实质上充当了运输企业的业余组货人员。在有较稳定零担货源的物资单位发展货运联络员，可随时得到准确的货源消息。采取这种办法还可以零带整，组织整车货源。零担站（点）按组货的数量，给予货运联络员一定的报酬。

5. 设立电话受理业务和网上接单业务

利用现代信息技术，创建数字化的零担货运受理平台，形成虚拟的零担货运业务网络，进行网上业务受理和接单工作。

（四）零担货源组织的实施

对物流运输企业来说，研究组货渠道问题是企业整体市场营销的重要组成部分。它包括合理设置组货网点，有效配置货运代理商，选择最佳组货策略，使企业货运服务项目能适时、适地、方便、经济、高效地提供给货主，以满足货主的需要，提高企业市场营销的经济效益。

零担货源组织的实施可按以下步骤进行：

（1）确定市场调查方法，准备市场调查。

（2）进行货源货流信息搜集，即零担货物的发生地、流量、流向、流时、流程及其变化的各种情报。

（3）了解同行竞争者的组货策略和具体做法。

（4）本企业的组货策略和具体做法。

（5）提出有效的揽货方式，即货源组织方案。

第二节 零担货物运输业务流程操作

一、零担货物的受理托运

（一）受理托运的概念

受理托运是指零担货物承运人根据营运范围内的线路、站点、运距、中转范围、各车站的装卸能力、货物的性质及收运限制等业务规则和有关规定接受零担货物，办理托运手续。

受理托运是零担货物运输作业中的首要一环。由于零担货运线路站点多，货物品类繁杂，包装形状各异，性质不一，因此，受理人必须熟知营运范围内的线路、站点、运距、中转范围、车站装卸能力、货物的理化性质及收运限制等一系列业务规则及有关规定。

零担货运组织成功案例分析

（二）受理托运的必备条件

（1）公布办理零担货物运输的线路、站点（包括联运、中转站点）、班期及里程运价。

（2）张贴托运须知、包装要求和限运规定。

（三）受理托运的方法

在受理托运时，可根据受理零担货物数量、运距以及车站作业能力采用不同的受理制度和方法，如随时受理制、预先审批制、日历承运制等，或站点受理、上门受理、预约受理等。

（1）随时受理制。这种受理制度对托运日期无具体规定，在营业时间内，发货人均可随时将货物送到托运站办理托运。这一制度为货主提供了很大的方便性。但这种受理制度也有其局限性，如事先不能组织货源，缺乏计划性。零担货物承运入库后，可能有比较长的集结待装时间，仓库设备利用率也较低。在实际零担货物运输中，这一受理制度常被作业量小的货运站、急运货运站，以及始发量小、中转量大的中转货运站采用。

图片：铁路运输

（2）预先审批制。预先审批制要求发货人事先向货运站提出申请，车站再根据各个发货方向及站别的运量，结合站内设备和作业能力加以平衡，分别指定日期进货集结，组成零担班车。

这种制度对于加强零担货运的计划性，提高零担货运的组织水平有一定作用。这种制度对于货主有很大的不便，仅适用于零担货物发送量较大且稳定的地区采用。

（3）日历承运制。日历承运制是指货运站根据零担货物流量和流向规律，编写承运日期表，事先公布，发货人则按规定日期来站办理托运手续。采用日历承运制可以有计划、有组织地进行零担货物运输，便于将去向和到站比较分散的零担货流合理集中，组织直达零担班车，可以均衡安排货运站每日承担零担货物的数量，合理使用货运设备，便于物资部门安排生产和物资调拨计划，提前做好货物托运准备工作。

这种制度要求汽车站在基本掌握零担货物流量和流向规律的前提下，认真编制承运某到达站或方向的零担货物的日期表，发货人按规定日期到站办理托运手续。编制承运日期表需要进行充分的调查研究，掌握切实的数据资料，准备的工作量较大，编制程序也较麻烦。因此，承运周期表一经编成后，原则上应保持相对稳定，当零担货源货流发生变化或因其他原因需要调整时，应提前编制并及时公布。

日历承运制的优点是：

① 便于将分散的零担货物合理集中，尽量组织直达零担车。

② 有利于车站作业的均衡性，合理使用各种货运设备，为日常零担承运、仓库管理、计划配装、组织装车、劳力安排等创造有利的条件。

③ 便于货主安排产品生产和物资调运计划，提前做好货物托运的准备工作。

（四）托运单的填写与审核

受理托运时，必须由托运人认真填写托运单，承运人审核无误后方可承运。

零担货物托运单一式两份，一份起运站仓库存查，另一份于开票后随货同行。凡货物到站在零担班车运行线路范围以内的，称为"直线零担"，可填写"零担货运托运单"；须通过中转换装的，称为"联运零担"，可填写"联运零担货物托运单"。

托运单原则上由发货人填写，承运方不予代填，托运人填写的托运单还必须认真审核。审核托运单的要求是：

（1）检查核对托运单的各栏有无涂改，对涂改不清的应重新填写。

（2）审核到站与收货人地址是否相符，以免误写。

（3）对货物的品名和属性进行鉴别，注意区别普通货物和笨重零担货物（同时注意它们的长、宽、高能否适应零担货车的装卸及起运站、中转站、到达站的装卸能力等），普通物品与危险品（如属危险品则应按相关规定办理）。

（4）一批货物多种包装应认真核对，详细记载，以免错提错交。

（5）托运人在声明事项栏内填写的内容应特别注意货主的要求是否符合有关规定，能否承担。

受理托运后，下一步工作就是检货司磅与起票，检货司磅与起票的作业就是零担货物受理人员在收到托运单后，审核托运单填写内容与货物实际情况是否相符，检查包装，过磅量方，扣、贴标签和标志，填写零担运输货票。

实践中核对运单的注意事项有：核对货物品名、件数、包装标志，是否与托运单相符。注意是否夹带限制运输货物或危险货物，做到逐件清点件数，防止发生差错。对长大、笨重的零担货物要区别：终点站，长大件不超过零担班车车厢的长度和高度；中途站，长大件不超过零担班车后门宽度和高度；笨重零担货物，不超过发站和到站的自有或委托装卸能力。单件重量，一般在人力搬运装卸的条件下，以不超过40千克为宜，笨重零担货物应按起运、中转、到达站的起重装卸能力受理。

（五）检查货物包装

货物包装是货物在运输、装卸、仓储、中转过程中保护货物质量必须具备的物质条件。货物包装的优劣，直接关系到运输质量和货物自身的安全，因此，必须按货物的特性和要求进行包装，达到零担货运关于货物包装的规定。如发现应包装的货物没有包装或应有内包装却只有外包装的，应请货主重新包装。对包装不良或无包装但不影响装卸及行车安全的，经车站同意可予以受理，但应请货主在托运单上注明包装不良状况及损坏免责事项。对使用旧包装的应请货主清除旧标志和旧标签。

实践中检查货物包装的方法如下。

（1）看。包装是否符合相关规定要求，有无破损、异迹。笨重货物外包装上面是否用醒目标记标明重心点和机械装卸作业的起吊位置。

（2）听。有无异声。

（3）闻。有无不正常的气味。

（4）摇。包装内的衬垫是否充实，货物在包装内是否晃动。

检查货物虽然是十分琐碎的工作，但极为重要。如果在接收货物时检查疏忽，就会使原来已经残破减少或变质的货物进入运送过程，不仅加剧了货物的损坏程度，也不能保证承运期间的安全，而且会转化为运输部门的责任事故，影响企业信誉，造成损失。

二、零担货物运输作业的基本程序

零担货物运输业务是从受理托运开始的，即核对运单、检查货物包装。接下来还有如下作业。

（一）过磅量方

货物重量是正确装载，凭以核算运费和发生事故后正确处理赔偿费用的重要依据。因此，必须随票过磅（量方），准确无误。货物重量分为实际重量、计费重量和标定重量。

（1）实际重量。是根据货物过磅后（包括包装在内）的毛重来确定的。

（2）计费重量，可分为不折算重量和折算重量。不折算重量就是货物的实际重量。折算重量的计算可参考相关规定。

（3）标定重量。标定重量是对特定货物规定的统一计费标准。同一托运人一次托运轻浮和实重两种货物至同一到站者，可以合并称重或合并量方，拆重计费（不能拼装者例外）。过磅或量方后，应将重量或体积填入托运单内。一张托运单的货物分批过磅、量方时，应将每批重量和长、宽、高体积尺寸记在托运单内，以备查考。然后将总重量和总体积填入托运单并告诉货主。零担货物过磅量方后，司磅、收货人员应在托运单上签字证明并指定货位将货物搬入仓库，然后在托运单上签注货位号，加盖

动画：零担货物受理实例

动画：某企业货物过磅量方工作

某物流企业零担运输操作情况介绍

承运日期戳，将托运单留存一份备查，另一份交还货主，持其向财务核算部门付款开票。

过磅量方，确认无误后，贴扣零担货物标签。零担货物标签、标志是建立货物本身与其运输票据间的联系，是标明货物本身性质，也是理货、装卸、中转、交付货物的重要识别凭证。标签的各栏必须认真详细填写，在每件货物的两端或正、侧两面明显处各扣（贴）一张。

（二）验收入库

零担货物验收入库是车站对货物履行责任运输、保管的开始。把好验收关，就能有效杜绝差错。验收时必须逐件查收，按指定货位堆放，零担货物仓库应严格划分货位，一般可分为待运货位、急运货位、到达交货位等。堆码整齐，经复点无误后在托运单上注明货位，经办人签章后生效。零担仓库的货位配置可根据通道位置，分成一列式排列和双列式排列。此外，零担货物仓库要具备良好的通风能力、防潮能力、防火和灯光设备及安全保卫能力。

实践中零担货物验收入库的注意事项如下：

某企业货物验收入库工作

（1）凡未办理托运手续的货物，一律不准进入仓库。

（2）认真核对运单、货物，坚持照单验收入库。

（3）货物必须按流向堆码在指定的货位上。

（4）一批货物不要堆放两处，库内要做到层次分明，留有通道，互不搭肩，标签向外，箭头向上。

（5）露天堆放的货物要注意下垫上盖。

同时，要经常检查仓库四周，不可将有碍货物安全的物品堆放在仓库周围，保持仓库内外整洁。另外，货物在仓库待运期间，要经常进行检视核对，以票对货，票票相漏。

（三）开票收费

零担货物运输的开票收费作业，是在零担货物托运收货后，根据司磅人员和仓库保管人员签字的零担货物托运单进行的。

某企业货物开票收费作业

开票收费环节的作业内容有：

（1）运费的计算。零担货运收费包括运费和其他杂费，运费的计算必须包括运费和杂费的计算。运费的计算有既定计算公式。在计算时可以套用，零担货运的杂费有如下项目：

① 渡费。零担运输车辆如需要过渡运行，由起运站代收渡费。

② 标签费。

③ 标志费。

④ 联运服务费。通过两种以上运输工具的联合运输以及跨省（市）的公路联运，核收联运服务费。

⑤ 中转包干费。联运中转换装所产生的装卸、搬运、仓储、整理包装劳务等费用，实行全程包干，起运站一次核收。

⑥ 退票费。受理承运后，货主要求退运，按规定收取已发生的劳务费用及消耗票证的印制成本费用。

⑦ 保管费。

⑧ 快件费。应货主要求，办理快件运输，收取快件费。

⑨ 保价（保险）费。对贵重物品实行保价运输，制定收费标准，按货物价值的百分比核收。

（2）营收报解与营收审核。营收人员每日工作完毕，必须将当天开出货票核收联中的营收进款累计数与所收的现金、支票金额进行核对。各站零担货运营业收入，应根据零担货票填制"货运营业收入日报"，向主管公司或主管部门报缴。

（四）配载装车

零担货物装车是起运的开始。装车前必须根据车辆吨位、体积、货物性质和货物运送方向、中转、直达等，做好货物配载工作。

（1）零担货物的配载注意事项。整理各种随货同行单据，包括提货联、随货联、托运单、零担货票及其他附送单据，按中转、直达分开。在组织中转时应考虑发运到中转次数最少的中转站进行中转，不得任意中转，更不能迂回中转。凡中转货物一律不得分批运送。

根据车辆核定吨位、车厢容积和起运货物的重量、理化性质、长度、大小、形状等，合理配载，编制货物交接清单。

（2）配载原则。

① 中转先行、急件先行、先托先运、合同先运。

② 尽量采用直达运输方式，必须中转的货物，则应合理安排流向。

③ 组织轻重配装，大小配装，充分利用零担货车的载货量和容积。

④ 认真执行有关货物混装限制的规定，保证运输安全和货物完好。

加强预报中途各站的待运量，并尽量使两站装卸的货物在重量和体积上适应。根据需要和可能，为中途作业站留有一定的吨位和容积。

（3）组织装车。零担货物的装车作业主要包括对库内集结货物制订配装计划并进行合理装载等内容。零担货物的配装计划，应根据零担货物的流量、流向、性质、包装等情况统一安排。

装车作业流程如下：

① 备货。货运仓库接到"货物装车交接清单"后，应逐批核对货物台账、货位、货物品名、到站，点清件数，检查包装标志、票签或贴票。

② 交代装车任务。货物装车前，仓库保管人员要将待装货物按货位、批量向承运车辆的随车理货员、驾驶员和装车工人交代货物品名、件数、性能及具体装车次

社会担当：优化业务流程，做最美逆行者

序、装载要求、防护要领、消防方法等。

③ 监装。实行装车时，可采用"点筹对装法"，由仓库保管员发筹，随车理货员或驾驶员收筹，按筹点数核对。零担货物配运员与随车理货员（或驾驶员）根据零担货物配运计划监装，并以随货同行的托运单及附件为凭证按批点交。

完成上述工作后，即可按交接清单的顺序和要求点件装车。

实践中零担货物装车时的注意事项如下：

① 检查零担车车体、车门、车窗是否良好，车内是否干净。

② 根据车辆容积和货物情况，均衡地将货物重量分布于车底板；集重货物和畸形偏重货物，下面应垫以一定厚度的木板或钢板，并使其重心尽可能位于车辆纵横中心线的交叉点。

③ 紧密地堆放货件，以期充分利用车厢容积和车辆最大载重量，防止车辆在运行途中因发生振动、冲击、颠簸，引起货物的倒塌和破损。

④ 同一批货物应堆置在一起，货件上的货签应向外，以便工作人员识别。

⑤ 装车完毕后，要检查货位，以免错装、漏装，还应及时检查车辆的关锁及货物的遮盖捆扎情况。

⑥ 运送距离较短的货物，应堆放在车厢的上层或后端，以便卸载作业的进行。

⑦ 沉重的、长大的或包装结实不易受损的货物，宜堆放在车厢的下层。

⑧ 中途站装卸零担货物，应先卸后装，依次进行，避免货物混乱，产生差错。无论卸货进仓或装货上车均按起点站装卸作业程序办理。装车前还应将车上货物按到达远近适当整理，以减少下一站卸货的困难。

（4）货物交接。站车交接即起运站与承运车辆，依据"零担货物交接清单"办理交接手续，按交接清单有关栏目，在监装时逐批点交，逐批接收。交接完毕后，由随车理货员或驾驶员在交接清单上签收。

交接清单应一站一单，以利于点收点交和运杂费结算。

零担货运班车必须严格按照发车日期发车，按照规定行驶路线行驶，在中转站要由值班人员在行车路单上签字。

（五）货物中转

对于需要中转的货物则以中转零担班车或沿途零担班车的形式运到规定的中转站进行中转。零担货物中转作业是按货物流向或到站进行分类整理，先集中再分散的过程，将来自各个方向仍需继续运输的零担货物卸车后重集结待运，继续运至终点站。

零担货物中转站除了承担货物的保管工作外，还需进行一些与中转环节有关的理货、堆码、整理、倒载等作业，因此，中转站应配备一定的仓库或货棚等设施。零担货物的仓库或货棚，应具备良好的通风、防潮、防火、采光、照明等条件，以保证货物的完好，适应各项作业的需要。零担货物中转作业是按货物流向或到站进行分类整理，先集中再分散的过程，中转站的选择必须建立在充分的运输经济调查，结合货源和货流特点的基础上，中转站的硬件设施与仓库的要求相同。

（六）货运到达

零担班车到站后，对普通到货零担及中转联运零担应分别理卸。根据仓库的情况，除将普通到货按流向卸入货位外，对需要中转的"公–公"联运货物，应办理驳仓手续，填制"货物驳运、拼装、分运交移凭证"，分别移送有关货组，其他"公转铁""公转水""公转航空"运输货物，分别移送有关仓库，办理仓储及中转作业。

到站卸货的注意事项有：

（1）要认真办好承运车与车站的交接工作。班车到站时，车站货运人员应向随车理货员或驾驶员索阅货物交接清单以及随附的有关单证，两者要注意核对，如有不符，应在交接清单上注明不符情况。

班车到站后，由仓库人员检查货物情况，如无异常在交接单上签字并加盖业务章。如有异常情况发生，应采取相应措施处理。发现票货不符，按下列原则处理：

① 有单无货，双方签注情况后，在交接单上注明，原单返回。

② 有货无单，确认货物到站，收货后仓库保管员签发收货清单，双方盖章，清单寄回起运站。

③ 货物到站错误，将货物原车运抵起运站。

④ 货物短缺、破损、受潮、污染、腐坏时，均不得拒收，但应在交接清单上签注并做出商务记录。双方共同签字确认，填写事故清单。

（2）要检查车门、车窗及敞车的篷布覆盖、绳索捆扎有无松动、漏雨等情况，确认货物在运送过程中的状态和完整性，以便在发生货损货差时划清责任并防止误卸。

（3）零担货物到站卸货验收完毕后，到达本站的货物应登入"零担货物到货登记表"，并迅速以"到货分店"形式和"到货通知单"或电话发出通知，催促收货人提货，一面将通知的方式和日期记入到货登记簿内备查。对合同运输单位的货物，应立即组织送货上门。

（4）收票交货是零担货物运输的最后一道工序。货物交付完毕，收回货票提货联，公路汽车的责任运输才告以结束。它包括内交付（随货同行单证交付）和外交付（现货交付）。

为了防止误差，实践中收票交货的注意事项如下：

① 不得白条提货，信用交付。

② 凭货票提货联交付，由收件人在提货联上加盖与收货人名称相同的印章，并提供有效身份证件交付。

③ 凭到货通知单交付的，由收货人在到货通知单上加盖与收货人名称相同的印章，并验看提货经办人有效身份证件，在货票提取联上签字交付。

④ 凭电话通知交付的，凭收货单位提货介绍信，经车站认可后由提货经办人在

某企业货运到达作业

货票提货联上签字交付。

⑤ 委托其他单位代提的,应由收货人盖有相同印章向车站提出的委托书,经车站认可后,由代提单位在货票提货联上签章交付。

⑥ 零担货物交付时,应认真核对货物品名、件数和票签号码。如货件较多,要取货后集中点交,以免差错。

三、零担货运业务的基本流程规范

零担货物运输业务是根据零担货运工作的特点,按照流水作业构成的一种作业程序。

第三节 零担货物运输作业组织

一、零担货物运输的组织方式

零担货物运送时间、方式、收发、装卸、交接等的不同需求,决定了零担货物运输采取不同的营运组织方式。这些组织方式形成了零担货物运输的基本组织形式。按照零担货车(即装运零担货物的车辆)发送时间的不同,可将零担货物运输的组织形式划分为定期零担货运班车和不定期零担货运班车两大类。

(一)零担货运班车的作业组织

这是类似客运班车的一种运输组织形式。固定式零担车通常称为汽车零担货运班车,这种零担货运班车一般是以营运范围内零担货物流量、流向,以及货主的实际要求为基础组织运行。运输车辆主要以厢式专用车为主,实行定车、定期、定线、定时运行,有固定的停靠站(点)可以装卸货物。

1. 零担货运班车的运行方式

(1)直达式零担班车。直达式零担班车是指在起运站将各个发货人托运的同一到站且性质适宜配载的零担货物,同车装运后直接送达目的地的一种货运班车,其运行示意图如图4-1所示。具备条件的汽车站,均应加强对零担货物的运输组织工作,尽可能开行直达式零担班车。

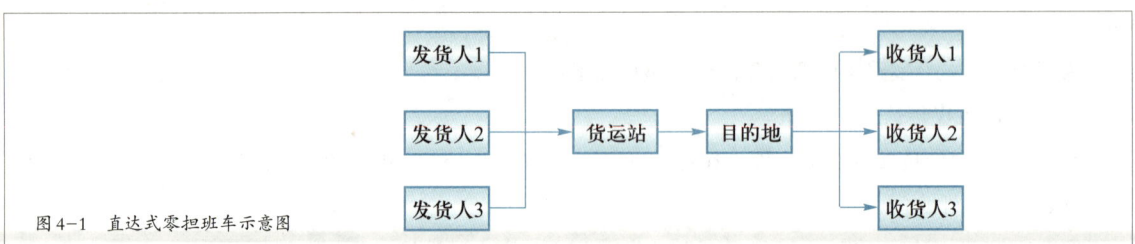

图4-1 直达式零担班车示意图

(2)中转式零担班车。中转式零担班车是指在起运站将各个发货人托运的同一线路、不同到达站且性质允许配载的各种零担货物,同车装运至规定的中转站,卸后复装,重新组成新的零担班车运往目的地的一种货运班车,其运行示意图如图4-2所示。

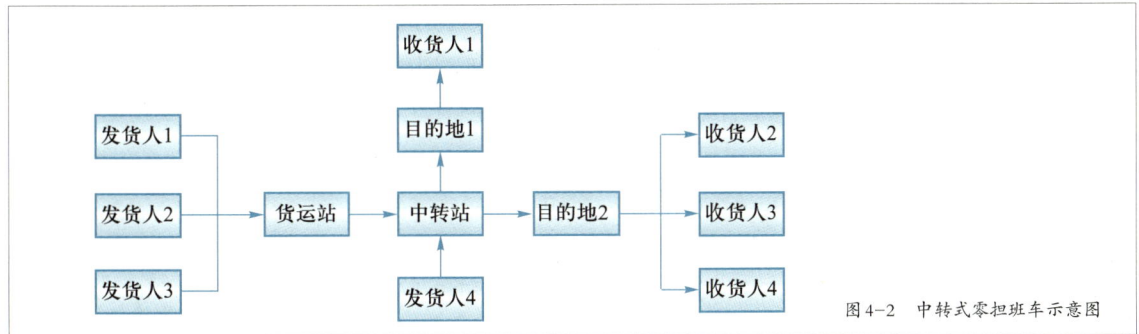

图4-2　中转式零担班车示意图

这种形式与直达式零担班车相比,虽属较低一级的组织形式,但从零担货物运量少、流向分散方面看,具有很大的现实意义。

(3) 沿途式零担班车。沿途式零担班车是指在起运站将各个发货人托运同一线路、不同到达站且性质允许配装的各种零担货物。同车装运后,在沿途各计划停靠站卸下或装上零担货物再继续前进,直至终点站的一种货运班车,其运行示意图如图4-3所示。

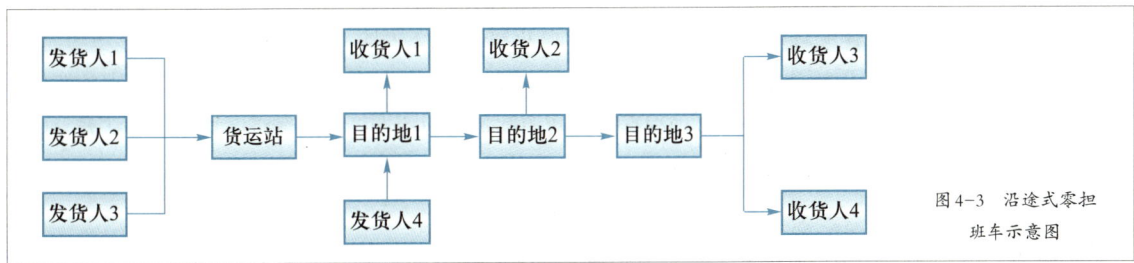

图4-3　沿途式零担班车示意图

这种零担班车在组织工作上较为复杂,车辆在途时间也较长,但它能满足沿途货主的需要,是一种不可缺少的补充形式。

在上述三种零担班车的运行模式中,以直达式零担班车最为经济。它是零担货运的基本形式,这一形式具有以下无法替代的特点:

① 避免了不必要的换装作业,节省了中转费用,减轻了中转站的作业负担。

② 减少了货物的中转站作业,有利于运输安全和货物完好,减少事故,确保质量。

③ 减少了在途时间,提高了零担货物的运送速度,有利于加速车辆周转和物资调拨。

④ 在仓库内集结待运时间少,充分发挥仓库货位的利用程度。

2. 实践中零担货运班车的形式

在实践中,零担货运班车的形式有普通零担货运班车和快件零担货运班车。

(1) 普通零担货运班车。是在起点站和沿途经过的停靠站(点)都装运货物的定期、定时零担货运班车。由于停靠站（点）多，运行时间长，车辆出车时间利用系数低，为沿线的货物托运人提供了方便的运输条件。车辆实载率也能提高。

（2）快件零担货运班车。亦称直达零担货运班车。一般是一车装运一个到站的货物，沿途站（点）不办理货物托运与装卸，因而出车时间利用系数高，运送速度快。在采取双班制运行组织方式时，相距600千米上下的两地，快件零担货运班车可以当天到达。

某企业零担班车运营方式实例

（二）不定期零担货运班车的作业组织

不定期零担货运班车是指根据货流量的需要，随时组织运行的一种零担车。通常在新开辟零担货运线路或季节性零担货物线路上使用。不定期零担货运班车通常作为零担货运班车的补充，有时亦称加班车。在沿着未开行零担货运班车的运输线路上，当受理托运的零担货物达到一定数量时，可组织不定期的一次性零担货物运输。

二、零担货物的中转作业组织方法

零担货物的中转作业是将来自各个方向的零担货物集结待运，再重新组织各类零担车将货物运至终点站。它是一个按零担货物流向或到站进行分类整理，先集中再分散的作业过程。合理选择中转站点并划分中转范围，对于加速零担货物的送达速度，减少不必要的中转环节，均衡分配中转站的作业量有很大的关系。中转站点的选择和中转范围的划分，必须根据零担货源和货流的特点，按照经济区划原则，在充分做好运输经济调查的基础上加以确定。

零担货物中转作业的基本方法：

微课：落地法

（1）落地法。将到达车辆上的全部零担货物卸下入库，按方向或到达站在货位上重新集结，再重新配装。这种方法简便易行，车辆载货量利用较好，但装卸作业量大，作业速度慢，仓库和场地的占用面积也较大。

微课：坐车法

（2）坐车法。将到达车辆上运往前面同一到站，且中转数量较多或卸车困难的那部分核心货物留在车上，将其余货物卸下后再加装同一到站的其他货物。采用这种方法，其核心货物不用卸车，减少了装卸作业量，加快了中转作业速度，节约了装卸劳动力和货位。但对留在车上的核心货物的装卸情况和数量不易检查和清点。在加装货物较多时，也难免发生卸车和倒装等附加作业。

动画：零担货物中转作业的基本方法—过车法

（3）过车法。当几辆零担班车同时到站进行中转作业时，将车内部分中转货物由一辆车直接换装到另一辆车上。组织过车时，可以从空车上过，也可以从留有核心货物的重车上过。这种方法在卸车作业的同时即完成了装车作业，减少了零担货物的装卸作业量，提高了作业效率，加快了中转速度，但对到发车辆时间衔接要求较高，容易遭受意外因素的干扰。

落地方法可为各个中转站采用，但随着零担货运量的日益增加，零担货运组织工作也应得到相应加强，条件成熟时，可逐步推行坐车或过车等方法。采用坐车或过车方法，零担班车在起运站装车时，应预先为中转站的作业创造便利条件。中转站也应认真做好零担货物中转配装计划。在条件许可时，如能根据实际情况将三种方法结合运用，将会产生良好的效果。

某企业零担货物中转作业组织实例

实训目标：

1. 能根据客户发货计划，请求熟练地完成零担货物受理、验收入库、配载装车、中转及送达、单据流转等操作。

2. 能够通过业务操作训练，熟练掌握零担货物运输的业务流程及作业标准。

3. 能优化零担货运业务流程及标准，并编写相关文件。

环境要求：

1. 能够容纳 80 人的计算机教室一间；

2. 需要计算机 80 台，计算机装有 OFFICE 2000、五笔、智能 ABC 等汉字输入方法；

3. 需要投影仪及配套设备一部；

4. 需要白板、马克笔等资料若干。

情景描述：

若要设计合理的业务流程，需要管理人员不仅要熟悉零担运输作业程序、企业自身的资源情况及项目业务情况，还要具备一定的流程设计知识，如设计原则、流程图的绘制方法等。

零担货物运输业务操作

一、单选题

1. 实践中零担货物验收入库应注意（　　）。

　　A. 未办理托运手续的货物，一律不准进入仓库

　　B. 认真核对运单、货物，坚持照单验收入库

　　C. 货物无须按流向堆码在指定的货位上

　　D. 一批货物堆放两处，便于出库，尽量减少通道宽度，节省空间，多存储货物

2. 以下不属于装车作业流程的是（　　）。

　　A. 备货　　　　　　　　　　　B. 交代装车任务

　　C. 监装　　　　　　　　　　　D. 开票收费

3. （　　）是指在起运站将各个发货人托运的同一到站且性质适宜配载的零担货

物，同车装运后直接送达目的地的一种货运班车。

  A. 中转式零担班车   B. 直达式零担班车

  C. 沿途式零担班车   D. 不定期零担货运车

 4. 在采取双班制运行组织方式时，相距600千米左右的两地，（　　）可以当天到达。

  A. 快件零担货运班车   B. 普通零担货运班车

  C. 不定期零担货运车   D. 定期零担货运车

 5. （　　）中转作业法，是当几辆零担车同时到站进行中转作业时，将车内部分中转货物由一辆车直接换装到另一辆车上。

  A. 过车法   B. 坐车法

  C. 落地法   D. 落车法

二、多选题

 1. 零担货物运输的特点是（　　）。

  A. 安全   B. 方便

  C. 迅速及时   D. 经济

  E. 车辆运用效率高

 2. 道路零担运输业务的开办条件是（　　）。

  A. 建立零担货物仓库

  B. 开办零担货运站

  C. 开辟班车和建立零担货运网络

  D. 零担货车配备

  E. 组织零担货物联运

 3. 定量预测方法包括（　　）。

  A. 事件序列预测法   B. 因果分析预测法

  C. 德尔菲法   D. 组合预测法

  E. 情景分析法

 4. 配载原则包括（　　）。

  A. 中转先行、急件先行、先托先运、合同先运

  B. 尽量采用直达运输方式，必须中转的货物应合理安排流向

  C. 组织轻重配装，大小配装，充分利用零担车的载货量和容积

  D. 认真执行有关货物混装限制的规定，保证运输安全和货物完好

  E. 加强预报中途各站的待运量，并尽量使两站装卸的货物在重量及体积上相适应

 5. 零担货运中转作业坐车法的特征包括（　　）。

A. 其核心货物不用卸车，减少了装卸作业量，加快了中转作业速度，节约了装卸劳动力和货位

B. 简便易行，车辆载货量利用较好，但装卸作业量大，作业速度慢，仓库和场地的占用面积较大

C. 卸车作业同时完成了装车作业

D. 容易遭受意外因素的干扰

E. 对留在车上的核心货物的装卸情况和数量不易检查和清点，在加装货物较多时难免发生卸车和倒装等附加作业

三、简答题

1. 谈一谈与整车货物运输相比，零担货物运输的优缺点。
2. 说出汽车运输的货物是如何分类的？举例说明。
3. 说出零担班车运行模式通常有哪几种？其中哪种模式最为经济？为什么？

第五章　特种货物运输组织

【知识目标】
- 掌握危险货物运输作业流程
- 熟悉危险货物运输管理规定
- 常见危险货物的认知
- 大件货物的特点
- 大件货物运输作业流程

【技能目标】
- 能够初步完成危险货物运输各环节的操作
- 能够初步完成常见危险品货物的运输组织管理工作
- 能够完成大件货物运输各环节的操作作业
- 能够正确制定大件货物运输方案和运输工作组织方案
- 正确完成冷藏货物的运输组织管理工作

【素养目标】
- 具备特种货物运输的安全意识
- 立足特种货物运输岗位需求，团队协作，科学分工

弹药运输事故的发生

【引例】

某物流公司接到运输弹药的业务，由于按照普通货物组织运输，没有采取安全措施，导致发生爆炸事故。经查，这是一起典型的特殊货物按照非特殊货物运输，安全措施不力导致的安全事故。

引例分析

弹药作为易爆品，组织运输必须按照特殊货物要求进行并采取妥善的安全措施，否则容易导致不堪设想的后果。从事危险货物运输的管理人员要具备危险货物运输管理的有关知识，才能顺利完成任务。

第一节　危险货物运输组织

一、危险货物运输作业流程

（一）受理托运

（1）受理前必须对货物名称、性能、形态、包装、单件重量、安全措施等情况进

行详细了解并注明。

（2）及时弄清包装、规格和标志是否符合国家规定要求，必要时到现场进行了解。

（3）对新产品应检查随附的"技术鉴定书"是否有效。

（4）按规定检查需要的"准运证件"是否齐全。

（5）做好运输前准备工作，使装卸现场、环境符合安全运输条件，必要时赴现场勘察。

（6）到达车站、码头的爆炸品、剧毒品、一级氧化剂、放射性物品（天然铀、钍类除外），在受理前应赴现场检查包装等情况。对不符合安全运输要求的，应请托运人改善后再受理。

（二）货物运送

（1）详细审核托运单内容，发现问题要及时弄清楚情况，再安排运输作业。

（2）必须按照货物性质和托运人的要求安排车班、车次，如无法按要求安排作业，应及时与托运人联系进行协商处理。

（3）运输大批量烈性易燃、易爆、剧毒和放射性货物，须作重点安排，必要时召开专门会议，制定运输方案。

（4）安排大批量爆炸物品与剧毒物品跨省市运输时，应安排有关负责人员带队指导装卸和运行，确保安全生产。

（5）要注意气象预报，掌握天气和气温的变化。

（6）遇有特殊注意事项，应在行车单上注明。

（三）交接保管

（1）自货物交付承运起至运达止，承运单位及驾驶、装卸人员应负保管责任。托运人派有押运人员的应明确各自应负的责任。

（2）严格货物交接，危险货物必须点收点交，签证手续完善。

（3）装货时发现包装不良或不符合安全要求，应拒绝装运，待改善后再运。卸货时发生货损货差，收货人不得拒收，并应及时采取安全措施，以免损失扩大，同时在运输单证上批注清楚。驾驶员、装卸工返回后，应及时汇报，及时处理。

（4）因故不能及时卸货，在待卸货期间行车人员应负责对所运危险货物进行看管，同时应及时与托运人取得联系，恰当处理。

（5）如所装货物危及安全时，承运人应立即报请当地运管部门会同有关部门进行处理。

二、危险货物运输管理

（一）危险货物托运管理

危险货物托运人在办理托运时必须做到：

（1）必须向已取得道路危险货物运输经营资格的运输单位办理托运。

（2）必须在托运单上填写危险货物品名、规格、件重、件数、包装方法、起运日期、收发货人的详细地址及运输过程中的注意事项。

（3）货物性质或灭火方法相抵触的危险货物，必须分别托运。

（4）对有特殊要求或凭证运输的危险货物，必须附有相关单证，并在托运单备注栏内注明。

凡未按以上规定办理危险货物托运，由此发生运输事故，由托运人承担全部责任。

（二）危险货物承运管理

危险货物承运人在受理托运和承运时必须做到：

（1）根据托运人填写的托运单和提供的有关资料予以查对核实，必要时应组织承托双方到货物现场和运输线路进行实地勘察，其费用由托运人负担。

（2）承运爆炸品、剧毒品、放射性物品及需控温的有机过氧化物，使用受压容器罐（槽）运输烈性危险品，以及危险货物月运量超过100吨，均应于起运前10天向当地道路运输管理机关报送危险货物运输计划，包括货物品名、数量、运输线路、运输日期等。

图片：危险品运输车

（3）在装运危险货物时，要按相关规定的包装要求严格检查。凡不符合规定要求的，不得装运。危险货物性质或灭火方法相抵触的货物严禁混装。

（4）运输危险货物的车辆严禁搭乘无关人员，运行中司乘人员严禁吸烟，停车时不准靠近明火和高温场所。

（5）运输结束后，必须清扫车辆，消除污染，其费用由货主负担。

凡未按以上规定受理托运和承运，由此发生运输事故，由承运人承担全部责任。

（三）危险货物运输必备条件

（1）凡装运危险货物的车辆，必须按照国家标准《道路运输危险货物车辆标志》（GB13392—2005）悬挂规定的标志和标志灯。

公路危险货物运输车辆标志，按国家规定是印有黑色"危险品"字样的三角形小黄旗；有的地方法规规定是印有黑色"危险品"字样的黄色三角灯。公路危险货物运输车辆标志的功能是加强安全警戒和安全避让，在装运危险货物车辆运行和存放时向人们示警，对保障安全生产具有重要作用。

（2）全挂汽车列车、拖拉机、三轮机动车、非机动车（含畜力车）和摩托车不准装运爆炸品、一级氧化剂、有机过氧化物；拖拉机还不准装运压缩气体和液化气体、一级易燃物品；自卸车辆不准装运除二级固体危险货物（指散装硫黄、萘饼、粗蒽、煤焦沥青等）之外的危险货物。未经道路运输管理机关检验合格的常压容器，不得装运危险货物。

（3）营业性危险货物运输必须使用交通部统一规定的运输单证和票据，并加盖危险货物运输专用章。

（4）凡运输危险货物的单位，必须按月向当地道路运输管理机关报送危险货物运输统计报表。

（5）专门从事危险货物运输的单位，要加强基础设施建设，逐步设置危险货物专用停车场及专用仓库,向专业化、专用化方向发展。

(四)道路危险货物运输的资质凭证管理

道路危险货物运输的资质凭证,是证明公路危险货物运输者、作业者的基本条件符合规定要求,并经过办理申报批准手续,有资格从事公路危险货物运输、作业的凭证。

道路危险货物运输的资质凭证有:

(1)"道路运输经营许可证",由公路运输管理部门审批、发放并加盖"危险货物运输"字样。

(2)"道路营业运输证"或"道路非营业运输证"。

(3)"危险货物作业证"、公路危险货物运输车辆标志和消防工作合格文件等。

(4)"工商营业执照"由从业者凭"道路运输经营许可证"向当地工商行政管理部门办理。

做好资质凭证的颁发工作,正确贯彻执行危险货物运输法律、规章制度,以及必要的管理和监督,是保障公路危险货物运输行业资质,保证运输安全的基本条件。

(五)道路运输危险货物运输车辆及站场设施管理

1. 危险货物运输车辆的技术要求

危险货物的特殊性决定了运输危险货物车辆的结构、性能和装备必须符合相应的特殊要求。

危险货物运输车辆的技术要求如下:

(1)车辆排气管应有隔热罩和火星熄灭装置。

(2)装运大型气瓶、可移动式槽罐的车辆必须装备有效的紧固装置。

(3)车厢底板必须平整完好,周围栏板必须牢固。

(4)装有易燃易爆危险品的车辆,不得使用明火修理或采用明火照明,不得使用易产生火花的工具敲击。

(5)装运易燃易爆危险品时,一般应使用木质底板车厢,如是铁质底板,应采取衬垫防护措施,例如铺垫胶合板、橡胶板等,但不能使用稻草片、麻袋等松软材料。

(6)装运放射性同位素的专用车辆、设备、搬运工具、防护用具,必须定期进行放射性污染程度的检查,当污染量超过规定允许水平时,不得继续使用。

(7)根据所装危险货物的性质,车辆要配备相应的消防器材和捆扎、防散失、防水等工具、用具。

(8)装运危险品的车辆应具备良好避震性能的结构和装置。

(9)装运危险货物的车辆必须按照国家标准《道路运输危险货物车辆标志》(GB13392—2005)规定设置"危险品"字样的信号装置,即三角形磁吸式"危险品"

辐射物品
运输配载

字样的黄色顶灯和车尾标志牌。

对运输危险货物车辆的限制如下：

（1）拖拉机不得装运爆炸物品、一级氧化剂、有机过氧化物、一级易燃物品（包括固体、液体和气体）。

（2）自卸车原则上不得装运各类危险货物，但沥青、粗蒽、萘、散装硫磷除外。

（3）非机动车不得装运爆炸品、压缩气体和液化气体（民用液化石油气暂予免除限制）。

（4）畜力车不能驮运易爆器材、炸药或爆炸物品。

2. 道路危险货物运输设施管理

运输设施是指按一定技术标准建设，具有特定功能，供运输生产作业、经营活动使用的建筑物及场所。

道路危险货物运输设施主要包括供危险货物运输使用的汽车场、汽车站、停车场、专用仓库等建筑物、场地及其他从事公路危险货物运输生产作业、经营活动的场所。

（1）道路危险货物运输设施的建设要求。道路危险货物运输设施，一般应建设在人口稀少的郊区，远离工厂企业、机关团体、商业网点密集及居民密集地区。其在选址、布局、结构、功能等方面，既要适应危险货物运输的技术条件、生产安全的要求，又必须符合环境保护、消防安全、劳动保护、交通管理等方面的规定。建筑设计中，应充分考虑危险货物作业场所对安全防护、消防措施、三废处理、生态环境的特殊要求及发生事故的应急措施等问题。

各个储存危险货物的仓库之间，要保持一定的防火安全距离，一般要保持防火间距20～30米。如果是储存爆炸物品和放射性物品，则必须按国家有关规定办理。

储存危险货物的仓库，面积不要太大，一般不超过400～600平方米；仓库区必须与行政管理、生活区分开；每间库房应设有两个或不少于两个的安全出入口，库门应朝外开启；同时还应有通风、防潮、防汛和避雷设施。仓库的电源装置必须采用防爆、隔离、密封式的安全设置。

道路危险货物运输的主管机关及运输企业都应当分别制定和实施各层次的运输设施管理制度，并按照制度要求，切实加强运输设施的使用监督和技术状况的检查、维护工作，保证运输设施技术状况完好。

（2）道路危险货物运输生产现场的安全管理。运输生产现场的安全管理主要是指对公路危险货物运输的重点干线、车站、港口、仓库、工厂，以及其他有关物资单位相关场所的安全设备、环境条件、车辆进出程序、货物装卸、储存保管货物、生产组织及其他生产作业中的安全管理工作。

道路危险货物运输企业应建立健全运输现场安全管理网。现场安全管理网，是在企业调度部门的统一负责下，由调度、安全、质量机构及现场管理人员共同组成的管理体系。现场管理人员在人事关系上分属调度机构及有关车队领导；在业务工作上，由调度、安全、质量部门负责指导、安排具体工作任务。

各网点现场人员应掌握与危险货物运输有关的政策、法规、制度和操作规程，建立联系制度，做好安全、质量的监督、检查工作，及时处理现场发生的问题。

三、常见危险货物运输

（一）爆炸品的运输

爆炸品是指化学性质活泼，对机械力、电热等很敏感，在受热、撞击等外界作用下能发生剧烈化学反应，瞬时产生大量气体和热量，使周围压力急剧上升，发生爆炸，对周围环境造成破坏的物品。包括有燃烧、抛射及较小爆炸危险但无整体爆炸危险，或仅产生热、光、音响或烟雾等一种或几种作用的烟火物品。

爆炸品的运输安全要求如下：

（1）慎重选择运输工具。爆炸品货物运输对运输工具要求很高，公路运输时禁止使用以柴油或煤气做燃料的机动车、自卸车、三轮车、自行车以及畜力车。这些对安全运输爆炸品具有潜在危险性：柴油车容易飞出火星，煤气车容易失火；三轮车和自行车容易翻倒，畜力车有时因牲口受惊不易控制。

（2）装车前应排除异物，将货厢清扫干净，装载量不得超过额定负荷。押运人应认真监装、监卸，数量点收点交清楚，所装超出部分货物高度不得超过货厢高的1/3；封闭式车厢货物总高度不得超过1.5米；没有外包装的金属桶（一般装的是硝化棉或发射药）只能单层摆放，防止压力过大或撞击摩擦引起爆炸；雷管和炸药在任何情况下都不得同车装运，或两车在同时、同一场所进行装卸。

视频：危险品甩挂运输过程

（3）运输路线应事先报请当地公安部门批准。公路长途运输爆炸品时，必须按公安部门指定的路线行驶，不得擅自改变行驶路线，以利于加强运输安全管理，万一发生事故也可及时采取措施处置。押运人员必须熟悉所装货物的性质、作业注意事项等，无押运人员禁止单独行驶。严禁挟带无关人员和危及安全的其他物资。

（4）驾驶员必须集中精力，严格遵守交通法令和操作规程。多辆车列队运输时，车与车之间至少保持50米以上的安全距离。行驶中要注意观察，保持行车平稳。一般情况下不得强行会车、超车，非特殊情况下不准紧急刹车。

（5）注意保密规定。运输及装卸工作人员，不准向无关人员泄露有关弹药储运情况，必须严格遵守有关库、场的规章制度，听从现场指挥人员或随车押运人员的指导。

烟花爆竹的运输组织

（二）压缩、液化、加压溶解气体货物的运输

压缩、液化、加压溶解气体货物是将常温常压条件下的气体物质，经压缩或降温加压后，储存于耐压容器、特制的高强度耐压容器或装有特殊溶剂的耐压容器中的气体货物。常见的气体货物有氧气、氢气、乙炔、石油气、氯气、氨气等。

压缩、液化、加压溶解气体运输的安全要求有：

（1）运输可燃、有毒气体时，车上必须备有相应的灭火和防毒器具。

（2）运输大型气瓶，为防止气瓶的惯性冲击车厢平台而造成事故，行车时应尽量避免紧急制动。运输一般气瓶转弯时，为防止急转弯或车速过快，所装气瓶因离心力作用而被抛出车厢外，车辆应减速，尤其是市区短途运输没有两道防震橡皮圈的气瓶，更应注意转弯时的车速。

（3）夏季运输除另有限运规定外，车上还必须置有遮阳设施，防止暴晒。液化石油气槽车应有导静电拖地带。

（三）易燃液体货物的运输

易燃液体的运输过程

易燃液体货物是指易燃的液体、液体混合物或含有固体物质（如粉末沉积或悬浮物等）的液体，但不包括因其危险性已列入其他类别危险货物的液体，如乙醇（酒精）、苯、乙醚、二硫化碳（CS_2）、油漆类，以及石油制品和含有机溶剂制品等，其主要危险是燃烧和爆炸。

易燃液体货物运输的安全要求有：

（1）装运易燃液体的车辆，严禁搭乘无关人员，途中应经常检查车上货物的装载情况，如包装件有否渗漏、捆扎是否松动等。发现异常应及时采取有效措施。

（2）装运易燃液体的罐（槽）车行驶时，导静电装置应接地良好，车上人员不准吸烟，车辆不得接近明火及高温场所。

（3）当天气温在30℃以上的高温季节，应根据当地公安消防部门的限运规定在指定时间内运输，如公安部门无具体品名限制，一级易燃液体（即闪点低于23℃）应安排在早、晚运输。如必须运输时，车上应具有有效的遮阳措施，封闭式车厢应保持通风良好。

（4）不溶于水的易燃液体货物原则上不能通过越江隧道，或按当地管理部门的规定进行运输。

（四）易燃固体、自燃物品和遇湿易燃物品货物的运输

易燃固体是指对热、撞击、摩擦敏感，且燃点低，易被外部火源点燃，燃烧迅速，并可能散出有毒烟雾或有毒气体的固体货物，如赤磷及磷的硫化物、硫黄、萘、硝化纤维塑料等。

自燃物品是指自燃点低，在空气中易发生氧化反应、放出热量而自行燃烧的物品，如黄磷和油浸的麻、棉、纸及其制品等。

遇湿易燃物品是指遇潮或遇水时，发生剧烈化学反应，放出大量热量和易燃气体的物品，有些不需明火即能燃烧或爆炸，如钠、钾等碱金属，电石（碳化钙）等。

易燃固体、自燃物品和遇湿易燃物品运输的安全要求有：

（1）行车时，要避开明火高温区域场所，防止外来明火飞到货物中。

（2）定时停车检查货物的堆码、捆扎和包装情况，尤其要注意防止包装渗漏留有隐患。

（五）氧化剂和有机过氧化物货物的运输

氧化剂指处于高氧化态，具有强氧化性，易分解并放出氧和热量的物质，包括含

过氧基的无机物。这些物质本身不一定可燃，但能导致可燃物燃烧，与松软的粉末状可燃物能组成爆炸性混合物，对摩擦、热、振动较敏感，如硝酸钾、氯酸钾、过氧化钠、过氧化氢（俗称双氧水）等。

有机过氧化物指分子组成中含有过氧基的有机物，其本身易爆易燃、极易分解，对摩擦、热、振动极为敏感，如过氧化二苯甲酰、过氧化乙基甲基酮等。

氧化剂和有机过氧化物运输的安全要求如下：

（1）根据所装货物的特性和道路情况，严格控制车速，防止货物剧烈振动、摩擦。

（2）控温货物在运输途中应定时检查制冷设备的运转情况，发现故障应及时排除。

（3）中途停车时，应远离热源、火种场所，临时停靠或途中住宿过夜，车辆应有专人看管，并注意周围环境是否安全。

（4）重载时发生车辆故障维修，人不准离车，严格控制明火作业，注意周围环境是否安全，发现问题应及时采取措施。

（六）毒害品和感染性物品货物的运输

毒害品是指进入肌体后，累积到一定的量，能与体液和组织发生生物化学作用或生物物理变化，扰乱或破坏肌体的正常生理功能，引起暂时性或持久性的病理状态，甚至危及生命的物品，如四乙基铅、氢氰酸及其盐、苯胺、硫酸二甲酯、砷及其化合物、生漆等。

感染性物品是指含有致病的微生物，能引起病态甚至死亡的物质。

毒害品和感染性物品运输的安全要求如下：

（1）严防货物丢失。毒害品落到没有毒品知识的群众或犯罪分子手里，就可能酿成重大事故。万一丢失却又无法找回，必须紧急向当地公安部门报案。

有毒气体的运输组织

（2）要平稳驾车，勤加观望，定时停车检查包装件的捆扎情况，谨防捆扎松动、货物丢失。

（3）行车要避开高温、明火场所。

有毒气体的运输安全

（4）防止袋装、箱装毒害品淋雨受潮。

（5）用过的苫布或被毒害品污染的工具及运输车辆，未清洗消毒前不能继续使用，特别是装运过毒害品的车辆未清洗前严禁装运食品或活动物。

（七）放射性物品的运输

放射性物品是指根据国家标准规定，放射性比活度大于 7.4×10^4 bp/kg 的物品。

放射性物质有块状固体、粉末、晶粒、液态、气态等各种物理形态，如铀、钍的矿石及其浓缩物，未经辐照的固体天然铀、贫化铀和天然钍，以及表面污染物体（SCO）等。

放射性物品的配载为：

（1）不同种类的放射性货包（包括可裂变物质货包）可以混合装运、储存，但必须遵守总指数和间隔距离的规定（特殊安排装运的货包除外）。

（2）放射性物品不能与其他各种危险品配载或混合储存，以防危险货物发生事故，造成对放射性物品包装的破坏，也避免辐射诱发其他危险品发生事故。

（3）放射性货物应与未感光的胶片隔离。

（4）不受放射线影响的非危险货物可以与放射性物品混合配载。

（八）腐蚀品货物的运输

腐蚀品是指凡接触人体或其他货物，在短时间内即会在被接触表面发生化学反应或电化学反应，造成明显破坏现象的物品，如硝酸、硫酸、氯磺酸、盐酸、甲酸、冰醋酸、氢氧化钠、肼和水合肼、甲醛等。

腐蚀品的配载有：

（1）无机酸性腐蚀品和有机酸性腐蚀品不能配载。

（2）无机酸性腐蚀品不得与可燃品配载。

（3）有机性腐蚀品不得与氧化剂配载。

（4）酸性腐蚀品和碱性腐蚀品不能配载。

（5）硫酸不得与氧化剂配载。

（6）腐蚀品不得与普通货物配载，以免对普通货物造成损害。

腐蚀品货物运输的安全要求有：

货物运输事故处理操作

（1）驾驶员要平稳驾驶车辆，在路面条件差、颠簸振动大而不能确保易碎品完好时，不得冒险让载有易碎容器包装的腐蚀品的车辆通过。

（2）每隔一定时间要停车检查车上货物情况，发现包装破漏要及时处理或丢弃，防止漏出物损坏其他包装酿成重大事故。

第二节 超限货物运输组织

一、超限货物运输

（一）大件货物和超限货物运输

大件货物是指货物外形尺寸和重量超过常规（指超长、超宽、超重、超高）车辆、船舶装载规定的大型货物。大件货物也称超限货物。

超限货物运输组织

超限货物运输是指使用超重型汽车列车（车组）载运外形尺寸和重量超过常规车辆装载规定的大型物件的道路货物运输。

道路货物运输中的大件货物是指符合下列条件之一的货物：

（1）货物外形尺寸长度在14米以上，或宽度在3.5米以上，或高度在3米以上的货物。

（2）重量在20吨以上的单体货物或不可解体的成组（捆）货物。

超限货物运输组织

（二）大件货物的特点

一般来说，大件货物有如下特点：

（1）装载后车与货的总重量超过所经路线桥涵、地下通道的限载标准。

（2）货物宽度超过车辆界限。

（3）载货车辆最小转弯半径大于所经路线设计弯道半径。

（4）装载总高度超过5米；通过电气化铁路平交道口时，装载总高度超过4.2米；通过无轨电车线路时，装载总高度超过4米；通过立交桥和人行过街天桥时，装载总高度超过桥下净空限制高度。

（三）大件货物的类型

大件货物同样是一个总称，包括不同种类，有的是超高货物、超长货物、超重货物、超宽货物，这些货物对运输工具、运输组织的要求各异。为了保证运输安全和管理的需要，一些运输方式有必要根据大件货物的主要特性进行分类。

根据我国公路运输主管部门的规定，公路超限货物按其外形尺寸和重量分成四级，见表5-1。

表5-1 大型物件分组

大型物件级别	重量/吨	长度/米	宽度/米	高度/米
一	40～（100）	14～（20）	3.5～（4）	3～（3.5）
二	100～（180）	20～（25）	4～（4.5）	3.5～（4）
三	180～（300）	25～（40）	4.5～（5.5）	4.0～（5）
四	300以上	40以上	5.5以上	5以上

注：1. "括号数"表示该项参数不包括括号内的数值。
　　2. 货物的重量和外廓尺寸中，有一项达到表列参数，即为该级别的超限货物，货物同时在外廓尺寸和重量达到两种以上等级时，按高限级别确定超限等级。

超限货物重量是指货物的毛重，即货物的净重加上包装和支撑材料后的总重，一般以生产厂家提供的货物技术资料所标明的重量为参考数据，它是配备运输车辆的重要依据。

二、超限货物运输作业流程

（一）办理托运

由大型物件托运人（单位）向已取得大型物件运输经营资格的运输业户或其代理人办理托运，托运人必须在托运单上如实填写大型物件的名称、规格、件数、件重、起运日期、收发货人详细地址及运输过程中的注意事项。凡未按上述要求办理托运或运单填写不明确，由此发生的运输事故，由托运人承担全部责任。

超限货物运输作业流程

（二）理货

理货是大件运输企业事先取得关于货物的几何形状、重量、重心位置等可靠数据和图样资料的工作过程。通过理货工作分析，可为确定超限货物级别及运输形式、查验道路以及制定运输方案提供依据。

大件运输过程

理货工作的主要内容有：调查大型物件的几何形状、重量，调查大型物件的重心位置和质量分布情况，查明货物承载位置及装卸方式，查看特殊大型物件的有关技术经济资料，完成书面形式的理货报告。

（三）验道

验道工作的主要内容包括：了解沿线地理环境及气候情况，查验运输沿线全部道路的路面、路基、横向坡度、纵向坡度及弯道超高处的横坡坡度、道路的竖曲线半径、通道宽度及弯道半径，查验沿线桥梁涵洞、高空障碍，查看装卸货现场、倒载转运现场。根据上述查验结果预测作业时间，编制运行路线图，完成验道报告。

（四）制定运输方案

在充分研究、分析理货报告及验道报告基础上，制定安全可靠、可行的运输方案。其主要内容包括：配备牵引车、挂车组及附件，配备动力机组及压载块，确定限定最高车速，制定运行技术措施，配备辅助车辆，制定货物装卸与捆扎加固方案，制定和验算运输技术方案，完成运输方案书面文件。

（五）签订运输合同

根据托运方填写的委托运输文件及承运方进行理货分析、验道、制定运输方案的结果，承托双方签订书面形式的运输合同，其主要内容包括：明确托运与承运甲乙方、大型物件数据及运输车辆数据、运输起讫地点、运距与运输时间，明确合同生效时间，承托双方应负责任，有关法律手续及运费结算方式、付款方式等。

（六）线路运输工作组织

线路运输工作组织包括：建立临时性的大件运输工作领导小组，具体负责实施运输方案，执行运输合同和相应对外联系。领导小组下设行车、机务、后勤生活、安全、材料供应等工作小组及工作岗位，并制定相关工作岗位责任制，组织大型物件运输工作所需牵引车驾驶员、挂车操作员、装卸工、修理工、工具材料员、技术人员及安全员等依照运输工作岗位责任制及整体要求认真操作、协调工作，保证大件运输工作全面、准确完成。

（七）运输统计与运输结算

运输统计是指完成运输工作各项技术经济指标统计。运输结算指完成运输工作后按运输合同有关规定结算运费及相关费用。

三、超限货物运输管理

（一）大件货物运输的特点

基于大件货物的特点，其运输组织与一般货物运输应有所不同。

1. 特殊装载要求

大件货物运输对车辆和装载有特殊要求，一般情况下，超重货物装载在超重型挂车上，用超重型牵引车牵引，而这种超重型车组是非常规的特种车组，车组装上大件货物后，往往重量和外形尺寸大大超过普通汽车、列车，因此，超重型挂车和牵引车都是用高强度钢材和大负荷轮胎制成，价格昂贵。

2. 特殊运输条件

大件货物运输条件有特殊要求，途经道路和空中设施必须满足所运货物外形的通

社会担当：国家使命，物流人挺身而出

大型机械设备的运输组织

行需要。道路要有足够的宽度、净空以及良好的曲度。桥涵要有足够的承载能力。这些要求在一般道路上往往难以满足，必须事先进行勘测，运前要对道路相关设施进行改造，如排除地空障碍、加固桥涵等，运输中采取一定的组织技术措施，采取分段封闭交通，大件车组才能顺利通行。

3. 特殊安全要求

大件货物一般均为国家重点工程的关键设备，因此大件货物运输必须确保安全，万无一失。其运输可说是一项系统工程，要根据有关运输企业的申请报告，组织有关部门、单位对运输路线进行勘察筛选；对地空障碍进行排除；对超过设计荷载的桥涵进行加固；指定运输护送方案；在运输中，进行现场的调度，搞好全程护送，协调处理发生的问题；所运大件货物价值高、运输难度大，牵涉面广，所以受到各级政府和领导、有关部门、有关单位和企业的高度重视。

（二）道路运输大件货物的管理规定

1. 管理规定的依据

道路运输大件货物的管理规定依据《超限运输车辆行驶公路管理规定》（中华人民共和国交通运输部令2016年第62号）进行。

2. 大件货物运输的主管机构

《超限运输车辆行驶公路管理规定》第四条规定：交通运输部负责全国超限运输车辆行驶公路的管理工作。县级以上地方人民政府交通运输主管部门负责本行政区域内超限运输车辆行驶公路的管理工作。公路管理机构具体承担超限运输车辆行驶公路的监督管理，县级以上人民政府相关主管部门按照职责分工，依法负责或者参与、配合超限运输车辆行驶公路的监督管理。交通运输主管部门应当在本级人民政府统一领导下，与相关主管部门建立治理超限运输联动工作机制。

图片：药品仓库

3. 承运规定

大型物件承运人在受理托运时，必须做到：

（1）根据托运人填写的运单和提供的有关资料，予以查对核实。

（2）承运大型物件的级别必须与批准经营的类别相符，不准受理经营类别范围以外的大型物件。

（3）承运人应根据大型物件的外形尺寸和车货重量，在起运前会同托运人勘察作业现场和运行路线，了解沿途道路线形和桥涵通过能力，并制定运输组织方案。涉及其他部门的应事先向有关部门申报并征得同意，方可起运。

（4）大型物件运输的装卸作业，由承运人负责的，应根据托运人的要求、货物的特点和装卸操作规程进行作业。由托运人负责的，承运人应按约定的时间将车开到装卸地点，并监装、监卸。在货物的装卸过程中，由于操作不当或违反操作规程，造成车货损失或第三者损失的，由承担装卸的一方负责赔偿。

（5）运输大型物件，应按有关部门核定的路线行车。白天行车时，悬挂标志旗；

夜间行车和停车休息时装设标志灯。

（三）大件货物运输的装卸技术

大型变压器的运输组织

运输长大笨重货物时，通常都要采取相应的技术措施和组织措施。鉴于长大笨重货物的特点，对装运车辆的性能和结构，货物的装载和加固技术等都有一定的特殊要求。

实践中进行大件货物装卸的经验如下：

大件运输过程

（1）为了保证货物和车辆的完好，保证车辆运行安全，必须满足一定的基本技术条件。即货物的装卸应尽可能选用适宜的装卸机械，装车时应使货物的全部支承面均匀地、平衡地放置在车辆底板上，以免损坏大梁；载运货物的车辆，应尽可能选用大型平板等专用车辆。

（2）除有特殊规定者外，装载货物的质量不得超过车辆的核定吨位，其装载的长度、高度、宽度不得超过规定的装载界限。

（3）支承面不大的笨重货物，为使其质量能均匀地分布在车辆底板上，必须将货物安置在纵横垫木上，或相当于起垫木作用的设备上。

（4）货物的重心尽量置于车底板纵、横中心线交叉点的垂直线上，如无可能，则对其横向位移严格限制。纵向位移在任何情况下必须保证负荷较重一端轮对或转向架的承载质量不超过车辆设计标准。

（5）重车重心高度应有一定限制，重车重心如偏高，除应认真进行装载加固外，还应采取配重措施以降低其重心高度。车辆应限速行驶。在大件货物中，一些货物的支承面小，其质量集中于装载车辆底板上某一小部分，使货物的质量大于所装车辆底板负重面最大允许载质量。所以在确定集重货物的装载方案时，应采取措施避免使车底架受力过于集中，造成工作压力超过设计的使用限度。

（6）长大笨重货物装车后，载于车辆上运输时，比普通货物更易受到包括纵向惯性力、横向惯性力、垂直惯性力、风力，以及货物支承面与车底板之间的摩擦力等各种外力的作用，这些外力综合作用往往会使货物发生水平移动、滚动甚至倾覆。因此，运送长大笨重货物时，除应考虑它们合理装载的技术条件外，还应视货物质量、形状、大小、重心刻度、车辆和道路条件、运送速度等具体情况，采取相应的加固捆绑措施。

第三节　冷藏货物运输组织

一、冷藏运输货物的特点

（一）冷藏运输货物

冷藏运输货物是指在运输过程中，对外界高温或低温需要采取制冷措施，以防止死亡和腐烂变质的货物；或托运人认为须按冷藏货物运输条件办理的货物。

道路运输的冷藏货物主要有：鲜鱼虾、鲜肉、瓜果、蔬菜、牲畜、观赏野生动物、花木秧苗、冷冻食品、药品、蜜蜂等。

冷藏运输的优点是能很好地保持食物原有的品质，包括色、味、香、营养物质和维生素；保藏时间长，能进行大量保藏及运输。

1. 易腐货物和活动物

冷藏货物按照自然属性分为易腐货物和活动物两大类：

（1）易腐货物包括肉、鱼、蛋、奶、鲜水果、鲜蔬菜、冰、鲜活植物等。

（2）活动物包括禽、畜、兽、蜜蜂、活鱼，以及鱼苗等。

2. 冷冻货和低温货

冷藏货物按照冷藏运输时的温度需求分为冰冻货和低温货两大类：

（1）冰冻货，是指在冻结状态下进行运输的货物，运输温度的范围一般在 $-200℃\sim-10℃$。

（2）低温货，是指货物在还未冻结或货物表面有一层薄薄的冻结层的状态下进行运输的货物，一般允许的温度范围为 $-16℃\sim1℃$。

3. 冷藏货物的温度要求

货物要求低温运输的目的主要是维持货物的呼吸，以保持货物的鲜度。

冷藏货物在运输过程中为了防止货物变质需要保持一定的温度。该温度一般称作运输温度。温度的高低应根据具体的货种而定，即使是同一货物，由于运输时间、冻结状态和货物成熟度不同，对运输温度的要求也不一样。一些具有代表性的冷冻货和低温货的运输温度见表5-2和表5-3。

表5-2 冷冻货物的运输温度　　　　　　　　　　　　　　　单位：℃

货名	运输温度	货名	运输温度
鱼	$-17.8\sim-15.0$	虾	$-17.8\sim-15.0$
肉	$-15.0\sim-13.3$	黄油	$-12.2\sim-11.1$
蛋	$-15.0\sim-13.3$	浓缩果汁	-20

表5-3 低温货物的运输温度　　　　　　　　　　　　　　　单位：℃

货名	运输温度	货名	运输温度
肉	$-5\sim-1$	葡萄	$+6.0\sim+8.0$
腊肠	$-5\sim-1$	菠萝	$+11.0$以内
黄油	$-0.6\sim+0.6$	橘子	$+2.0\sim+10.0$
带壳鸡蛋	$-1.7\sim+15.0$	柚子	$+8.0\sim+15.0$
苹果	$-1.1\sim+16.0$	红葱	$-1.0\sim+15.0$
白兰瓜	$+1.1\sim+2.2$	土豆	$+3.3\sim+15.0$
梨	$+0.0\sim+5.0$		

温度固然是保藏和运输鲜活易腐货物的主要条件，但通风的强弱和卫生条件的好坏也直接影响货物的质量。只有妥善处理好温度、湿度、通风、卫生四个条件之间的关系，才能保证鲜活易腐货物的运输质量。

连续冷藏是用冷藏方法来保藏和运输鲜活易腐货物的一个突出特点。若储运中某个环节不能保证连续冷藏的条件，微生物活动和呼吸作用都将随着温度的升高而加强，货物就可能在这个环节中开始腐烂变质，因此要求协调组织好物流的各个环节，为冷藏运输提供必要的物质条件。就运输环节来讲，应尽可能配备一定数量的冷藏车或保温车，尽量组织"门到门"的直达运输，提高运输速度，确保鲜活易腐货物的完好。

（二）冷藏车

运输车是冷藏运输中最重要的因素。一部冷藏车主要由以下几个部分组成。

1. 货车

一般来说，目前市场上的冷藏车都是通过车辆改装厂改装了的，也就是在普通货车的基础上改装而成的。一般的货车都可以改装成冷藏车。比较常见的有东风、解放、五十铃、庆铃等品牌的货车。货车的大小和型号可以根据用户的要求进行选择。

2. 制冷机组

制冷机组是冷藏车的制冷来源。制冷效果完全取决于制冷机组的功率和质量。

3. 保温箱

冷藏车需要有保温箱。保温箱需要由专业的生产厂家提供。一般来说，目前国内的冷藏汽车制造厂实质上就是专业制造保温箱的厂家。冷藏汽车制造厂购买（也可以由用户自行购买）货车和制冷机组后安装一个保温箱就是一部冷藏车。如果温度要求不高，也可以不需要制冷机组。目前国内比较有名的冷藏车品牌有河南的冰熊和济南的考格尔。

二、冷藏运输组织与管理

冷藏货物运输组织

1. 冷藏货物运输的特点

（1）季节性强、运量变化大。水果蔬菜大量上市的季节、沿海渔场的鱼汛期，运量会随着季节的变化而变化。

（2）运送时间要求紧迫。大部分鲜活易腐货物极易变质，要求以最快的速度、最短的时间运到。

（3）运输途中需要特殊照料。牲畜、家禽、蜜蜂、花木秧苗等的运输，需配备专用车辆和设备，沿途进行专门的照料。

2. 冷藏货物运输的组织与管理

良好的运输组织工作是保证鲜活易腐货物质量的前提，冷藏货物运输组织与管理需要注意以下事项。

（1）运输时限。托运人托运冷藏货物时，应当提供最长允许运输时限和运输注意事项，并在合同或运单中注明。

（2）做好装车工作。鲜活易腐货物在装车前，必须认真检查车辆及设备的完好状态，注意清洗和消毒。装车时应根据不同货物的特点，确定装载方法。如为保持冷冻货物的冷藏温度，可紧密堆码；水果、蔬菜等需要通风散热的货物，必须在货件之间保留一定空隙；怕压的货物必须在车内加隔板，分层装载。

（3）合理配载。配载运送时，应对货物的质量、包装和温度要求进行认真检查，要求包装合乎规范，温度符合规定，装卸合乎要求。应根据货物的种类、运送距离、运送地方和运送季节确定相应的运输服务方法。及时组织适宜车辆装运。

（4）及时运输。及时运输是鲜活易腐货物的特殊要求。应充分发挥公路运输快速、直达的特点，协调好仓储、配载、运送各环节，及时送达。

（5）认真负责。运输过程中要严格要求驾驶员或押运人员对冷藏机的温度进行控制和记录。出发前要告知温度要求，并进行设定。如果出现事故（包括交通事故、机械事故、冷藏机故障等），要及时报告并修复。

三、主要鲜活易腐商品的运输

1. 冻结商品的运输

主要指冻肉、冻鱼、冻家禽，调运目的主要是在到达地短期供给消费者。因为在调运中多次发生忽高忽低的温度浮动，故不再适宜长期保存。下面以冻肉为例，说明托运注意事项。

冻肉是指经过天然冷冻或人工冷冻后，肌肉深处的温度为 $-8℃$ 以下的肉。冻肉托运温度要求在 $-10℃$ 以下，出库温度应该更低，以备装车过程中肉温回升。机械保温车运输应保持在 $-12℃\sim -9℃$。

海鲜产品的运输组织

托运前要进行质量鉴定，质量优良的冻肉，应是肉体坚硬，色泽鲜艳，敲击时能发出清脆的声响；割开部分呈玫瑰色，用手指与较高温物体接触时，由玫瑰色转为艳红色；油脂部分呈白色。如有发软、霉斑、气味杂腥等现象，均不符合质量标准。

冻肉可用白布套包装或不包装，采用紧密堆码方法，不留空隙，装车时要"头尾交错、复背相连、长短对弯、码紧码平"，底层应将内皮紧贴底格板，最上层应使肉皮朝上，以免车顶上的冷凝水珠落在精肉上。装车完毕，上层也可加盖一层草席。

冻鱼、冻虾的运输可参照冻肉的运输进行。

2. 夹冰鱼的运输

我国鱼类运输的特点是：季节性强，春、秋两个汛期，春汛量为一半左右；货源集中，货位分散，海产主要集中在沿海运往内地；产量浮动性大。由于以上特点，鲜鱼出水，必须迅速冷却。所以，在鱼汛前，应对运力和冰源做好充分准备。

夹冰鱼的运输过程

托运前的鲜鱼,应是质量新鲜,一般的特征是眼珠凸出、透明,鳃呈鲜红色,鳞片完整、有光泽,鱼身结实而富有弹性,整个鱼身不软弯,并有少量透明黏液,气味新鲜。鲜鱼装车一般采用鱼、冰紧密堆码,不留空隙。如用木桶(箱)包装,装完一层鱼,撒上一层碎冰,最上层还应多撒一些碎冰,这样能更好地保证质量。

夹冰的数量与外界温度和运距有关,一般约为鱼的30%~50%。碎冰的尺寸最好不大于2厘米,采用小冰块可以增加与鱼体的接触面,加速冷却,并防止将鱼体挤压损伤。运输当中,温度应保持在-1℃左右,如果温度过低,碎冰不会融化,鱼体形成慢冻状态,破坏了肉体的组织结构,会损伤鱼的原有风味和品质。

3. 水果、蔬菜的运输

水果既怕冷又怕热,有时要冷藏运输,有时又要加温或保温运输,多数水果在运输中要求温度保持在-4℃,但香蕉要求在11℃~13℃,菠萝要求在8℃~10℃。运输的水果一般以七八成熟为好,凡是干瘪、腐烂、压坏、过熟、泥污、水湿的水果均不应投入运输。

不同水果的包装应符合水果各自的特点,如葡萄、枇杷、荔枝等娇嫩水果,容器不宜过大,内部必须平整光滑,并加入适当的填充材料,避免擦伤或压坏。为了便于水果发散呼吸作用产生的热量及二氧化碳等气体,包装均须留有缝隙。水果的堆码,视季节不同,应适当地在货件之间留有通风道,以利于空气循环。

新鲜蔬菜的运输组织

蔬菜主要是由南往北运,南方蔬菜含水量高,组织细嫩,呼吸热大,易于腐烂,要求的技术条件高。托运前要求质量良好,凡发现有干缩、压坏、泥污、霉斑等现象时均不适宜发运。

对于番茄等怕压的蔬菜,应用板条箱、柳条筐、竹筐等包装,每件质量最好不超过20~30千克。在包装内安放竹编的风筒,以使内部通风。菠菜、芹菜、青蒜等蔬菜,为使其迅速降温,可在包装内分2~3层夹入碎冰。大萝卜、晚土豆、晚白菜等坚实的蔬菜,可以堆装,堆高应根据蔬菜的坚实程度而定。

4. 生猪的运输

生猪多为由农村经短途运输,运往各大、中城市加工,然后供应市场。同时,还有部分活猪由快运列车运往中国港澳地区。

生猪运输的基本要求是不死亡、不伤残、不掉膘。为此,托运时需押运人沿途喂饲料、饮水,采取防寒、防暑措施。防止猪群挤在一堆,使生猪体温不易散发而受暑生病或挤伤。也可用冷水冲洗猪体,驱除热气。

装运生猪应选用经过清洗、消毒的车辆,凡装过腐蚀性强烈的药物、化学物品、农业杀虫药液的车辆,均不得使用。

采用固定运输车辆,运用双层和三层装载法,可提高和发挥运力,且降低运输成本。

运输中喂食要定时定量,宜选用青菜、瓜类等多汁饲料,途中注意多饮水。饮水不足会使生猪体重消耗，易生病和死亡。

综合实训

实训目标：正确地完成冷藏货物的运输组织管理工作

环境要求：学习用桌椅，多台计算机，一部打印机，计算机能连接网络

情景描述：

试制定一份运输组织方案。

零担货物运输作业与管理

同步测试

一、单选题

1. 下列不属于危险货物的要素的是（　　）。
   A. 物理化学性质不稳定　　　　B. 潜在性危害大
   C. 防护措施特殊　　　　　　　D. 运送时间紧迫

2. 下列属于爆炸品运输安全要求的是（　　）。
   A. 慎重选择运输工具　　　　　B. 严格搭乘无关人员
   C. 严防货物丢失　　　　　　　D. 行车要避开高温

3. 根据我国公路运输主管部门的现行规定，公路超限货物按其外形尺寸和重量分为（　　）级。
   A. 一　　　　B. 二　　　　C. 三　　　　D. 四

4. 下列不是冷藏运输货物的优点的是（　　）。
   A. 保藏时间长
   B. 在冷藏途中可以不考虑湿度、通风等条件
   C. 能很好地保持食物原有的品质
   D. 能进行大量的保藏及运输

5. 在运输鲜活易腐货物时，下列的操作错误的是（　　）。
   A. 为保持冷冻货物的冷藏温度，所有货物都要紧密码放
   B. 怕压的货物必须在车内加隔板，分层装载
   C. 应根据货物的种类、运输距离、运送地方和运送季节确定相应的运输服务方法
   D. 应充分发挥公路运输快速、直达的特点，协调好仓储、配载、运送各环节，及时送达

二、多选题

1. 危险货物运输的业务流程包括（   ）。
   A. 受理托运　　　　　B. 货物装卸　　　　　C. 运送
   D. 交接保管　　　　　E. 制定运输方案

2. 下列（   ）是保障公路危险货物运输行业素质，保证运输安全的基本条件。
   A. 做好资质凭证的颁发工作
   B. 正确贯彻执行危险货物运输法律、规章制度
   C. 进行必要的管理和监督
   D. 按相关规定的包装要求严格检查
   E. 做好调度工作

3. 下列说法正确的是（   ）。
   A. 装有易燃易爆危险品的车辆，不得使用明火修理或采用明火照明，不得用易产生火花的工具敲击
   B. 装运危险品的车辆应该具备良好的避震性能的结构和装置
   C. 拖拉机不得装运爆炸物品、一级氧化剂、有机过氧化物、一级易燃品
   D. 畜力车能驮运起爆器材、炸药或爆炸物品
   E. 鲜活易腐货物必须用灌装车

4. 根据验道工作查验结果可进行（   ）。
   A. 预测作业时间　　　　　　　　B. 编制运行路线图
   C. 完成运输方案书面文件　　　　D. 完成验道报告
   E. 制定运输方案

5. 下列不属于公路运输的鲜活易腐货物的是（   ）。
   A. 蔬菜　　　　　　B. 花木秧苗　　　　　C. 蜜蜂
   D. 木材　　　　　　E. 钢铁

三、简答题

1. 简述从事道路危险货物运输应具备的条件。
2. 简述超限货物运输作业流程。
3. 简述验道工作的主要内容。
4. 简述冷藏方法的优点。
5. 简述运输组织运送鲜活易腐货物的注意事项。

四、案例分析题

某汽车运输公司承运了一批活物海鲜，并由承托双方签订了运输合同：运输期限为4天，运费为7 000元，由托运方人员小刘押运。起运时，小刘由于家中突遇特

殊情况不能随车,在未征求承运方领导意见的前提下,找到过去较为熟悉的正好承运该批活物海鲜的承运方司机小李,私自出价300元,请求小李在途中代为照料活物海鲜,小李应允。货运途中遇寒流,小李不懂在紧急情况下对活物海鲜的特殊处理,造成其中一部分活物海鲜死亡,由此损失的活物海鲜本身价值4 000元。路途中因雨造成路阻,小李得知道路近期无修复可能,而当时又无通信设施,不能及时请求公司领导,于是决定改道行驶,因此增加运费1 500元。由于绕道原因,运达目的地时已经延误两天,而活物海鲜的延滞造成托运方的间接经济损失为8 000元。另外,由于活物海鲜的性质要求,装车前对车辆进行消毒处理,花费400元;卸货后又对车辆进行清洗,花费200元。由此,在费用结算时引起了争执。请根据有关规定,正确分析,处理好此次货运事故。

1. 因司机小李不懂紧急情况处理的技术,造成活物海鲜本身损失4 000元,这起责任（　　）。

  A. 由司机小李承担　　　　　　B. 承运方不承担

  C. 由承、托双方共同承担　　　D. 由仲裁机关仲裁

2. 由于路阻改道增加的1 500元运费应由（　　）。

  A. 托运方承担　　　　　　　　B. 承运方承担

  C. 承、托双方共同承担　　　　D. 运输合同管理机关协调处理

3. 由于运输期限延滞,造成托运方的间接经济损失8 000元,其责任由（　　）。

  A. 承运方承担　　　　　　　　B. 托运方自行承担

  C. 承、托双方共同承担　　　　D. 仲裁机关处理

4. 装车前和卸货后车辆所花费的消毒费和清洗费,（　　）。

  A. 消毒费400元由托运方承担,清洗费200元由承运方承担

  B. 消毒费和清洗费共计600元,均由承运方承担

  C. 消毒费和清洗费共计600元,均由托运方承担

  D. 消毒费和清洗费共计600元,由承托双方各承担300元

5. 通过此次货运事故,该运输企业在今后的管理工作中,应引起注意的工作不包括（　　）。

  A. 加强对本企业职工的思想教育,树立良好的企业形象

  B. 做好对客户的宣传工作

  C. 进一步签订好运输合同

  D. 配比一定的无线设备,提高企业管理水平

第六章　货运事故及纠纷处理

【知识目标】

- 完成货物运输当事人的责任、权利和义务，货运事故和纠纷问题分类，货运事故的处理规定及处理程序，货运纠纷解决方法等专业知识的学习。完成货运事故和纠纷处理规定及处理程序，货运纠纷解决方法等相关训练。
- 完成货物运输保险，货物运输投保程序，货物运输保险的责任、义务，货物运输保险索赔程序等专业知识的学习。完成相关操作作业的训练。

【技能目标】

- 能够正确划分运输当事人的责任、权利和义务，完成货运事故的处理工作。
- 完成货物保险合同签订及索赔事务工作等训练。能够办理一份货物运输保险业务或货物运输保险索赔业务。

【素养目标】

- 具备安全防范意识，培养工匠精神，掌握标准的岗位安全操作规程
- 能够科学制定货运事故及纠纷处理预案，提高事中、事后问题的控制及协调能力

【引例】

北京某建筑工地，因建设大型钢结构库房，大型钢材加工需求量很大，需要3 000多吨。为节省工程总造价，就从外地一个钢材加工厂签约购进钢材加工产品。而且在运输合同签订的过程中承托双方没有签订运输保险。由于接受任务的运输物流员经验不足，以为钢材本身硬度强，因此，在装卸车、运输途中没有采取相应的保护措施，加上车速过快，路上颠簸厉害，拐弯时多次与桥梁碰撞等，导致运输过程中钢材变形、塑漆多处掉落，影响外观及使用。为此，建筑方拒绝验收货物，并要求供货方重新发货。当第二次运输钢材产品到工地时，导致建筑方钢结构施工工期延误一周，建筑方为此向供货方提出延误工期索赔的要求，在供货方赔付建筑方损失后，供货方又向物流公司提出索赔，由于物流公司作为承运责任人，最终还是由物流公司支付赔款，承担事故责任。

引例分析

在本运输任务中，运输物流员对运输货物采取不负责任的做法，使货物在运输责任期间产生货损，最终导致公司遭到索赔，业务上受损。钢加工产品，尤其是大型喷塑钢材，不采取措施，单就喷塑来讲，一旦掉落很难补喷，因为喷塑是一次成型，不像刷漆补刷容易。对外观、平直度等要求较高的钢材，在装卸搬运时要在

吊具与钢材之间有软性垫层，运输途中根据路面情况，车速要适宜，尽量避免钢材的撞击、剐蹭等，以免钢材变形，成为不合格产品，影响货物的验收交接。此外，承运方有义务提醒托运方按照货物运输保险程序对所运货物进行投保，一旦发生货运事故，可以通过运输保险减少承托双方的损失，减少货运纠纷的发生及处理。

第一节 货运事故处理及纠纷解决

一、道路运输当事人的责任

当承运人或托运人没有正常履行合同规定的义务时，就必须承担相应的法律责任，这就涉及运输责任的划分。要使货运事故及导致的运输纠纷得到合理解决，首先必须弄清托运人、承运人以及收货人各自的权利、义务和责任。一旦发生运输事故，根据责任就可以比较准确地界定相关责任，找出事故的原因。可见，运输责任划分也是提高整体运输质量，提高有关各方责任心的必要手段。

微课：某企业货物运输合同当事人责任

1. 托运人责任

道路运输托运人应负的责任主要包括：托运货物的名称、性质、数量、体积、包装应与运单记载的内容相符，清楚标志货物标记，正确使用运输标志和包装储运标志，办理准运和审批等手续，按规定支付运费。

（1）托运人未按合同规定的时间和要求，备好货物和提供装卸条件，以及货物运达后无人收货或拒绝收货，而造成承运人车辆放空、延滞及其他损失，托运人应负赔偿责任。

（2）因托运人下列过错，造成承运人、站场经营人、搬运装卸经营人的车辆、机具、设备等损坏、污染或人身伤亡，以及因此而引起的第三方损失，由托运人负责赔偿。

① 在托运的货物中，有故意夹带危险货物和其他易腐蚀、易污染货物，以及禁、限运货物等行为。

② 错报、匿报货物的重量、规格、性质。

③ 错用包装、储运图示标志。

④ 货物包装不符合标准，包装、容器不良，而从外部无法发现。

（3）托运人不如实填写运单，错报、误填货物名称或装卸地点，造成承运人错送、装货落空，以及由此引起的其他损失，托运人应负赔偿责任。

2. 承运人责任

（1）承运人责任的一般规定。承运人责任是指承运人应按约定的时间和要求，将货物运达目的地，交付给指定的收货人。由于承运人的错误致使运输合同不能履行或不能完全履行时，承运人应承担违约责任。违约责任主要有：

① 逾期运送责任。运输合同明确规定，承运人应当在约定期间内或者合理的期间内将货物安全运输到约定的地点。如果承运人不按合同规定时间和要求配车发运，造成货物逾期送达，承运人应承担损失赔偿责任，但损失赔偿的金额不得超过货物全

部灭失情况下可请求的赔偿额。

② 错运错交责任。货物错运到达地点或错交收货人，由此造成延误时间和对托运人的损失，按货物逾期送达处理。

③ 货损货差责任。在整个运输责任期间（从货物装运时起到货物运达交付完毕止），发生货物的灭失、短少、变质、污染、损坏的，应按货物实际损失赔偿对方。

④ 故意行为责任。经核实，确属故意行为造成的事故，除按合同规定赔偿直接损失外，交通主管部门或合同管理机关对承运人处以罚款，并追究肇事者的个人责任。

（2）承运人的责任免除条件。货物在承运责任期间和在站、场存放期间内，发生毁损或灭失，站、场经营人和承运人应负赔偿责任。但有下列情况之一者，承运人、站场经营人举证后可不负赔偿责任。

（1）由于人力不可抗拒的自然灾害，货物本身性质的变化，以及货物在运送途中的自然消耗。

（2）包装完好无损，而内部短损变质者。

（3）违反国家法令或规定，被有关部门查扣、弃置或作其他处理者。

（4）收货人逾期提取或拒不提取货物而造成霉烂变质者。

（5）有随车押运人员负责途中保管照料者。

3. 收货人责任

若合同中规定收货人组织卸车，由于收货人的责任卸车延迟，线路被占用影响承运人按时送达计划，或承运前取消运输，临时计划外运输致使承运人违约造成其他运输合同无法落实，收货人应承担赔偿责任。由于收货人原因导致运输工具、设备或第三者的货物损坏，由收货人按实际损失赔偿。

二、道路运输当事人的权利

1. 托运人的权利

货物托运后，托运人需要变更到货地点或收货人。取消托运时，托运人有权向承运人提出变更合同的内容或解除合同的要求，但必须在货物未运到目的地之前通知承运人，并按有关规定付给承运人所需费用。

2. 承运人的权利

承运人有权向托运人、收货人收取运杂费用。如果收货人不交或不按时交纳规定的各种运杂费用，承运人对其货物有扣压权；查不到收货人或收货人拒绝提取货物，承运人应及时与托运人联系，在规定期限内负责保管并有权收取保管费用；对于超过规定期限仍无法交付的货物，承运人有权按有关规定予以处理。

3. 收货人的权利

在货物运到指定地点后有以凭证领取货物的权利。必要时，收货人有权向到站或中途货物所在站提出变更到站或变更收货人的要求，以及签订变更协议的要求。

三、道路运输当事人的义务

（一）托运人的义务

1. 如实申报的义务

托运人办理货物运输手续时，应做到：

（1）清楚表明收货人（也可以是凭某种指示的收货人）。

（2）清楚表明货物的名称、性质、重量、数量、收货地点等必要情况。

托运人因上述工作疏漏，造成承运人损失的，应当承担损害赔偿责任。承运人不负有对货物损害赔偿的责任。

2. 提交批准文件的义务

需要办理审批、检验手续的货物确需运输的，要到有关部门通过审批、检验等手续，取得批准文件（准运证之类）。托运人负有保证其真实性和合法性的责任，承运人没有检查批准文件真实性的义务。托运人提交的批准文件不全或不符合规定，造成承运人损害的应负赔偿责任，同时承运人也可以解除合同。

3. 包装货物的义务

托运人应当按照约定方式或按运输部门要求包装货物。对没有约定或包装不明的包装方式，托运方和承运方应当就该种货物包装方式充分协商，提出合理建议和要求，达成一致后再订立货运合同，交付货物，按达成方式检验包装。

在特殊情况下，可以由托运人委托承运人负责货物的包装，并在货运合同中约定包装式样和数量等。

4. 对危险货物包装、制作标识和标签及提供防范措施的书面材料义务

危险品具有极大的危险性，稍有不慎就会造成车毁人亡、财产损失的严重后果。托运人托运危险物品时，应当按照国家有关危险品运输的规定对货物妥善包装，制作醒目的标志和标签，对特别要求提交说明文件。

对托运人的要求：

（1）包装材料、包装方式和封口、保护和衬垫材料、包装材料的强度和相容性、预留空间、装卸部位等方面均应符合规定。

（2）危险货物的标识和标签也应按国家统一规定的图案、标识、尺寸大小制作。所粘贴在外包装上的位置要求明显、突出，不能被遮挡。

（3）提供的书面材料应有危险品的名称、化学性质和成分、装卸保管要求、对货物的防范措施等内容。

托运人没有履行上述义务中的任意一项，承运人均应拒绝承运。对已经交付的危险货物，承运人应及时采取安全措施对其进行处理。由此发生的作业处理费用及停运损失由托运人承担。

5. 赔偿因变更、中止运输造成承运人损失的义务

《中华人民共和国民法典》（简称《民法典》）第八百二十九条规定，在承运人将

货物交付收货人之前，托运人可以要求承运人中止运输、返还货物、变更到达地或者将货物交给其他收货人，但是应当赔偿承运人因此受到的损失。

（二）承运人的义务

承运人的义务除运输合同规定的基本义务外，还应包括：

1. 及时通知收货人提取货物

承运人在将货物运送到目的地之后，应及时通知收货人前来提货或运送到约定地点办理验货交付手续。承运人只有在将货物交付收货人后，才履行完毕其合同义务。如果托运人已变更收货人或目的地，承运人改为通知变更后的收货人来提取货物。

2. 对运输过程中货物的毁损、灭失承担损害赔偿

从托运人将货物交付承运人起，至承运人将货物交付收货人止，承运人负有采取适当措施保管货物和安全地将货物运送到约定地点的义务，并对运输过程中发生的货物毁损、灭失承担赔偿责任。如果不是自身原因造成的，应举证以证明。

（1）"无过错责任"、货物毁损、货物灭失

"无过错责任"是指不论承运人在运输、保管过程中有无过错，只要是在承运人保管期间发生的毁损、灭失，承运人均应承担损害赔偿责任。

货物毁损是指承运的货物送达目的地时受到了损坏，造成货物价值的下降，承运人应当赔偿价值损失部分。但对经济上的贬值，如价格下降的价值损失不负赔偿责任。

货物灭失包括物理上的灭失（如液态货物由于破损而流失），也包括法律意义上的灭失（如货物被盗等），尽管货物可能还存在。

（2）货物毁损、灭失的处理原则

因不可抗力、货物本身自然性质或合理损耗及托运人、收货人的过错造成货物的毁损、灭失，承运人不负责承担损害赔偿的责任。

对于货物灭失时的运输费用问题，原则上规定：未收取运费的，承运人不得要求支付运费；已收取运费的，托运人可以按要求返还。

承运人对毁损、灭失货物的赔偿额、范围和方法，按货运合同的约定办理。没有约定或约定不明确的，可根据交易习惯或签订补充协议确定。如仍不能确定，对货物赔偿均以到达地的市场价格为基础进行计算。对投了保险的货物，保险费用亦可作为损失计算。托运人投了保的，保险公司应根据保险合同赔偿损失。如果保险金不足以抵偿损失，托运人可以要求承运人赔偿。货运代办人以承运人身份签署运单时，应承担承运人的责任；以托运人身份托运货物时，应承担托运人的责任。

搬运装卸作业中，因搬运装卸人员过错造成货物毁损或灭失，站场经营人或搬运装卸经营者应负赔偿责任。

（三）收货人的义务

1. 及时提货的义务

在接到承运人发出的到货通知或货物运到指定地点时，收货人应当及时验货提货。超出宽限期提货的，收货人应当支付期间的保管费用。承运人有时签发提单，收货人提货时还应交验提单。

2. 及时验收的义务

收货人提货时，应及时按约定的期限检验货物。验货时，收货人若发现货物的数量不符或者有损坏的，应在约定期限内向承运人提出异议，否则，视为承运人已按照运输单证记载的内容交付"初步证据"。合同对验收时间没有约定或约定不清的，承运人和收货人可以达成补充协议或按交易习惯通常做法确定。货物可能已交付收货人，但因货物某些内在的损伤，外部查看不出，需专门的检验才能发现时，如果有证据证明是在运输过程中造成的内在损伤，可以推翻"初步证据"。

3. 支付运费和保管费的义务

根据货运合同约定，收货人有支付运费、保管费及其他费用的义务。收货人支付运费通常情况下是和发货人达成协议的，如因诸如质量差、规格不符合要求等纠纷而拒付运费的，承运人对货物享有留置权。《民法典》第八百三十六条规定，托运人或者收货人不支付运费、保管费或者其他费用的，承运人对相应的运输货物享有留置权，但是当事人另有约定的除外。另外，对于收货人不明或收货人无正当理由拒绝受领货物的，依据《民法典》规定，承运人有权提存货物。

四、货运事故的处理规定及处理程序

运输事故一般应由货运经营者自行处理，按国家有关规定予以赔偿。货物运输企业发生的质量事故要分类统计，定期上报运输行政管理机构。重大恶性事故要立即上报。如果委托方与承运方对质量事故处理发生争议时，由运输行政管理机构调解仲裁。

公路货运事故

（一）货运事故的含义

货运事故是指货物运输过程中发生货物灭失、短少、变质、污染或迟延交付。

货运事故和违约行为发生后，承托双方以及有关各方应编制货运事故记录。货物运输途中，发生交通肇事造成货物毁损或灭失，承运人应先行向托运人告知并赔偿，再由其向肇事的责任方追偿。货运事故处理过程中，承运人不得扣留货物，收货人不得扣留车辆。由于扣留货物而造成的损失，由扣留方负责赔偿。

（二）货运事故处理规定

（1）货运事故赔偿分限额赔偿和实际损失赔偿两种。法律、行政法规对赔偿责任限额有规定的，依照其规定赔偿；尚未规定赔偿责任限额的，按货物的实际损失赔偿。

（2）在保价运输中，货物全部灭失，按货物保价声明价格赔偿；货物部分毁损或灭失，按实际损失赔偿；货物实际损失高于声明价格的，按声明价格赔偿；货物能修复的，按修理费加维修取送费赔偿。保险运输按投保人与保险公司商定的协议办理。

（3）未办理保价或保险运输，且在货物运输合同中未约定赔偿责任的，按第一项规定赔偿。

（4）货物毁损或灭失的赔偿额，当事人有约定的，按照其约定；没有约定或约定不明确的，可以补充协议；不能达成补充协议的，按照合同有关条款或者交易习惯确定；仍然不能确定的，按照交付或应当交付时货物到达地的市场价格计算。法律、行政法规对赔偿额的计算方法和赔偿限额另有规定的，依照其规定赔偿。

（5）货物损失赔偿费包括货物价格、运费和其他杂费。货物价格中未包括运杂费、包装费以及已付税费时，应按承运货物的全部或短少部分的比例加算各项费用。

（6）由于承运人责任造成货物灭失或损失，以实物赔偿的，运费和杂费照收；按价格赔偿的，退还已收的运费和杂费；被损货物尚能使用的，运费照收。

（7）丢失货物赔偿后，又被查回，应送还原主，收回赔偿金或实物；原主不愿意接受失物或无法找到原主的，由承运人自行处理。

（8）承托双方对货物逾期到达，车辆延滞，装货落空都负有责任时，按各自责任所造成的损失相互赔偿。

（三）货运事故处理程序

（1）货运事故发生后，一般处理程序包括：

① 货运事故发生后，承运人应及时通知收货人或托运人。

② 当事人要求另一方当事人赔偿时，须提出赔偿要求，并附运单、货运事故记录和货物价格证明等文件。要求退还运费的，还应附运杂费据。另一方当事人应在收到赔偿要求的次日起，60日内做出答复。

③ 承运人或托运人发生违约行为，应向对方支付违约金。违约金的数额由承托双方约定。

④ 对承运人非故意行为造成货物延迟交付的赔偿金额，不得超过所延迟交付的货物全程运费的数额。

（2）在处理货运事故时，应该注意以下事项：

① 收货人、托运人知道发生货运事故后，应在约定时间内，与承运人签注货运事故记录。

② 收货人、托运人在约定时间不与承运人签注货运事故记录的，或者无法找到收货人、托运人的，承运人可邀请2名以上无利害关系的人签注货运事故记录。

③ 货物赔偿时效从收货人、托运人得到货运事故信息或签注货运事故记录的次日起计算。

④ 在约定运达时间的30日后未收到货物，视为灭失，自31日起计算货物赔偿时效。

⑤ 未按约定或规定的运输期限运达交付的货物，视为延迟交付。

五、货运纠纷的解决

（一）货运纠纷的类型

货运纠纷可能由承运人因经营管理不善、意外、过失等原因造成对方的损失，也可能因货方的原因造成承运人的损失。概括起来，货运纠纷可分为以下几大类。

1. 货物灭失纠纷

造成货物灭失的原因很多，但其后果均是货方受到损失。绝大多数情况是收货人未收到货物，也有的是托运人在未转移货物所有权的情况下，无法取回货物。

（1）交通事故造成货物灭失。货物交付承运人后，装上指定运载工具进行运输，可能由于承运人的运输工具发生事故，如车辆发生交通事故等，使得货物连同运输工具一起灭失。而上述交通事故既可能是由于无法避免的风险，如突如其来的恶劣气候、其他车辆的过失等所造成的；也可能是由于承运人的过失造成的风险，如车辆在未出行前就存在不安全因素、货物绑扎不牢、车辆性能不适运输状况等导致在途事故的发生；或是因为承运人所雇佣驾驶人员的过失引起碰撞、翻车等。因此，对交通事故引起的货物灭失，承运人承担的责任往往根据实际情况不同大小不一。

另外，因为货物本身的原因导致运输工具发生事故，从而造成货物的全部灭失，如易燃易爆货物引起的火灾等。

（2）因政府法令禁运、没收、战争行为造成的货物灭失。目前，世界局部地区战争时有发生，战争的突发会造成民用运输工具被误伤而导致货物的灭失。另外，有些国家为保护本国的动植物和人类的卫生状况而对到境的货物实施没收或禁运。在2004年年初时，有些国家发生了禽流感，为了防止疫情的扩散、传播，未发现疫情的国家就通过政府法令形式没收有关货物，造成货物的全部灭失。这类货物灭失的原因往往是相关人员无法控制的。

（3）因盗窃造成灭失。货物处于承运人掌控时，因涉及的环节较多，可能遭受偷盗致损。

（4）承运人的管理过失造成灭失。由于装运积载不当，货物毁损、集装箱落地也是货物灭失的重要原因之一。另外，由于管理的过失，如相关手续混乱造成错装错卸，使一部分货物无法交给正确的收货人也视为灭失。

（5）故意行为。由于承运人故意、恶意毁坏运输工具以骗取保险，从而造成所运输的货物全部灭失。而目前更多发生的，则是利用运输进行诈骗活动，或是利用单证骗取货物，令货主受损或令承运人承担货物灭失的责任。

2. 货损、货差纠纷

货损包括货物破损、水湿、污染、锈蚀、腐烂变质、混票和虫蛀鼠咬等。货差即货物数量的短缺。

货损、货差可能是由托运方的自身过失造成的，如货物本身标志不清、包装不良，货物自身性质和货物在交付承运人之前的质量、数量与运输凭证不符等；也可能是由于承运人的过失造成的，如装载不当，装卸操作不当，未按要求控制货物运输过程中的温度，货箱不符合载货要求，混票等。在运输过程中发现货损、货差的原因极多，归纳起来有以下几种：

（1）未装车前已受损或已存在潜伏的致损因素。例如，玉米的水分含量高于安全运输的限度则会先发热后发霉，而不论在运输途中通风或不通风。货损的原因是散谷的原先含水量过高，而不是通风。

（2）装卸作业中受损。

（3）运输工具积载不当。

（4）装运后与途中及卸货前保管不当。

（5）自然灾害。由于自然灾害，如台风、海啸、泥石流等人力无法控制和预测的灾害造成的运输货物的损失。

3. 货物延迟交付纠纷

货物延迟交付是指因承运货物的交通工具发生事故，或因承运人在接受托运时未考虑到本班次的载货能力而必须延误到一个班期才能发运，或在货物中转时承运人的过失使货物在中转地滞留，或因承运人为自身利益绕道而导致货物晚到卸货地。

4. 单证纠纷

承运人未及时签发提单，或托运人未要求签发提单而造成托运人受损的，承运人应托运人的要求倒签、预借提单，从而影响收货人的利益，收货人在得知后向承运人提出索赔，继而承运人又与托运人发生纠纷；或因承运人（或其代理人）在单证签发时的失误引起承托双方的纠纷；还有因货物托运过程中某一方伪造单证引起的单证纠纷。

5. 其他纠纷

运输中，除了与货物直接相关的纠纷以外，还会有运费、租金等纠纷，如因承运人或货方的过失或故意，未能及时或全额交付运费或租金的纠纷；承租工具的技术规范达不到原合同的要求而产生的纠纷；由于运输市场行情变化，导致交易一方认为原先订立的合同使其在新的市场情况下受损，故毁约而产生的纠纷；因双方在履行合同过程中对其他费用（如滞期费、装卸费等）发生纠纷；因托运人过失，造成对承运人运输工具的损害引发的纠纷。

（二）纠纷与索赔的解决

承运人和托运人或收货人三方在履行货物运输合同中发生纠纷时，应及时协商解决。协商不一致时，任何一方都可向合同管理机关申请调解或仲裁，也可以向人民法院起诉。

在货物运输中产生纠纷以至引起诉讼是常有的事，一方面，货主可能会因为货物在运输途中发生的各种损失向承运人索赔；另一方面，承运人可能会因为未支付运费或其他应付款项而向货主索赔。这些索赔并不一定都是承运人的过失引起的。以短量索赔为例，它可能是承运人在运输途中对货物照管不周的过错引起的，也可能是在装卸地由于其他人的过错而引起的，如托运人交付了错误的重量而理货人员没有发现，或者理货人员自己计算错误；装货过程中装卸工人或其他人员偷货是货物短量的另一个常见原因，装卸不当引起的货物泄漏等又是一个原因。正确解决纠纷除应找到真正的过失方，还要清楚承运人、托运人和收货人究竟谁应对过失负责。这是一个复杂的任务，其中不仅牵扯货物运输法，还往往会涉及代理法、合同法等其他法律规范。

1. 解决货运纠纷的措施

（1）造成货损或货物灭失的，先向保险公司索赔，再由保险公司行使代位求偿权向责任人追偿。考虑到物流经营人或直接承运人的责任期间比较复杂，且有各种免责、责任限制的可能，这是在运输货物投保的情况下货物利益方最适宜采用的方式。

（2）如所涉货物未投保、未足额投保或货损在免赔额以内，或货物利益人认为货损远超过保险赔偿额，则可以依照物流合同向物流经营人提出赔偿请求，再由物流经营人向责任人追偿。因为货方一旦把货物交付给物流经营人，就很难了解货损、货差发生在哪个实际承运人的责任期间内，故只能向物流经营人先行索赔。

（3）如果货方直接订立物流作业分合同，也知道货损、货差发生的确切责任期间，则可依照分合同向实际履行人追偿。

（4）以侵权为由，向没有合同关系的责任人提出赔偿请求。

2. 解决货运纠纷的途径

目前，我国解决运输纠纷一般有四种途径：当事人自行协商解决、调解、仲裁和诉讼。其中诉讼和仲裁是司法或准司法途径解决。运输纠纷出现后，多数情况下，纠纷双方会考虑到多年或良好的合作关系和商业因素，互相退让，争取友好协商解决，同时为以后的合作打下基础。也有的纠纷因双方分歧较大，无法友好协商解决，可以寻求信赖的行业协会或组织进行调解。在此基础上达成和解协议，解决纠纷。还有一部分纠纷经过双方较长时间的协商，行业协会或其他组织介入调解仍然无法解决的，双方只能寻求司法或准司法途径解决。

（1）仲裁。仲裁是指纠纷双方在纠纷发生前或纠纷发生后达成协议，自愿将纠纷提交第三者做出裁决的一种纠纷解决方法。

仲裁是解决纠纷的一种重要方式，具有当事人自愿、程序简便、迅速等特点。仲裁主要分为两种：机构仲裁和临时仲裁。如果纠纷双方在纠纷发生后一致同意就该纠纷寻求仲裁，或在双方订立运输合同时已选择仲裁作为纠纷解决机构时，可以就该纠纷申请仲裁。仲裁申请人向约定的仲裁机构提出仲裁申请，并按仲裁规则指定1名或多名仲裁员，仲裁员通常是与该行业有关的商业人士或专业人士。

仲裁员根据仲裁规则对该纠纷做出的裁决对双方都具有约束力，而且只要是仲裁过程符合仲裁规则，则该裁决是终局的。用仲裁解决纠纷，由于仲裁员具有该行业的专业知识、经验和相应的法律知识，因此所做出的裁决通常符合商业精神。而且仲裁速度较快，费用也较法院诉讼节约。

仲裁的主要问题包括仲裁协议的有效性、仲裁程序的合法性、仲裁的司法监督等。由于仲裁的裁决是终局的，因此，根据仲裁裁决执行是解决纠纷的最后一步。

（2）诉讼。诉讼是指法院在双方当事人和其他诉讼参与人参与下，审理和解决纠纷（案件）的活动，以及由这些活动所产生的诉讼法律关系的总和。

如果承托双方未对纠纷的解决方法进行约定，或事后无法达成一致的解决方法，则通过法院进行诉讼是解决纠纷的最终途径。各种运输纠纷可以按照我国的诉讼程序，由一方或双方向有管辖权的法院起诉，然后由法院根据适用法律和事实进行审理，最后做出判决。如果某一方乃至双方对一审判决不服，可以根据诉讼法进行上诉、申诉。通常由法院诉讼解决纠纷，既耗时又费钱。

3. 索赔时效和诉讼时效

如果各种纠纷必须诉诸司法或准司法机构，则索赔时效和诉讼时效非常重要。

索赔时效指合同双方依据法律规定要求赔偿损失的时间范围。诉讼时效则指合同双方权利人行使权利、维护自身被损害利益的法定提起诉讼时间范围。在此期限内，权利人如不行使其权利，就会丧失请求法院依诉讼程序强制义务人履行义务的权利。

诉讼时效是指权利人持续行使民事权利而于期间届满时丧失请求法院保护其民事权利的法律制度。

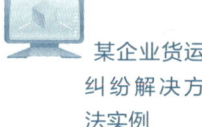

某企业货运纠纷解决方法实例

规定时效是为促进当事人及时行使自己的权利，早日消除不确定的法律关系，而由法律规定的一段特定的时间。如果一方当事人超过时效才行使自己的诉讼请求和索赔要求，则通常会丧失胜诉权。

公路货物运输纠纷中，承托双方要求赔偿的时效，从货物开票之日起，不得超过六个月。赔偿要求应以书面形式提出，对方应在收到书面赔偿要求的次日起两个月内处理。

违约金、赔偿金应在明确责任后10日内偿付，否则按逾期付款处理。任何一方不得自行用扣发货物或扣付运费来充抵。

第二节 运输货物保险与理赔

一、货物运输保险

（一）货物运输保险的含义

货物运输保险是以运输过程中的多种货物作为保险标的的保险。在货物运输过程中，遇到自然灾害或意外事故而使货物受到损失是难以避免的。对这种损失给予补偿的经济行为就是货物运输保险。

（二）货物运输保险的特征

货物运输保险属于损害保险范畴，是有形财产保险的一种。与其他财产保险相比，货物运输保险具有以下特点：

（1）货物运输保险的标的为处于运动中的货物，而其他有形财产保险的标的多是处于静止状态的财产。

（2）货物运输保险的责任期限一般为一个运程，并无具体严格的限制，而其他有形财产保险的责任期限往往为固定的期限（如1年）。

（3）货物运输保险的保险单可通过背书转让，而其他有形财产保险的保险单一般不得转让。

（4）在保险期限内，货物运输保险的标的往往是在承运人的管理之下，一旦发生事故，就可能涉及承运人的责任。因此，向有责任的承运人进行追偿是货物运输保险的一项重要内容。

（5）货物运输保险一般为定值保险，即认为保险金就是保险标的的价值，发生损失后，以其作为计算赔偿的标准，除有欺诈行为外，不再考虑保险标的的实际价值。

二、保险合同的订立

（一）保险单的填写

保险单是保险公司与投保人双方拟订保险契约的证明，是对双方权利和义务的明确规定，是发生事故后投保人向保险公司索赔的依据。

保险单的格式分为保险单、保险凭证和预约保险单三种。保险单又称大保单，是一种正规的保险单，印有保险条款，将保险人与被保险人的责任与义务全部载入，承保指定的货物。保险凭证又称小保单，是一种简化了的保险单，凭证上不印保险条款，而是以大保单所载内容为准。但是，它的效力与保险单相同。预约保险单是一种定期统保契约的证明，是保险人与投保人事先约定对规定范围内的货物统一承保的协议。在每批货物起运时，往往采用起运通知书的形式，由投保人填写清楚，通知保险人作为每笔货物承保的证明。

作为一种赔偿责任依据，保险公司对保险单的填写是有严格要求的。填单时要认真仔细，要尽量正确填写，避免错误。如发现填写错误，要修改更正，并加盖"校正章"；如果错误较多或者对保险责任等做出重要修改，应注销所填写的保险单并重新出单。保险条款和措辞要明白无误，特别是保险条件的用词既要写清保险公司的责任范围，又要正确反映客户对保险的要求；相关内容要和发票、提单等有关单证相符，保险单正本和副本都必须整齐清洁，避免字迹难认。

（二）保险公司承保程序

保险公司接到投保人填写的保险单后，为客户办理保险手续的基本步骤如下：

（1）审核投保单，指保险公司接到保险单后要按规定进行内容审核，如有错漏项，请投保人修改或重新填写。直到填写内容完全符合规定、无错漏项为止。

（2）核定保险费，指保险公司经办人根据投保内容，按照费率表确定费率，计算出应缴的保险费，并注明在投保单上，然后交由复核人员审核。

（3）编制保险单，指对投保单审核无误后，根据信用证要求出单（保险单或保险凭证）数份。制单时注意承保险别，要按基本险和附加险的顺序排列分类险别。制单完毕，制单人员应在保险单副本留底上签字，并开出保险费收据。

（4）粘贴保险条款和特约条款，指保险公司为使客户明确责任，一些主要险和附加险附在保险单上。

（5）复核是指制单完毕后进行复核。如复核无误，将保险单送负责人或指定签章人加盖有关印章。

（6）单据分发指将加盖印章后保险单正本、客户需要的副本和保险费收据交给投保人；保险公司自留副本两份；保险费收据一份，送财会部门收费入账。

三、货物运输保险中的义务

（一）被保险人的义务

道路货物运输保险的被保险人是指在投保时对所保货物享有保险利益的人，包括托运人、收货人及其货运代理人、承运人等，他们要么是所运货物的所有人、共有人，要么是对所运货物的安全有利益关系的人，但都对所运货物享有保险利益，是被保险人。

（1）交纳保险费的义务。被保险人应在保险人签发保险凭证的同时，按照规定的保险费率，一次交清应付的保险费。有特别规定者可分期交费。

（2）如实告知义务。被保险人应如实回答保险人就保险标的或者投保人、被保险人的有关情况提出的询问。

（3）保证货物包装符合国家和主管部门规定的标准。当货物包装不符合标准要求时，即使运输部门承运了，保险人也可以不予负责。

（4）遵守国家及交通运输部门关于安全运输的各种规章制度，接受并协助保险人对保险货物进行查验防损工作，以消除货物在运输途中的不安全因素。

（5）通知和救助义务。货物发生保险责任范围内的损失时，被保险人获悉后，应立即通知当地保险机构并应迅速采取施救和保护措施，防止或减少货物损失。被保险人如果不履行上述义务，保险人有权终止保险责任或拒绝赔偿部分或全部经济损失。

（二）承运人的义务

在货物运输保险中，承运人经常作为保险人的代理人，接受保险人的委托，代为办理货物运输保险业务。此时，承运人应当承担以下义务：

（1）出险通知义务。被保险人遭受保险合同规定责任范围内的损失后，承运人应当通知保险人，使保险人在出险时能够立即展开对损失的调查，不致因为调查工作的延迟而丧失证据，影响责任的确定；同时，也使保险人在出险时可以采取一定的措施避免损失的扩大或者实施必要的抢救。此外，由于货物特殊性，保险人与承运人通常会特别约定出险通知的时限，以督促承运人及时发出出险通知。

（2）调查协助义务。承运人作为货物运输的承担者，对于因运输过程中所发生的事故导致被保险人受到损失的原因最为清楚，对于被保险人所遭受的损失的程度也是最早的见证人，承运人有可能是被保险人所遭受损失的直接责任者。所以，承运人有义务协助保险人对被保险人所遭受的损失进行调查。例如，承运人对于货物损失向收货人出具的货物运输事故记录，是保险人进行理赔工作的重要依据。

（3）限额赔偿义务。对于因承运人责任造成的被保险人的损失，承运人应当就与保险人约定限额以内的部分向被保险人赔偿。通常的做法是，先由保险人垫付，再由保险人向承运人追偿。例如，保险货物发生保险责任范围内的损失，如果依法或者按照约定应当由承运人或者其他第三人负责赔偿全部或者部分损失的，则保险人不再赔偿或者只赔偿其不足部分。如果被保险人提出赔偿要求，保险人也可以先予以赔偿，然后按规定代为追偿。

四、货物运输保险所承担的责任

国内道路货物运输保险包括基本险和综合险两大险别，其中，综合险是附属在基本险项下的险别。其保险责任、除外责任、责任起讫如下：

（一）保险责任

1. 基本险的责任范围

（1）因火灾、爆炸、雷电、冰雹、暴风、暴雨、洪水、地震、海啸；地陷、崖崩、滑坡、泥石流所造成的损失。

（2）由于运输工具发生碰撞、搁浅、触礁、倾覆、沉没、出轨或隧道、码头坍塌所造成的损失。

（3）在装货、卸货或转载时，因遭受不属于包装质量不善或装卸人员违反操作规程所造成的损失。

（4）在发生上述灾害、事故时，因纷乱而造成货物的散失及因施救或保护货物所支付的直接合理的费用。

2. 综合险的责任范围

综合险在基本险责任的基础上扩展了以下责任：

（1）因受震动、碰撞、挤压而造成货物破碎、弯曲、凹瘪、折断、开裂或包装破裂致使货物散失的损失。

（2）液体货物因受震动、碰撞或挤压致使所用容器（包括封口）损坏而渗漏的损失，或用液体保藏的货物因液体渗漏而造成保藏货物腐烂变质的损失。

（3）遭受盗窃或整件提货不着的损失。

（4）符合安全运输规定而遭受雨淋所致的损失。

（二）除外责任

由于下列原因造成保险货物的损失，保险人不负赔偿责任：

（1）战争或军事行动。

（2）核事件或核爆炸。

（3）保险货物本身的缺陷或自然损耗以及包装不善。

（4）被保险人的故意行为或过失。

（5）全程是公路货物运输的，盗窃和整件提货不着的损失。

（6）其他不属于保险责任范围内的损失。

（三）保险责任起讫时间

我国陆路货物运输保险责任的起讫期，是自签发保险凭证和保险货物运离起运地发货人的最后一个仓库或储运处所时起，至该保险凭证上注明目的地的收货人在当地的第一个仓库或储存处所时终止。但保险货物运抵目的地后，如果收货人未及时提货，则保险责任的终止期最多延长至以收货人接到到货通知单后的15天（以邮戳日期为准）。

五、保险费率和保险货物分类

（一）保险费率

在货物运输保险中，保险金额是保险人根据运输保单对保险标的所受损失给予补偿的最高金额。国内陆路货物运输保险的保险金额可以按货价确定，也可按货价加运杂费确定。

保险费率是保险人向投保人收取保险费的计算依据，通常用占保险金额的千分比来计算。保险金额与保险费率的乘积即为保险人应向投保人收取的保险费。

表6-1是中国人民保险公司国内货物运输保险费率档次情况。

表6-1　中国人民保险公司国内货物运输保险费率档次表

险别		300千米以上	300千米以下
基本险	一类货物	0.70	0.50
综合险	二类货物	1.5	1
	三类货物	3	2
	四类货物	5	4
	五类货物	7	6
	六类货物	10	8

（二）保险货物分类

国内货物运输保险的货物共有24大类、114项品种、500种物品，根据易损风险程度分类，依易损程度由低到高列为6类，同时规定相应的保险费率。

第一类货物主要有：煤炭、矿石、水泥制品、麻草织物、木材、竹炭、加工饲料、骨角甲壳等。

第二类货物主要有：石料制品、袋装水泥、普通机床、文化用品、普通中药、农用机械、有色金属、鱼粉、酱菜等。

第三类货物主要有：有色金属粉及制品、罐车煤油原油、普通农药、袋装粮食、电信设备、针织品、食糖糕点、行李家具等。

第四类货物主要有：桶装煤油、烈性农药、日用电器、钟表仪器、高级化妆品、管弦乐器、皮革及制品、酒类等。

第五类货物主要有：桶装汽油、压缩和液化气体、一般玻璃制品、一般陶瓷制品、石膏制品等。

第六类货物主要有：灯管、灯泡、高级陶瓷器、2千克以上的玻璃瓶装液体、高度精密仪器仪表、爆炸物品等。

以上货物属于国内货物运输保险可保财产。当这些财产遭受保险事故而受损失时，保险人负赔偿责任。

六、道路货物运输保险的索赔

保险货物发生保险责任范围内的损失时，货物运抵保险凭证及载明目的地的，收货人在当地的第一个仓库或储存处所时起，收货人应在10天内向当地保险机构申请理赔并会同检验受损的货物，否则保险人不予受理。

（一）索赔时效

对于货物运输保险，当事人要求索赔的时效为180天，即被保险人从获悉保险货物遭受损失的次日起，如果经过180天不向保险人申请赔偿，不提供必要的单证或者不领取应得的赔款，则视为自愿放弃权益。

（二）申请索赔时应提供的单证

（1）保险凭证、运单（货票）、提货单、发货票。

（2）承运部门签发的货运记录、普通记录、交接验收记录、鉴定书。

（3）收货单位的入库记录、检验报告、损失清单及救护货物所支付的直接费用的单据。

（三）赔偿金额的确定

保险方对于因保险责任造成的损失和费用，在保险金额范围内按实际损失赔偿，对被保险方为避免和减少保险财产的损失而进行的施救、保护、整理和诉讼费用也应负责偿付。计算货物运输保险的赔偿金额时，要区分足额保险和不足额保险两种情况。

（1）足额保险。保险金额按货价或按货价加运杂费确定的属足额保险。在足额保险的情况下，保险人按实际损失赔偿，但最高赔偿额以保险金额为限。

①按货价确定保险金额的，保险人根据实际损失按起运地货价计算赔偿。

② 按货价加运杂费确定保险金额的，保险人根据实际损失按起运地货价加运杂费计算。

（2）不足额保险。保险金额低于货价的，属于不足额保险。不足额保险的货物，只能根据实际损失按比例赔偿，所发生的施救费用也按比例赔偿。其计算公式为：

$$赔偿金额 = 损失金额 \times 保险金额 \div 起运地货物实际价值$$

$$或赔偿金额 = 损失金额 \times 损失程度$$

$$应赔偿施救费用 = 施救费用 \times 保险金额 \div 起运地货物实际价值$$

货物发生保险责任范围内的损失，如果根据法律规定或者有关约定，应当由承运人或其他第三者负责赔偿一部分或全部损失的，被保险人应首先向承运人或其他第三者索赔。如被保险人提出要求，保险人也可以先予以赔偿，但被保险人应签发权益转让书给保险人，并协助保险人向责任方追偿。

保险货物遭受损失后的残值，应充分利用，经双方协商，可折价归被保险人，并在赔款中扣除。

（四）赔偿时效

保险人在接到上述索赔单证后，应当根据保险责任范围，迅速核定是否赔偿，赔偿金额经保险人与被保险人达成协议后，应在 10 日内赔付。

当被保险人与保险人发生争议时，应当实事求是，协商解决，双方不能达成协议时，可以提交仲裁机关或法院处理。

货运事故及
纠纷处理

实训目标：

1. 能够完成处理一次货物运输事故的训练。

2. 能够通过实际事故处理，正确划分运输当事人的责任、权利和义务，并完成货运事故的处理工作。

3. 能够掌握货运纠纷解决方法。

环境要求：

1. 能够容纳 80 人的计算机教室一间。

2. 需要能够上网的计算机 80 台，计算机装有办公软件。

3. 需要投影仪及配套设备一部。

4. 需要白板、马克笔等资料若干。

内容描述：

作为三友物流公司运输事故处理员王立为，请对这起货运事故进行处理，提出解决办法并撰写事故分析处理报告。

同步测试

一、单选题

1. 综合险的责任范围为（　　）。

    A. 战争或军事行动

    B. 符合安全运输规定而遭受雨淋所致的损失

    C. 保险货物本身的缺陷或自然损耗以及包装不善

    D. 被保险人的故意行为或过失

2. 国内货物运输保险货物共有（　　）大类。

    A. 30　　　　　B. 28　　　　　C. 26　　　　　D. 24

3. 承运人的义务包括（　　）。

    A. 及时提货　　　　　　　　B. 及时验收

    C. 支付运费和保管费　　　　D. 货物毁损、灭失的处理

4. 承运人责任包括（　　）。

    A. 逾期运送责任

    B. 错用包装、储运图示标志

    C. 货物包装不符合标准，包装、容器不良，而从外部无法发现

    D. 错报、匿报货物的重量、规格、性质

二、多选题

1. 根据我国《汽车货物运输规则》，承运人的责任免除条件是（　　）。

    A. 不可抗力

    B. 包装内在缺陷，造成货物受损

    C. 包装体外表面完好而内装货物毁损或灭失

    D. 货物本身的自然性质变化或者合理损耗

    E. 托运人违反国家有关法律、法规，致使货物被有关部门查扣、弃置或做其他处理

2. 货运纠纷包括（　　）几大类。

    A. 货物灭失纠纷　　　　B. 货损、货差纠纷　　　　C. 货物延迟交付纠纷

    D. 货物本身的自然性质变化或者合理损耗纠纷　　　　E. 单证纠纷

3. 解决货运纠纷的途径有（　　）。

    A. 当事人自行协商解决　　　　B. 调解　　　　C. 仲裁

    D. 诉讼　　　　E. 利益受损方退让

4. 保险单的格式分为（　　）。

    A. 保险单　　　　B. 保险凭证　　　　C. 预约保险单

D. 保险通知单　　　　　E. 保险确认函

5. 基本险的责任范围有（　　）。

   A. 因火灾、爆炸、雷电、冰雹、暴风、暴雨、洪水、地震、海啸、地陷、崖崩、滑坡、泥石流所造成的损失

   B. 由于运输工具发生碰撞、搁浅、触礁、倾覆、沉没、出轨或隧道、码头坍塌所造成的损失

   C. 在装货、卸货或转载时，因遭受不属于包装质量不善或装卸人员违反操作规定所造成的损失

   D. 液体货物因受震动、碰撞或挤压，致使所用容器（包括封口）损坏而渗漏的损失，或用液体保藏的货物因液体渗漏而造成保藏货物腐烂变质的损失

   E. 在发生上述灾害、事故时，因纷乱而造成货物的散失及因施救或保护货物所支付的直接合理的费用

三、简答题

1. 说出货运事故的含义。货运事故和违约行为发生后当事人各方应做好哪些工作？
2. 有关货运事故赔偿数额的具体规定有哪些？
3. 简述货物运输保险的含义及特征。

四、案例分析题

某汽车运输公司承运了一批包装完好的货物，承托双方签订了运输合同。货名为宣纸，运输期限为4天，运费8 000元。在货物运输途中因大雨造成路阻，司机请示公司后，改道行驶，由于改道多增加运费2 000元。运达目的地时，已经延误了2天，交货时又发现5包货物因淋雨损坏，其中一包货物中夹装有古画10幅，也造成损坏。损坏货物的价值为3 000元，古画价值为15万元。由于货物延误造成托运人间接损失30万元。此时，托运人提出了索赔要求，承运人也提出了增加运费的要求。请根据有关规定，正确处理此项货运事故。

1. 按有关规定，由于自然因素改道增加的运费2 000元，应由（　　）。

   A. 托运人承担　　　　　B. 承运人承担

   C. 承托双方共同承担　　D. 运输合同管理机关调解处理

2. 因淋雨损坏的5包货物，价值3 000元部分，（　　）。

   A. 由承、托双方协商解决　B. 由承运人负责赔偿

   C. 由于自然因素承运人不赔偿　D. 承、托双方平均分担

3. 由于运输期限的延滞，造成托运人间接经济损失30万元，其责任（　　）。

   A. 由承运人承担　　　　B. 承运人不承担

C. 承、托双方承担　　　　　　D. 由仲裁机关仲裁

4. 货物中夹装的古画损失15万元，其责任（　　）。

   A. 由承运人承担　　　　　　B. 由托运人承担

   C. 需要管理部门仲裁　　　　D. 由承、托双方协商解决

5. 通过此次货运事故，公司应该在今后的管理工作中，（　　）。

   A. 及时掌握可能出现的各种情况，搞好准备工作

   B. 做好理货、验货、途中保管等质量工作

   C. 进一步签订运输合同

   D. 做好货物包装、装卸等工作

第七章 货物运输成本控制

【知识目标】

- 完成运输成本含义及运输成本分类、影响运输成本的因素、关键运输成本项目及运输成本控制方法等专业知识的学习以及相关的训练
- 完成运输成本核算的基础工作、运输成本核算程序及运输成本的计算、运输成本核算表的编制等专业知识的学习。完成相关操作作业技能的训练和作业流程设计的训练

【技能目标】

- 完成运输成本因素分析及运输成本控制策略方案训练,能够正确制定运输成本控制策略
- 能够基本完成各项运输成本的计算工作,能够对成本变动原因进行简单分析

【素养目标】

- 增强降本增效意识,节约资源、降低消耗、减少污染、提高运输效率
- 在实践中能进行运输成本控制和分析,持续为企业、国家、社会做贡献,提高社会责任感

【引例】

某物流企业财务部门发现,近期有几项运输成本较往常有增加的趋势,于是将情况通告公司运输部门,物流经理要求运输主管对近期的运输业务费用支出情况进行核算与分析,并提交总结报告,提出整改方案。

引例分析

随着科技进步和经济发展,物流市场竞争的不断深化和加剧,物流企业为了赢得竞争的主动权,就必须关注自身的核心能力建设,提高资源配置的效率,拥有比竞争对手更低的成本、更快的速度、更好的服务。而通过物流成本控制,特别是对运输成本的控制(运输成本是物流总成本中最大的支出项目),无疑是建立这种竞争优势的关键。

运输企业基层是成本中心,运输主管及运输物流员的工作任务之一就是想办法控制各项成本支出。因此,基层运输管理人员,不仅要熟悉本企业的运输生产作业流程,还要知道运输成本的构成、运输成本费用项目及特点、影响运输成本的因素。在进行成本核算的基础上,根据企业运输任务的实际情况,制定运输成本控制策略并具体实施。

第一节　运输成本控制策略制定

一、运输成本概述

（一）运输成本的含义

运输成本是指企业对原材料在制品以及成品的所有运输活动所产生的费用，包括直接运输费用和管理费用。

（二）运输成本的意义

运输生产过程是物流企业经营活动的中心环节。运输活动不创造实物产品，而是提供运输劳务，使物资发生位移。对物流运输成本进行管理与核算，必须确定物流成本核算项目，做好成本核算的各项基础工作，这样才能进行物流成本的核算管理与控制。

现代物流的一个重要组成部分是运输，运输成本在物流中占有相当大的比重，因而对运输成本进行科学分析，采用科学方法进行成本控制，就显得尤为重要。

二、运输成本的分类

根据《企业会计准则》的规定，根据运输生产消耗的实际情形，运输成本项目可划分为以下几部分。

（一）直接人工

这是指支付给营运车辆司机和助手的工资。包括司机和助手随车加入本人所驾车辆颐养和修理作业期间的工资、工资性津贴、生产性奖金，以及按营运车辆司机和助手工资总额的14%计提的职工福利费。

（二）直接资料

1. 燃料

燃料指营运车辆运行过程中所耗用的各种燃料，如营运过程中耗用的汽油、柴油等燃料（卸车时所耗用的燃料也包括在内）。

2. 轮胎

轮胎指营运车辆所耗用的外胎、内胎、垫带、轮胎翻新费和零碎修补费用等。

（三）其他直接费用

1. 保养修理费

保养修理费指营运车辆进行各级保养及各种修理所产生的料工费（包含大修理费用计提额）、修复旧件费用和行车耗用的机油、齿轮油费用等。采取总成互换保修法的企业，保修部分领用的周转总成、卸下总成的价值及卸下总成的修理费也包括在内。

2. 折旧费

折旧费指按规定计提的营运车辆折旧费。

3. 其他费用

其他费用指不属于以上各项目标，与营运车辆运行直接有关的费用。包括车管费（指按规定向运输管理部门交纳的营运车辆管理费）、行车事故损失（指营运车辆在运行过程中，因行车事故发生的损失。但不包括非行车事故发生的货物损耗及由于不可抗力造成的损失）、车辆牌照和检验费、保险费、车船应用税、洗车费、过桥费、轮渡费、司机途中住宿费、行车杂费等。

（四）营运间接费用

这是指车队、车站、车场等基层营运单位为组织与管理营运进程所发生的，应由各类成本组成的治理费用和营业费用，包括工资、职工福利费、劳动维护费、取暖费、水电费、办公费、差旅费、修理费、保险费、设计制图费、实验检验费等。

三、影响运输成本的因素

（一）运输量对运输成本的影响

运输量是影响运输成本最重要的因素，运输量越大、单位运输成本就越低。运输成本由固定成本和变动成本组成。固定成本包括运输设备和工具等固定资产折旧、业务人员和管理人员的工资等。固定成本一般不受运输活动变化的影响，不随运输量改变而变化，相对比较固定。但费用水平随物流量的变化呈反比例关系，即物理量增加时，费用水平（单位固定成本）下降。变动成本是从事运输时发生的费用，如燃油费、维修费、运输人员的补贴等，与具体的运输活动直接相关。它们随物理量的变化而变化。运输量越大，费用就越高。运输的变动成本一般与运输量的增减成正比，即物理量增加时，物流的绝对值也随之增加，反之则减少。但它们的物流成本水平（即占物流成本数量的百分比）相对比较固定。若不考虑两端的装卸费，其相互的关系可用以下公式表示：

$$H = (a/n + b/n) \div s$$

H 表示单位距离的单位运输量的成本，a 表示固定成本，b 表示变动成本，n 表示运输量，s 表示运输距离。

在公式中，总固定成本 a 不随运输量的改变而变化，变动成本 b 随运输量 n 的改变成正比例的增加或降低。假设运输距离 s、每单位运输量 b/n 的变动成本不变，则每单位运输量的固定成本 a/n 随运输量 n 的增加而降低，单位距离的单位运输量 H 的成本也随之降低。

由此表明，在运输活动中，固定成本随运输量的增加而被分摊。在固定资产规模不变的情况下，可以认为固定成本在一定时间内是保持不变的，运输量越大，单位运输量的固定成本越小，单位运输成本随之下降。这就是运输的规模经济效益。因此，在运输活动中，应尽量使运输工具在允许的载重量下满载，提高运输量，降低运输成本。单位重量成本与载重量的关系见图 7—1。

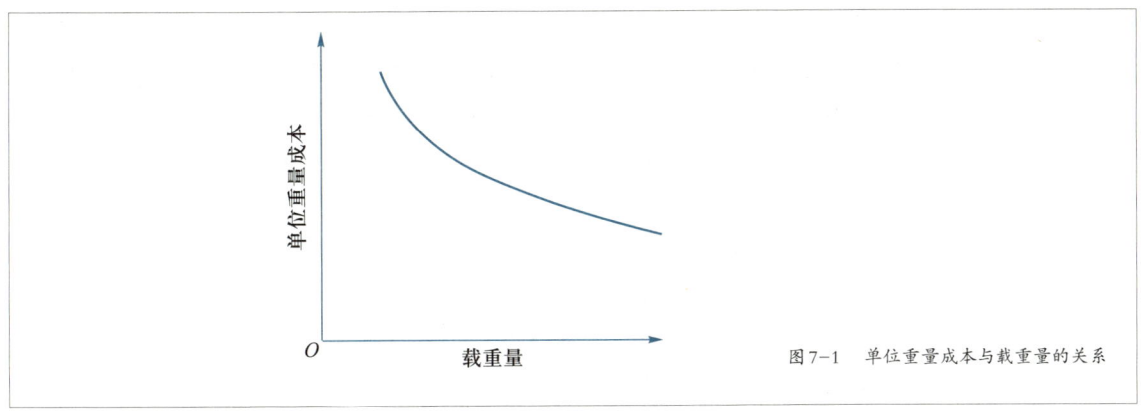

图7-1　单位重量成本与载重量的关系

（二）运输距离对运输成本的影响

运输距离是影响运输成本的主要因素，一方面，运输距离的增加，会使运输总成本上升，因为它直接影响燃料费、维修保养费用和运输人员的补贴费等费用的变化。另一方面，随着运输距离的增加，单位距离的运输成本随之降低。在 $H=(a/n+b/n)\div s$ 中，a 不随运输距离的改变而变化，变动成本一般与运输距离的变化成正比。假设 n、$b/n\div s$ 不变，则 $a/n\div s$ 随 s 的增加而降低，H 也随之降低。由此可知，单位运输距离的成本是随着运输距离的增加而减少的，运输距离越长，被分摊到每单位距离的固定成本就越少，从而运输成本越低。这就是运输距离的经济效益，即短距离的运输比长距离的运输成本高。所以企业在进行运输活动时，应延长长距离的干线运输，缩短短距离的终端运输，减少运输成本，增加企业效益。

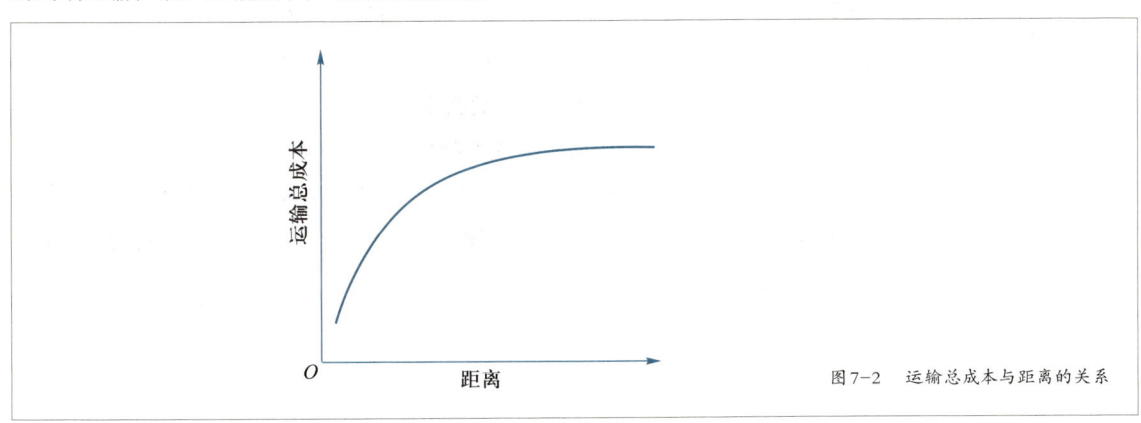

图7-2　运输总成本与距离的关系

（三）运输方式对运输成本的影响

不同的运输方式对运输成本的高低影响很大。总的来说，空运成本最大，水运成本最低。这与每种运输方式的固定成本、管理费用和载重量有关。空运中，购买飞机和相关设备的费用极大，每年运输设备和工具等固定资产的折旧很大，业务人员和管理人员的工资也很高，因此空运的固定成本很大。但每架飞机的载重量却很小，如波音747全货机最多只能装100多吨，所以单位运输量的固定成本就大。水运虽然购买船舶和相关设备的费用很大,每年运输设备和工具等固定资产的折旧也很大、业务人员和管理人员的工资很高,固定成本也很大。但每艘船舶的载重量很大,少则几万吨,多则几十万吨,单位运输量的固定成本就小。在 $H=(a/n+b/n)\div s$ 中,a 不随运输量的改变而变化,运输的变动成本一般与运输量的变化成正比。假设 s、b/n 不变。空运时,a 值大,而 n 值小,所以 a/n 大,即被分摊到每个单位运输量上的固定成本就大,H 也随之变大。水运时,a 值大,n 值也大,所以 a/n 小,也就是说,被分摊到每单位运输量的固定成本就小,H 也随之变小。所以水运的运输成本小于空运的运输成本。同理可分析出铁路运输成本小于公路运输成本。因此企业在运输货物时,应根据货物的特性和客户对时间的要求,选择相应的运输方式,使运输成本降低。

(四)货物密度对运输成本的影响

货物密度是指货物重量与体积之比。货物密度是把货物重量与空间的因素结合起来考虑运输成本。通常,密度小的货物每单位所占的运输成本比密度大的货物要高。在重量和空间方面,单独一辆运输卡车更多受到空间的限制,而不是重量的限制。即使该货物很轻,车辆一旦装满,就不可能再增加装运的数量。如货物重量是5吨,密度是1∶3,体积是15立方米。运输卡车最大载重量是6吨,载货空间是12立方米。需要用2辆卡车运输。在 $H=(a/n+b/n)\div s$ 中,假设 n、s 不变,a、b 分别增加一倍,$2a/n+2b/n$ 大于 $a/n+b/n$,即每单位运输量的固定成本和变动成本分别增加一倍,H 也会增加一倍。同样运输卡车最大载重量是6吨,载货空间是12立方米,如货物重量是5吨,密度是1∶1,体积是5立方米。在装完此货物后,还能再装其他货物1吨。在 $H=(a/n+b/n)\div s$ 中,a 不随运输量的改变而变化。假设 b、s 不变,则 $a/n+1+b/n+1$ 小于 $a/n+b/n$,即每单位运输量的固定成本和变动成本随运输量 n 的增加而减小,H 将降低。所以运输的货物密度大,相对可以把固定成本分摊到增加的数量上,使单位货物承担的运输成本降低。货物密度越大,运输成本分摊到单位重量就越小,因此增加产品的密度一般可以降低运输成本。企业在运输货物时,应根据货物的密度进行搭配,把多种货物混装,进行相互嵌套,充分利用运输工具的空间,降低运输成本。

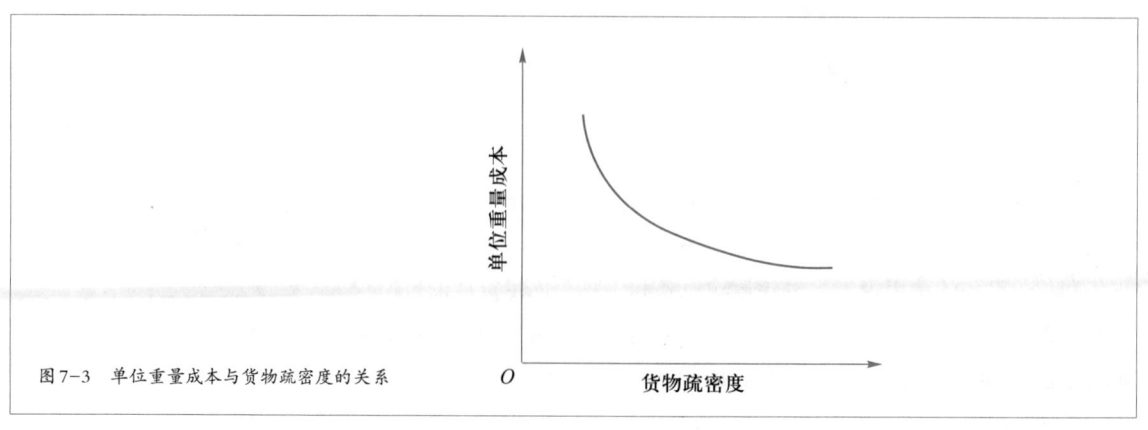

图7-3 单位重量成本与货物疏密度的关系

（五）运输服务水平对运输成本的影响

第一，在运输服务水平较低的情况下，运输服务水平越高，运输成本越大。要提高运输服务水平，购买先进的运输工具和运输设备，要拥有优秀的业务人员，需要投入大量的资金。使总固定成本增加，从而引起运输成本上升。在 $H=(a/n+b/n)\div s$ 公式中，假设 n、s、b/n 不变。a 增加，则 a/n 随 a 的增加而增加，H 也随之增加。

第二，由于运输服务水平与运输成本呈非线性关系，当运输服务达到一定水平时，即使投入大量的成本，服务水平提高得也会很缓慢，甚至不再提高。所以企业应在保持一定服务水平不变的情况下，降低运输成本。

（六）市场因素对运输成本的影响

市场因素主要是由于市场变动引起的，如往返程货物是否平衡、燃油费、装卸费增加等。首先，运输的起点和终点相向运输的货物是否平衡，必然会引起运输成本的增减。如果往返程货物不平衡，会出现返回空载的现象，造成运力的浪费，使运输成本增加。如运输工具往返程满载时，在 $H=(a/n+b/n)\div s$ 中，a 不随运输量改变而变化，假设 s、b 不变，而运输量是 $2n$，此时 $a/2n+b/2n$ 小于 $a/n+b/n$。即 a/n 和 b/n 随着 n 的增加而降低，H 也随之下降。所以企业在运输活动中，应和其他企业进行联合运输，保持往返货物的平衡，降低运输成本。其次，市场上的燃油费等费用增加或减少也会影响运输成本的高低。如燃油费增加值为 c，在 $H=(a/n+b/n)\div s$ 中，假设运输量 n、运输距离 s、固定成本 a 不变。变动成本是 $b+c$，则 $(b+c)/n$ 大于 b/n，这时，单位运输量的变动成本增加，H 也随之增加。

（七）转运对运输成本的影响

在货物运输时，两端的装卸费用要计算进运输成本。在直达运输时，装货和卸货只有运输的两端各一次。但在转运时，中途需要装卸，运输成本随转运的次数增加而增加。假设装货费用为 c、卸货费用为 d、运输量为 n。在运输量不变的情况下，直达运输时，每单位运输量的装卸费用是 $(c+d)\div n$。如转运一次，每单位运输量的装卸费用是 $2(c+d)\div n$。转运一次时，每单位运输量的装卸费用是直达运输时的2倍。即在运输时，其他成本不变，转运时的运输成本比直达运输时的成本大。所以企业在进行货物运输活动中，应尽量采用直达运输，减少货物转运。

在实际运输活动中，以上因素可能会同时产生影响，托运人、承运人和企业的物流人员必须根据以上因素对运输成本影响程度的大小，合理安排运输，降低运输成本，提高企业的经济效益。

四、道路运输成本的特征

道路运输的固定成本是所有运输方式中最低的，而卡车运输的可变成本很高，因为道路建设和道路维护成本都以燃油税、养路费、道路收费、吨千米税的方式征收。汽车运输业的成本结构包括较高的可变成本和较低的固定成本。70%～90%的成本是可变的，10%～30%为固定的，道路系统的公共投资是形成这种低固定成本结构的主要原因。

（一）道路成本差异大

我国是一个幅员辽阔，地形、地貌状况相差悬殊，自然条件千差万别，经济发展水平参差不齐的大国，这使各地在汽车运输成本方面存在着较大的差异。反映在客、货运输单位成本上，有的甚至相差几倍。因此，在制定汽车运价时，应充分考虑各地区成本差异的特点，汽车运价的制定，应以同类地区汽车运输社会平均成本作为主要依据。

（二）道路道桥收费对汽车运输成本的影响大

1984年以来，国家制定了"贷款修路、收费还款"的公路建设经营方针，在道路主干线车流密集区段出现了"收费公路"，车辆通行费成为运输成本的重要组成部分。但由于路桥收费目前缺乏严格的归口管理，收费行为不规范，给用户核算运输成本带来了困难，在一定程度上已经影响到我国公路运输事业的发展。

（三）道路运输社会平均成本的区域性特点

由于各地的情况差别较大，道路运输实际上是以区域性社会平均成本作为制定运价的依据。这是由汽车运输的经营规模和经济运距两个因素决定的，也是公路运输成本与其他运输方式运输成本的不同之处。

五、运输成本控制策略

运输成本控制是指根据计划和控制过程中发生的各种耗费进行计算、调节和监督的过程，同时也是一个发现薄弱环节，挖掘内部潜力，寻找一切可能途径降低成本的过程。科学地组织实施成本控制，可以促进企业改善管理水平，提高服务水平，使企业在市场竞争的环境下生存、发展和壮大。同时，成本控制还可以协调企业各部门的关系，达到各个子系统的协调统一。

（一）强化运输成本的核算和考核

要树立现代物流理念，引进先进的物流运输管理和优化方法，结合企业自身实际，寻找改善运输管理、降低运输成本的最佳途径。健全物流管理体制，建立物流运输管理专职部门，实现物流管理的专门化。应用物流作业成本法（物流ABC），把反映物流运输成本的数据从财务会计的数据中准确剥离出来，统一企业成本计算的口径。在提高物流服务水平的同时，加强预算管理，强化成本管理意识，实行定额管理和目标成本管理，进行成本控制目标分解，明确责任，实现责、权、利结合，加强成本核算和考核。

（二）增强全员的物流成本意识

运输成本占物流总成本和销售额的比例较大，凸显了运输成本管理的重要性。对运输成本的控制并不是哪个或哪几个部门、哪几个工作人员或哪几个工作岗位就能完成的，而是需要以物流管理部门为主导，物流运输和整个物流功能环节及所涉及的各个部门、所有人员的共同配合，科学规划和协调，做到人人关心成本管理，全员参与成本控制，共同降低物流运输成本和物流总成本。

（三）提高企业物流运输管理水平

运用系统观点不断优化运输资源配置，提高管理技术和手段的运用，提高企业运输管理水平，树立物流战略成本管理的理念，追求整个供应链、整个流通过程物流运输成本的最小化，不断发掘运输成本降低的潜力，持续降低物流运输成本水平。

（四）消除运输中的不合理现象

物流运输不是一个孤立的环节，在组织运输时，要对运输活动及涉及的其他环节科学规划，统筹安排，尽量压缩不必要的环节，减少个别环节所占用的成本。对有条件直运的，应尽可能采取直达运输，减少二次运输。同时，更要消除涉及隐含运输、迂回运输、重复运输、过远运输等不合理现象。

（五）合理选择运输方式，提高运输效率

（1）合理选择运输工具。在目前多种运输工具并存的情况下，必须注意根据不同货物的特点及对物流时效的要求，对运输工具所具有的特征进行综合评价，以便做出合理选择运输工具的策略，并尽可能选择廉价运输工具。

（2）合理选择运输方式。要合理组织多式联运。采用零担凑整、集装箱、捎脚回空运输等方法，扩大每次运输批量，减少运输次数。采用合装整车运输、分区产销平衡合理运输、直达运输、"四就"直拨运输等合理运输形式，有效降低运输成本。

（3）提高运输工具技术装载量。改进商品包装，改善车辆的装载技术和装载方式，对不同的货物进行搭配运输或组装运输，使同一运输工具装载尽可能多的货物，最大限度地利用运输工具的装载吨位，充分使用装载容积，提高运输工具的使用效率。对有条件的货物，开展托盘运输。

（六）科学设计运输网络，实现优化运输

在运费、运距及生产能力和消费量都已确定的情况下，可充分运用运筹学、管理数学中的线性和非线性规划技术、网络技术等解决运输的组织问题，制订科学合理的运输计划和方案；运用"送奶线路"、定制化运输等方法和手段，合理设计运输网络；运用GPS、GIS等先进技术，对运输活动及过程进行跟踪、监控和调度，实现对车辆和线路的优化、结点配送的优化等功能，也可以进一步提高运输效率，提高安全性，减少损失，降低成本。

配送是运输在功能上的延伸，主要服务于支线运输。通过效率化的配送，提高物流规模效益，实现共同配送也可以降低物流运输成本。选择最佳配送手段，实现车辆运行的效率化，从而降低配送成本。同时也提高了供应保证程度，降低了库存成本，进而降低了物流总成本。

（七）运用现代化的物流信息系统控制和降低物流运输成本

现代物流的开展离不开现代化的物流信息系统。信息技术的关键在于提高信息的收集、处理、传播速度以及信息的准确性，实现信息的共享，有效减少冗余信息传递。通过运输管理系统（TMS）和其他管理信息系，实现有效对接，可使运输环节作业或业务处理准确、迅速；也有利于建立起物流经营统一战略系统，通过信息系统的数据汇总，进行预测分析，控制和降低物流成本；同时可以做到与用户需求信息资源的共享，应对可能发生的各种需求，及时调整运输计划，避免无效作业，减少作业环节，消除操作延迟，从而在整体上控制物流运输无效成本发生的可能性。

（八）通过整合运力，促进资源优化配置，降低运输成本

企业内部各部门间的壁垒、企业之间的壁垒、区域壁垒会造成的物流运输资源浪费现象和对效率的影响。企业内部实现信息化管理，企业间尝试通过综合信息平台的建立，加强横向沟通和信息共享，改变以往相对封闭的状态和"各自为政""小而全"的运作方式，共享资源，实行物流外包。这样可以减少企业间的重复建设所造成的资源浪费、效率低下等现象，优化社会和企业资源配置，减少企业投资，降低运输成本。

（九）通过提高物流运输服务质量，降低运输成本

加强物流运输服务质量管理，是降低物流运输成本的有效途径。不断提高物流质量，可以减少和消灭各种差错事故，降低各种不必要的费用支出，降低物流运输过程的消耗；可以保持良好的信誉，吸引更多的客户，形成规模化、集约化经营，提高效率，从根本上降低物流运输成本。

（十）加强物流运输管理和操作人才的培养

党的二十大报告指出：加快建设国家战略人才力量，努力培养造就更多大师、战略科学家、一流科技领军人才和创新团队、青年科技人才、卓越工程师、大国工匠、高技能人才。人才是企业最重要、最有活力、最宝贵、最能给组织带来效益的资源，决定着其他资源功能的发挥，是一种潜在效益。物流企业要发展，要实现现代化物流，就必须重视物流人才队伍的建设。通过内部培养和外部引进的方式，培养人才、使用人才、留住人才。通过人才掌握的先进知识、理念、技术、努力工作，实现物流运输活动的优化、效率的提高和成本的降低。

六、关键运输成本项目的控制

（一）运输商运输成本考虑的因素

1. 与运输工具相关的成本

这是指运输商购买或者租赁运输工具所发生的成本。这项成本不论运输工具使用与否都会产生。运输商在短期运营决策中把它当作固定成本，但当制定长期战略或中期计划时，这些成本是可变的，购买或者租赁运输工具的数量，是运输商要做出的一个选择。与运输工具相关的成本是与购买和租赁运输工具的数量成比例的。

2. 固定运营成本

这项成本包括任何与运输枢纽建设成本、机场建设成本及与运输是否发生无关的劳动力成本。很明显的例子是，货运终点站和机场的建设。这些成本与进入终点站的货车数量或使用机场的飞机数量无关。如果司机的工资与其出车安排无关，则其工资也应当计入该项成本。对于运营决策来说，这项成本是固定的，对涉及设施选址、设

施规模的规划和战略决策而言,这项成本是可变的。此外,固定运营成本通常与运营设施的规模成正比。

3. 与运距有关的成本

一旦运输工具投入运行,此项成本就发生了,它包括劳动力报酬和燃料费用。顾名思义,与运距相关的成本与运输路途长短、运输持续时间是相关的,与运输产品的数量无关。在进行战略或规划决策时,此项成本被视为变动成本,在做出影响运距和运输持续时间的经营决策时,此成本也是可变的。

4. 与运量有关的成本

此项成本包括货物装卸费用以及与运量有关的燃料费用。在运输决策的过程中,这些费用通常是变动的,除非装卸货物的劳动力成本是固定的。

5. 运营成本

这项成本包括设计、安排运输网络的费用以及任何有关的信息技术投资。当运输商公司投资一种有助于管理者进行运输线路决策的线路规划软件时,对软件的投资以及软件维护、操作的费用就属于运营成本。航运公司则要将飞机和机组人员工作日程安排、成本和线路规划费用计入运营成本。

运输商的大部分成本与运输工具的运量无关,而取决于运输线路设计与运输工具安排,运输商应当在战略和规划决策时,将上述所有成本视为可变的;而在运营决策时,把大多数成本看作固定不变。

运输商的成本决策控制还受到以下两个因素的影响:一是对目标市场的迅速反应能力;二是市场能承受的价格。

(二)厂家运输成本考虑的因素

厂家运输成本考虑的因素包括:运输网设计、运输工具选择,以及对不同客户采取不同的运输方式。厂家的目标是,在以承诺的速度满足客户需求的同时,使总成本最小化。厂家进行决策和控制时,必须考虑到以下成本。

1. 运输成本

这包括为将货物运送到消费者手中而向不同运输商支付的总费用。这项成本主要取决于不同运输商的报价,以及厂家选择的运输方式,即选择廉价但较慢的运输方式,还是选择高价但较快的运输方式。当运输商独立于厂家时,运输成本就是可变的。

2. 库存成本

这是指在厂家的供应链网络中,保管库存货物所耗费的成本。库存成本在短期运输决策中是不变的,而在设计运输网络或制定运营策略时,这项成本则是变化的。

3. 设施成本

这是指厂家供应链网络中的各种设施成本。设施成本只有供应链管理者在做出战略规划决策时才是可变的,而在进行其他运输决策时,均被视为固定的。

4. 作业成本

这是进行货物装卸及其他与运输相关的作业所带来的成本。在所有的运输决策中，此项成本都被视为可变的。

5. 服务水平成本

这是在没有完成货物运送义务时所承担的费用。在某些情况下这项费用可能在合同中详细列明，而在其他情况中，则表现为客户的满意程度。在进行战略、规划和运营决策控制时，都应当考虑此项成本。

在进行运输决策控制时，厂家应权衡以上各项成本。厂家的运输成本决策控制还会受以下两个因素的影响，即它所需要满足的客户对反应灵敏度的要求和它从不同商品和服务中得到的利润。

第二节　货物运输成本核算

一、道路运输成本核算

（一）成本核算

成本核算是根据确定的成本计算对象，采用相适应的成本计算方法，按照规定的成本项目，通过一系列费用汇集与分配，计算出成本计算对象的实际总成本和单位成本。成本核算可以如实地反映运输过程中的实际耗费，也是对各种费用实际支出的控制过程。

（二）运输成本核算的意义

经济核算是以价值形式作为主要计量形式的，对运输企业的生产经营活动及其结果按其责任单位或责任人进行全面考核，计算其经济效果，以此界定企业内部各生产环节乃至个人的经济责任，并给予相应的物质奖罚，力求以相对少的资源耗费取得相对多的经济效果的一种管理活动。实行经济合算的意义是：

1. 符合客观经济规律的要求

任何节约，归根到底是时间的节约，这是所有社会形态的客观规律。节约劳动时间消耗，固然是节约了劳动者的时间，节约物质消耗同样是节约了物化的劳动时间。为了在企业的生产经营活动中，尽可能地节约活劳动和物化劳动，就必须实行经济核算制，促使企业的劳动时间消耗量低于社会必要劳动时间消耗量，以取得更好的经济效果。

2. 有利于提高企业管理水平

企业实行经济核算制，就必须全面加强企业管理工作，不断改善生产经营工作中的薄弱环节，并通过经济活动分析，探索改进的途径，达到预期的经济目标。

3. 能够有效地调动企业和职工生产经营的积极性

国家根据责、权、利相结合的原则以及按劳分配原则，规定企业盈利在国家、企业、职工三者之间合理分配的政策，这就促使企业和全体职工不断寻求降低成本、增加盈利的途径，而经济核算工作则是达到这一目的的有效手段。

二、企业实行成本核算的必备条件

（一）加强基础工作

开展经济核算的必备条件之一就是要做好各项定额的制订工作，健全原始记录保存、计量和指标考核制度。

各项定额（劳动定额、消耗定额、资金占用定额等）是经济核算的重要依据，定额保守、落后，就失去了开展经济核算的意义。但是，即使制定了先进合理的定额，如未能严格执行，或原始记录不完善、不及时，同样也不能进行真正的经济核算。计量工作是实行经济核算必不可少的基础。例如，劳动时间的计量应有明确的划定标准和计算口径，各种物料消耗的计量必须做到准确无误。为了考核各生产环节、各工作岗位开展经济核算的情况，必须有一套符合企业实际情况并便于群众计算和监督的考核指标。

（二）建立和健全各项规章制度

开展全面经济核算，必须在企业内部建立一系列科学合理的规章制度。企业必须在生产、经营、调度、劳动、人事、物资、财务等各方面建立和健全各项规章制度，保证企业内任何工作都有章可循，有制度可依。

（三）全面实行经济责任制

经济责任制是开展经济核算的保证，是利用一定的经济手段促使企业的每个职工严格履行岗位职责并按照规定的定额和质量超额完成其工作量的一种企业内部经济制度。

经济责任制要求企业的每个工作岗位都要以不同的形式对企业承包完成某些指标，并以经济机制作为强制手段。这是开展经济核算不可缺少的必备条件。

三、成本核算的指标体系

成本核算工作，由于其本身的需要，必须建立起一套能满足核算要求的指标体系。在这个体系中，一些指标是企业各职能部门在业务工作中的常用指标，此外还可以根据本企业情况，适当规定一些内部使用的考核指标。企业经济核算的指标体系大体上可以按下列标志划分：

（1）消耗类指标，如车辆千米燃料消耗、大修费用、小修材料费等。

（2）占用类指标，如年末车数、平均车数、平均职工人数等。

（3）成果类指标，如客货运量、周转量、交通工业总产值、利润总额等。

（4）效率类指标，如全员劳动生产率、工作率、工时利用率、流动资金周转率、台时利用率等。

四、成本核算的技术方法

（一）会计核算

会计核算是经济核算工作中的一种重要方法。由于经济核算是核算企业生产经营活动的经济效果，最终要反映出企业实现的利润总额，因而会计在整个核算中具有相当的重要性。

会计核算是以货币（价值）作为统一计量尺度的，对企业生产经营活动进行反应和监督，它通过设置账户和会计科目、填制凭证、记账、算账等一系列的方法，对生产经营活动进行连续、系统、全面的核算。但是，会计信息只限于货币这种计量形式，因而对某些经济活动，如工时利用率、工作率等指标，就无法反映和计算，而必须采用其他核算方法。

（二）统计核算

统计核算是指运用统计方法反映和分析企业生产经营活动的方法。统计核算所使用的计量单位比会计核算所使用的计量单位更为广泛（会计核算主要以价值为计量单位，统计核算可用价值、实物、时间等作为计量单位）。它通过原始记录进行汇总、整理、归纳、分析，借以反映企业生产经营活动的变化和发展规律，并借助统计特有的方法（典型调查、抽样调查、统计分组等）研究和分析当前的生产经营状况，并预测今后的发展趋势。所以，统计核算不仅为企业各级核算提供当期经过整理得到的经济资料，而且可以为企业领导层提供决策依据。因此，在核算工作中，必须加强各级统计资料的基础工作。

（三）业务核算

业务核算是企业各业务部门对自己部门各项业务的记录和计算。它是会计核算和统计核算的基础。业务核算范围比会计核算、统计核算的范围更为广泛，它不仅可以对当前正在进行的业务加以核算，而且可以对尚未发生的或拟议中的某些业务活动进行模拟核算，预计其可能产生的经济效益，同时还可以对若干方案、措施进行比较，以提供决策依据。

企业的经济核算工作应将这三种核算方法有机结合起来，使其相互联系，互相补充，以便正确、及时、全面地反映企业生产经营活动的全貌。

五、企业一级成本核算

企业一级成本核算通常是指企业总部所进行的总括性的经济核算。由于企业的经营管理职能是由企业设置的各个职能部门来实现的，所以企业一级成本核算的重点就是将企业一级经济核算工作分解落实到各个职能部门。

（一）计划统计部门的经济核算

承接上级主管机关下达的经济技术指标，依据本企业具体情况进行核算，分析完成任务的可能程度；与其他职能部门协同研究，分解各项指标，层层下达落实，并验算各基层、生产环节的保证程度。同时，应研究特殊情况下的应急措施方案，预测执行计划时的变化情况，分析特殊因素，及时提出应急建议和措施。

计划统计部门分管考核的经济核算指标是：

（1）运输工作量指标的均衡完成程度。

（2）运输工作量指标的日进度和累计进度。

（3）燃料、轮胎节约数超耗数。

（4）车辆运用效率指标的实际数值及其因素分析。

（二）财务部门的经济核算

（1）结合各生产环节的工作量分配费用限额。

（2）计算企业资金的收入支出额，分析研究增收节支措施，控制企业各个环节的经费支出，及时反映和监督费用支出是否合理，有无违反财经纪律和企业规定的现象。

（3）汇总各基层环节的会计资料，研究费用开支的动向和规律，及时指导下属财务会计人员的核算业务。

（4）协同其他部门分配费用，安排资金的使用。

（三）总调度部门的经济核算

（1）按照运输生产计划和客货源运送计划，安排车辆的总体运行计划，调节各分公司和车队运力与运量的矛盾，力求达到总体优化。

（2）协同运务部门组织好客货源，完成和超额完成客货运输生产计划。

（3）协同计划统计部门安排好车辆运用计划；研究提高车辆运用效率的有效措施。

（4）指导下属调度部门和工作人员的工作，检查各级调度执行命令的情况，及时解决有关车辆运行中的问题。

（5）检查各级调度货运业务部门执行运输经济合同的情况。

总调度部门分管考核的经济核算指标为：① 运输工作量指标的均衡完成程度；② 运输工作量的日进度和累计进度；③ 运输经济合同的执行率；④ 车站发送量计划完成率。

（四）运务部门的经济核算

（1）根据运输生产计划，协同计划统计部门，分配各基层运输工作指标，并分配各车站发送量任务。

（2）协同总调度部门安排车辆作业计划，提高车辆运用效率。

（3）检查、督导下属客货运输业务人员完成客货源组织任务，协助解决各站办理运输经济合同中待处理的问题。

（4）分析并预测运输市场动向，研究运价合理浮动幅度，提供运价决策依据。

（5）依据计划统计部门、财务部门所提供的资料，研究制定最有利的运输方案和对不利因素应采取的相应措施。

运务部门分管考核的经济核算指标为：① 运输工作量累计进度；② 合同运输率；③ 车站发送量计划完成率；④ 营收回收率；⑤ 运输合同完成率；⑥ 运输合同执行中罚金收入与支出的差额；⑦ 货损货差赔偿额；⑧ 客货运输正运率；⑨ 班次正点率。

（五）技术管理部门的经济核算

（1）负责营运车辆、装卸机械和各种设备的完好率达到计划指标的要求。

（2）保证营运车辆保养、修理质量，保证车辆大修间隔里程达到定额。

（3）负责各级保养和修理的在场车日不超过定额标准。

（4）负责各级保养消耗费用不超过定额水平。

（5）负责各种技术措施实施后经济效果的检查与总结。

技术管理部门分管的经济核算指标为：① 营运车辆、装卸机械的完好率；② 机器、设备的完好率和台时利用率；③ 大修费用的节约、超额和大修间隔里程的节约、超额里程；④ 返工率；⑤ 返修率；⑥ 配件生产的合格率。

（六）安全质量管理部门的经济核算

（1）负责车辆运行事故统计，计算事故损失费用和耽误运行时间而引起的运输工作量损失。

（2）负责计算企业的客、货运输质量事故损失金额以及事故原因处理结果。

（3）研究各类事故发生的原因和防治措施，提出防治的费用预算。

（4）提出各队、站保障运输安全和运输质量的措施、相应的经费预算，以及实现这些措施后的经济效果。

安全质量管理部门分管考核的经济核算指标为：① 安全行车里程和事故频率；② 运行事故伤亡人数和赔偿、抚恤、医疗支出费用；③ 运行事故导致的车日损失数及经济后果；④ 安全教育、安全措施支出的费用。

（七）物资供应部门的经济核算

负责企业所需各类物资的采购，最优订货批量的确定，尽可能相对节约采购费用和库存保管费用，并保证运输生产、保修所需物资的及时供应。及时计算当期燃料、材料总费用支出、材料采购成本差异和库存物资资金占用额，对材料采购成本差异要进行分析，以确定其差异的原因，以便及时改变进货途径或采购方式。

搜集各类物资的实际消耗资料，核算实际与定额的差距，分析其节约、超额原因，并通过实际消耗资料探索物资消耗规律。

物资供应部门分管的经济核算指标为：① 库存物资资金占用额；② 材料采购成本差异；③ 库存物资周转率；④ 经济采购批量。

（八）车队的经济核算

1. 运输工作量完成程度的核算

运输工作量是运输企业经济核算的基本内容，企业下达给车队的运输工作量计划任务是车队的主要指标，因而车队经济核算的重点内容之一就是运输工作量。

由于各车队分工任务有所不同，因而对运输工作量的核算指标也有一定的差异。纯货运车队的核算指标是货运量、货物周转量；纯客运车队的核算指标是客运量、旅客周转量；客货兼营车队的核算指标是客运量、货运量和换算周转量。

车队运输工作量完成程度的核算是实际完成数与计划数的对比，包括以绝对数表示的对比差额和以相对数表示的计划完成程度。

运输工作量指标无论完成与否，均应附文字说明，阐述完成运输工作量计划或未完成计划的原因。

2. 运输质量的核算

运输质量事故一般发生在车队，因而车队经济核算中应考核的运输质量指标有：① 车队安全间隔里程；② 运行事故频率；③ 货运商务事故次数及损失金额；④ 运行责任事故次数及损失金额等指标数值；⑤ 与去年同期进行比较的增减数。

3. 运行消费的核算

运行消费是运输企业总物质消耗的主要组成部分，车队的运行消耗核算指标主要有：① 运行资料消耗；② 轮胎消耗；③ 小修材料费；④ 营运车辆大修间隔里程。这四项指标的核算方法均为实际数与定额数之间的差额。

4. 管理费用的核算

车队管理费用是指车队在运输生产过程中，有关行政管理和运行业务所指出的费用，包括车队管理人员、勤杂人员、警卫人员的工资及附加费，车队办公费、差旅费、水电费、业务联系电讯费、车队办公、生活用房屋基本折旧和维修费用等。

核算的方法是用实际发生的各项费用与经企业审查批准的预算费用比较，计算其节约额和超出额，同时计算因运输工作量和人员的增减变化而引起的车队管理费用变化的幅度和数额。

如果企业规定车队核算完全成本，应在车队管理费用中再加上规定分摊的企业管理费。

5. 劳动力消耗的核算

车队劳动力消耗的核算，主要是核算车队平均人数的增减额、车队全员劳动生产率和司机劳动生产率等指标。

6. 营运车辆运用效率的核算

营运车辆运用效率的核算是用以考察营运车辆运用效率在时间上所发生的变化，并做出相应的因素分析，进而了解由于营运车辆运用效率的变化所带来的经济效果的变化，其主要核算指标有：① 完好率；② 工作率；③ 平均车日行程；④ 行程利用率；⑤ 吨（座）位利用率；⑥ 拖运率；⑦ 车吨（座）期产量。

7. 运输成本的核算

对运输成本进行核算可有车队成本和完全成本两种核算方法，核算车队成本是按照运输成本项目（其中企业管理费项目为车队管理费）计算的车队运输总成本、单位成本、成本降低额和成本降低率等指标。

如果企业要求车队核算完全成本，则需要将企业管理费分摊计入车队管理费。

（九）单车经济核算

单车经济核算一般有两种方法。一种是核算单车完成各项经济技术指标的程度，包括运输工作量、车辆运用效率、运行安全、运输质量，以及四项定额（燃料、轮胎、小修材料费、大修间隔里程）等指标的实际数与计划（或定额）数的比较，根据各项指标的完成程度，作为是否取得奖励的依据。另一种是将单车视为一个"独立"核算单位，将核算期内各种消耗（包括驾驶员本人的工资及附加费以及分摊给单车的企业管理费和车队管理费）计算出金额，完成的运输工作量按企业计划平均费率计算营运收入，然后计算出应缴的养路费、应纳税金，得出单车在核算期内的总成本，并由此计算出单车利润，再按单车计划利润完成程度考核驾驶员在核算期内的经济成果。

这两种方法各有其利弊：后一种形式的优点是直观性强，核算期内各车的利润完成数可以直接比较；按各车完成的利润数来计算奖惩额，其说服力强，缺点是各车运输工作量计划值的确定十分困难，而且当工作需要某些车辆完成利小或无利的运输任务时，必须及时调整计划，因而带来了许多繁杂的工作。前一种形式虽然其经济效果的直观性不如后一种，但所考核的各项经济技术指标足以显示其是否有经济效果。同时，各车只需要服从调度安排，保证运行安全，完成四项定额的具体要求，即可保证其计算利润的完成。

开展经济核算，做好核算期内各项经济技术指标的计划安排之外，更重要的是在执行计划时有一个及时的记录。通常的方法是，在管理好行车路单的基础上，使用驾驶手册，手册所记录的资料与行车路单的内容基本一致，便于驾驶员依据手册的记录掌握自己在期限内的进度，并与车队核算人员的记录相核对。

六、道路运输成本核算程序及道路运输成本的计算

运输成本的会计核算方法是采用一般会计的费用归集准则，将直接人工、直接材料和其他直接费用、间接费用归集与分配到成本计算对象（产品、服务或车辆）中去。

按我国会计制度的方法核算运输成本，往往会出现不能正确反映运输活动中成本支出的情况，国外的一些研究者提出采用基于活动的ABC方法来核算运输成本。

道路运输成本核算操作步骤如下：

第1步：确定道路运输成本核算对象、计算单位和成本计算期

（1）道路运输成本核算对象。由于道路运输企业的营运车辆车型比较复杂，为了考核同类车型成本和大、中、小型车辆的经济效益，可以将大型板车、集装箱车、零担车、冷藏车、罐车等作为单独的成本计算对象。挂车运输不单独计算成本，其所发生的费用，随主车计入各分类运输成本。

（2）道路运输成本计算单位。成本计算单位一般为"元／千吨千米"。大型车组

的成本计算单位可以为"元／千吨位小时"，集装箱车辆的成本计算单位为"元／千标准箱千米"。集装箱以20英尺为标准箱，小于20英尺的，每箱按1标准箱计算，40英尺箱或其他大于20英尺的集装箱，每箱按1.5标准箱计算。

其他特种车辆，如零担车、冷藏车、油罐车等运输业务，其运输工作量仍以"千吨千米"为成本计算单位。

（3）道路运输成本计算期。一般应按月份、季度和年度计算从年初至各月末止的累计成本。营运车辆在经营跨月运输业务时，一般以行车路单签发日期所归属的月份计算其运输成本。

第2步：确定道路运输成本项目

根据《企业会计准则》的规定，结合运输生产耗费的实际情况，运输成本项目在会计核算时可划分为车辆直接费用和营运间接费用两个部分。

（1）车辆直接费用。

① 工资。指按规定支付给营运车辆司机和助手的基本工资、工资性津贴和按规定计算的各种奖金等。

② 职工福利费。指按照规定的工资总额和比例计提的职工福利费。

③ 燃料。指营运车辆运行过程中所耗用的各种燃料，如汽油、柴油等。自卸车及装有空调的车辆使用空调时所耗用的燃料，也在本项目核算。

④ 轮胎。指营运车辆耗用的外胎、内胎、垫带、轮胎翻新和修补充气费。

⑤ 修理费。指营运车辆进行各级维护和修理所发生的工料费用、修复旧件费用和行车用机油费用。采用总成互换修理作业的企业，维修部门领用周转总成价值和卸下总成的修理费用，也在本项目内核算。

⑥ 折旧。指营运车辆按规定计提的折旧费。

⑦ 车辆保险费。指向保险公司缴纳的营运车辆保险费用。

⑧ 事故损失。指营运车辆在营运过程中，因行车事故所发生的损失，扣除保险公司赔偿后的事故费用。

⑨ 税金。指营运车辆按规定交纳的车船使用税。

⑩ 其他。指营运车辆在营运过程中发生的不属于以上项目的行车杂费等，如过桥费、过路费、过渡费、过隧道费、司机途中住宿费、车辆清洗费及营运司机领用的低值易耗品（篷布、工具、保温套等）和劳动保护用品等。

（2）营运间接费用。运输企业以下的基层分公司、车队、车站发生的营运管理费用，但不包括企业行政管理部门发生的管理费用。

第3步：编制各种费用汇总表

由运输生产部门根据费用支出和生产消耗的原始凭证，按照成本计算对象、费用类别和部门对营运费用进行归集、分配，并编制各种费用汇总表，包括工资及职工福利费分配表，燃料、材料及轮胎消耗汇总表，以及低值易耗品摊销表、固定资产折旧及大修理费用提存计算表、轮胎摊销分配表等。

根据各种费用汇总表或原始凭证，登记"辅助营运费用""营运间接费用""待摊费用""预提费用"，以及"运输支出""装卸支出""其他业务支出"的明细分类账。将辅助营运费用、营运间接费用按成本计算对象分配和结转计入"运输支出""其他业务支出"账户，确定各项业务应负担的费用，开始计算各种业务成本。

第4步：计算各种业务成本

（1）道路运输完全成本的计算。

① 工资及职工福利费。参与运输活动的直接人工的工资，每月根据工资结算表进行汇总与分配。对于有固定车辆的司机和助手的工资及津贴，直接计入各自成本计算对象的成本；对于没有固定车辆的后备司机和助手的工资及津贴，应按营运车吨位或营运车日，分配计入有关车辆的分类运输成本中。其分配计算公式为：

每营运车吨日工资分配额（元/车吨日）＝应分配的司机工资总额/总营运车吨日

某车型应分摊司机工资额（元）＝该车型实际总营运车吨日×每营运车吨日工资分配额

② 燃料。营运车辆消耗的燃料，应根据行车路单或其他有关燃料消耗报告所列实际消耗量计入成本。燃料消耗计算的范围与期间，应与车辆运行情况相一致，以保证燃料实际消耗量与当月车辆行驶总车千米和所完成的运输周转量相对应。

实行满油箱制的运输企业，在月初、月末油箱加满的前提下，车辆当月加油的累计数，即为当月燃料实际消耗数。企业根据行车路单领油记录核实的燃料消耗统计表，计算当月燃料实耗数。

实行实地盘存制的企业，应在月底实地测量车辆油箱存油数，并根据行车路单加油记录，计算各车当月实际耗用的燃料数。可按下列公式计算：

当月实耗数＝月初车存数＋本月领用数－月末车存数

营运车辆在本企业以外的油库加油，其领发数量不作为购入和发出处理的企业，应在发生时按照分类成本领用的数量和金额，直接计入各分类运输成本。

③ 轮胎。营运车辆领用的内胎、垫胎以及轮胎零星修补费用和轮胎翻新费用，按实际领用数和发生数计入各分类运输成本。外胎可以按领用轮胎实际成本计入当月运输成本，但在一次领用轮胎较多时，可以在一年内分月摊入各月运输成本。

大型汽车运输企业，一般按每胎千米摊销额和月度内实际行驶胎千米数计算列入成本。其计算公式为：

千胎千米摊提额（元/千胎千米）＝（外胎计划价格－计划残值）/（新胎到报废行驶里程定额/1 000）。

外胎的轮胎摊提费用，应按月计入运输成本。其计算公式为：

某车型外胎应计摊提费用（元）＝千胎千米摊提额×该车型外胎实际使用胎千米/1 000

报废的外胎，应按照新胎到报废的里程定额计算其超亏里程，并按月份车型计算其超亏里程差异，调整运输成本。其计算公式为：

某车型外胎超亏里程应调整成本差异（元）＝千胎千米摊提费×该车型报废外胎超亏胎千米／1 000

④ 修理费。营运车辆因维护和修理而领用的各种材料、配件费，直接计入各分类成本的修理费项目；预提的车辆大修理费用，可根据"预提大修理费用计算表"计入本项目。

营运车辆的大修理费用，按实际行驶里程计算预提，特种车、大型车可按使用年限计算预提。其计算公式为：

按使用年限计提：

某车型营运车月大修理费用提存率（％）＝（预计大修理次数×每次大修理费用）／（该车型平均原值×预计使用年限×12）×100％

按实际行驶里程计提：

某车型营运车千车千米大修理费用预提额（元／千车千米）＝预计大修理次数×每次大修理费用／该车型新至报废行驶里程定额／1 000

某车型营运车月大修理费用提存额（元）＝该车型营运车千车千米大修费用预提额（元／千车千米）×该车型营运车当月实际行驶里程（车千米）／1 000

实际大修间隔里程与大修间隔里程定额比较，所发生的超亏里程造成的多提或少提费用差异，以及大修后，实际大修费用与预提每次大修理费用的差额，应调增或调减本项目。

⑤ 车辆折旧。营运车辆的折旧，按实际行驶里程计算，特种车、大型车按年限法计算列入本项目。不采取预提大修费的企业，可不分大修和小修，所发生的修理费用，直接计入本项目。

按使用年限法计提折旧的计算：

某车型营运车月折旧率（％）＝（1－残值率）／该车型预计使用年限×12×100％

某车型营运车月折旧费用（元）＝该营运车月初原值×该车型营运车月折旧率

营运车辆按行驶车千米计提折旧的计算：

某车型营运车千车千米折旧额（元／千车千米）＝（车辆原值－预计残值＋清理费用）／车型折旧里程定额／1000

某车型营运车折旧费用（元）＝该车型营运车当月实际行驶里程（车千米）×该车型营运车千车千米折旧额（元／千车千米）

月终，根据固定资产折旧计算表，将提取的营运车辆折旧额计入各分类运输成本的本项目内。

⑥ 车辆保险费。按实际支付的投保费用和投保期，并按月份分车型分摊计入各分类成本的本项目内。

⑦ 事故费。营运车辆在运营过程中因碰撞、翻车、碾压、落水、失火、机械故障等原因而造成的人员死亡、牲畜死伤、车辆损失、物资毁损等行车事故所发生的修理费、救援费和赔偿费,以及支付给外单位人员的医药费、丧葬费、抚恤费、生活补助费等事故损失,在扣除向保险公司收回的赔偿收入,以及事故对方或过失人的赔偿金额后,计入有关分类成本的本项目内。在事故发生时,可预估事故损失。在预估事故费用时,通过预提费用账户核算当年结案事故的实际损失与预提数的差额,调整本年度有关业务成本。因车站责任发生货损、货差等事故损失,应计入"营运间接费用"账户,不列入本项目。

⑧ 营运间接费用。企业营运过程中发生的不能直接计入成本核算对象的各种间接费用,但不包括企业管理部门的管理费用。营运间接费用可通过编制"营运间接费用分配表",计入各分类运输成本的本项目内。

⑨ 其他营运费用。随车工具、篷布绳索、防滑链及司机的劳动保护用品等,应根据"低值易耗品发出汇总表"和"材料发出汇总表",将按各分类成本对象归集的费用数额,计入分类运输成本的本项目内。一次领用量较大时,也可以通过"待摊费用"账户分期摊销。企业发生的行车杂支、车辆牌照费、检验费和过渡费等,可根据付款凭证计入各分类成本项目。

(2)辅助营运费用的计算。运输企业的辅助营运费用,主要是指为企业车辆和装卸机构进行维修作业而设置的保养场或车间的生产业务,包括小量零配件制造,以及供应水、电、气等生产业务。

辅助营运费用的计算,应按照费用计算对象和费用类别进行归集,并按照受益部门和一定的方法进行分配。

企业应分别设置"辅助营运费用"总分类账和明细分类账,按规定的费用项目设置专栏进行核算。辅助生产部门在生产过程中发生的费用,能直接计入各成本计算对象的应直接计入,不能直接计入的间接费用,采取适当的分配方法,分配计入各成本计算对象的明细分类账。

各级维护和小修作业、自制设备和配件、轮胎修补、旧件修复,以及对外修理等直接耗用的各种材料,月终根据材料库转来的领料单,按成本计算对象编制"材料耗用汇总分配表",据以登记各成本计算对象的明细分类账。其他直接费用可根据有关原始凭证登记各有关明细分类账。

辅助生产人员工资及职工福利费和车间经费等,不能按成本计算对象归集的间接费用,应根据实际支付的工资及费用,按照实际总工时计算单位工时分配额,再按各成本计算对象所耗费的实际工时进行分配。其分配计算公式为:

单位工时工资(费用)分配额(元/工时)=辅助生产人员工资及职工福利费(或车间经费)/辅助生产实际总工时。

某类维修作业或产品应分摊工资或费用额(元)=该类维修作业或产品实际耗用

工时 × 单位工时工资（费用）分配额。

（3）营运间接费用的计算。汽车运输企业的营运间接费用，是指企业在营运过程中发生的不能直接计入成本计算对象的各种间接费用。

① 车队管理费的分配。车队管理费应分配计入本车队各类车型的运输成本中。通常先按车队发生营运车辆的车辆费用和其他业务的直接费用比例，由运输业务和其他业务分摊，然后再按各类车辆的直接费用比例或营运车日比例，由各类运输成本分摊。

车队管理费用初次分配的计算公式如下：

车队费用分配率（%）= 当月车队费用总额 /（运输业务直接费用+其他业务直接费用）× 100%。

运输业务应分摊车队费用（元）= 当月运输业务直接费用总额 × 车队费用分配率。

车队管理费按各种车辆的直接费用比例分配的计算公式如下：

车队费用按车型分摊的分配率（%）= 运输业务应分摊的车队费用 / 该车队各车型营运车的直接费用 × 100%。

某车型的营运车应分摊的车队费用（元）= 当月该车型营运车直接费用总额 × 车队费用按车型分摊的分配率（%）。

② 车站经费的分配。车站经费应在车站各种业务之间进行分配，通常按运输直接费用、其他业务直接费用比例分摊。由运输业务负担的车站费用，应按车型类别的直接费用比例分摊。

第5步：编制企业成本计算表，进行运输成本分析

运输企业的运输成本，是通过运输支出、辅助营运费用、营运间接费用等会计处理进行归集和分配的，从而计算出运输总成本、单位成本、成本降低额和成本降低率。再按这些费用项目设置多栏式明细账。

（1）总成本的计算。总成本是成本计算期内，各运输成本计算对象的成本总额之和。

（2）单位成本的计算。单位成本是指成本计算期内，按成本计算对象完成单位运输周转量（千吨千米）的成本额。其计算公式如下：

某运输成本计算对象的单位成本（元/千吨千米）= 该成本计算对象当月运输成本总额 / 该计算对象当月运输周转量（千吨千米）

对于不按吨千米计算其生产成果的大型平板车、集装箱专用车等，应按照各自计算生产成果的"千吨位小时""千标准箱千米"计算其运输单位成本。

（3）成本降低额和成本降低率。成本降低额是考核成本计划完成情况的主要指标，是以上年度实际单位成本与本期周转量计算的总成本减去本期实际总成本的差额。成本降低额是按成本计算对象计算的。其计算公式为：

成本降低额（元）= 上年度实际单位成本 × 本年实际周转量 − 本年实际成本

当计算结果为负值时，表示成本超支额。

成本降低率是考核成本降低幅度计划完成程度的主要指标，是成本降低额与按上年度实际单位成本计算的总成本的比率。其计算公式如下：

成本降低率（%）=成本降低额／（上年实际单位成本×本期实际周转量）×100%。

不按照吨千米计算其生产成果的大型平板车和集装箱专用车，其成本降低额和成本降低率的计算方法，可将上式中的周转量改为其相应的工作量。

对于分类计算运输成本的营运车辆，除了分别计算各类运输成本的降低额和降低率外，还要考核全部运输车辆综合的成本降低幅度。其计算公式为：

$$全部运输成本降低额（元）=\Sigma\left\{\begin{array}{l}各运输成本计算\\对象的上年\\实际单位成本\end{array}\times\begin{array}{l}该成本计算\\对象的本期\\实际周转量\end{array}-\begin{array}{l}该成本计算\\对象的本期\\实际总成本\end{array}\right\}$$

$$全部运输成本降低率（%）=\frac{全部运输成本降低额}{\Sigma\left(\begin{array}{l}各运输成本计算对象的\\上年实际单位成本\end{array}\times\begin{array}{l}该成本计算对象的\\本期实际周转量\end{array}\right)}\times100\%$$

七、运输成本核算表的编制

掌握运输成本核算表的填制过程，是运输主管的一项基本工作，因此，熟悉企业物流运输成本分析核算表的编制方法及要求就非常有必要。

1. 运输成本分析核算表的编制方法

第1步：确定成本计算对象、成本计算单位、成本项目和成本计算方法。

第2步：编制各种费用汇总表。根据费用支出和生产消耗的原始凭证，按照成本计算对象、费用类别和部门营运费用进行归集、分配，编制各种费用汇总表，包括工资及职工福利费用分配表，燃料、材料及轮胎消耗汇总表，低值易耗品返销表，固定资产折旧及大修理费用提存计算表，摊销分配表等。

第3步：期末结转营运成本、期间成本和营业外支出。根据各种费用汇总表或原始凭证，登记"辅助营运费用""营运间接费用""待摊费用""预提费用"，以及诸如"运输支出""装卸支出""其他业务支出"的明细分类账；并将辅助营运费用、营运间接费用按成本计算对象分配和结转，计入"运输支出""其他业务支出"账户，确定各项业务应负担的费用，计算各种业务成本。

第4步：编制成本核算表。根据所属单位上报的成本核算资料，汇总分配企业的各项费用，编制企业成本核算表，计算单位成本和专项成本。

2. 编制运输成本核算表的要求

（1）数字真实。各项数据必须经过核对查实和确认，不得估算，更不能隐瞒不报或弄虚作假。

（2）内容完整。各项规定的填报内容应填列齐全，运输企业内部对某项经济指标含义的确认和计算方法的选择，上下口径必须一致，对于必须附加说明和补充资料的力求完整，供分析问题时参考。

（3）编制及时。为了充分发挥成本核算表在企业经营管理中的作用，各基层单位和部门必须按照规定期限及时编报。不能为了赶编报表提前结账，也不能因为结账、对账而延误编制和降低制表质量。

（4）说明清楚。各基层单位和部门填列成本报表后，如果需要对报表中的某些经济指标或成本控制管理中存在的问题进行补充说明，则一定要表述清楚。

综合实训

实训目标：

1. 正确制定运输成本控制策略。
2. 完成运输成本的核算并进行简单的分析。

环境要求：

1. 能够容纳80人的多媒体教室一间。
2. 能够进行分组讨论活动小会议，座椅8套。
3. 需要计算机20台，计算机装有Office2007版Word、Powerpoint等办公软件，及简单图片处理软件。

货物运输成本控制

4. 需要能够访问外网的网络。
5. 需要投影仪及配套设备一部。
6. 需要打印机一部及打印纸若干。
7. 需要写字板、马克笔、卡片若干。

内容描述：

学生根据上述资料，分组完成货运成本控制设计方案。

同步测试

一、单选题

1. 下列属于运输直接资料费用的是（　　）。
   A. 直接工资　　　B. 燃料　　　C. 养路费　　　D. 差旅费
2. 运输服务水平与运输成本呈（　　）。
   A. 等比例关系　　　　　　　B. 非等比例关系
   C. 线性关系　　　　　　　　D. 非线性关系
3. 周转量属于企业经济核算指标体系中的（　　）指标。

A. 消耗类　　　B. 占用类　　　C. 成果类　　　D. 效率类

4.（　　）是指运用统计方法反映和分析企业生产经营活动的方法。

A. 统计核算　　B. 业务核算　　C. 会计核算　　D. 绩效核算

5. 大型汽车运输企业，一般按每胎千米摊销额和月度内实际行驶胎（　　）计算列入成本。

A. 个数　　　　B. 千米数　　　C. 百米数　　　D. 总里程数

二、多选题

1. 影响运输成本的因素有（　　）。

A. 运输量　　　　B. 运输距离　　　　C. 运输方式

D. 运输密度　　　E. 运输服务水平

2. 道路运输成本的特征是（　　）。

A. 成本差异大

B. 成本差异小

C. 道路道桥收费对汽车运输成本的影响大

D. 道路道桥收费对汽车运输成本的影响小

E. 道路运输社会平均成本有区域性特点

3. 下列指标中属于消耗类指标的有（　　）。

A. 年末车数　　　B. 平均职工人数　　　C. 百车千米燃料消耗

D. 大修费用　　　E. 小修材料费

4. 运输的直接成本包括（　　）。

A. 燃料　　　　　B. 轮胎　　　　　　　C. 直接人工

D. 行车杂费　　　E. 其他直接费用

5. 运输成本核算的基础工作包括（　　）。

A. 各项定额的制订工作　　　　B. 健全原始记录的保存和计量

C. 制定指标考核制度　　　　　D. 建立和健全各项规章制度

E. 全面实行经济责任制

三、简答题

1. 简述与其他运输方式相比，道路运输成本的特征。
2. 简述物流企业的运输管理人员应如何考虑降低运输成本。
3. 为加强成本管理，做好成本核算工作，必须做好哪些基础管理工作？为什么？

四、案例分析题

沃尔玛能够取得巨大成就，其中一个重要的原因就是成功地实施了成本领先战略。沃尔玛的车辆都是自有的，司机也是自己的员工。沃尔玛的车队大约有 5 000 名非司机员工，有 3 700 多名司机，车队每周一次运输可达 7 000~8 000 千米。卡车运输是比较危险的，有可能会出现交通事故，因此对于运输车队来说，保证安全是节约成本最重要的环节。沃尔玛定期在公路上对运输车队进行调查，卡车上面都带有公司的号码，如果看到司机违章驾驶，调查人员就可以根据车上的号码报告进行惩处。沃尔玛认为，卡车不出事故就是为公司节省费用，就是最大限度地降低物流成本。由于狠抓了安全驾驶，运输车队已经创造了 300 万千米的无事故记录。

  沃尔玛采用全球定位系统对车辆进行定位，在任何时候，调度中心都可以知道这些车辆在什么地方，离商店有多远，还需要多长时间才能运到商店，这种估算可以精确到小时。沃尔玛的物流部门 24 小时工作，无论白天或晚上，都能为卡车及时卸货。另外，沃尔玛的运输车队还利用夜间进行运输，从而做到了当日下午进行集货，夜间进行异地运输，第二天上午即可送货上门，保证 15~18 小时内完成整个运输过程。这是沃尔玛在速度上取得优势的重要措施。

  沃尔玛的卡车把产品运到商场后，商场可以把它整个卸下来，而不用对每个产品逐个卸车，这样就可以节省很多时间和精力，加快了沃尔玛物流的循环过程，从而降低了成本。

  沃尔玛的集中配送中心把上述措施有机地结合在一起，做出了一个最经济合理的安排，从而使沃尔玛的运输车队能以最低的成本高效地运行。

1. 运输成本的影响因素包括（　　）。
  A. 货物运送距离及载货量　　　B. 装卸搬运的难易程度
  C. 货物的本身特性　　　　　　D. 运输工具的装载能力
2. 通过该案例分析，沃尔玛是从综合物流系统的角度降低运输成本的措施包括：（　　）。
  A. 沃尔玛采取自身拥有车队，自己培养司机的方法加大对运输全过程的管理。定期在公路上对运输车队进行调查，执行严格的司机奖惩制度。减少卡车交通事故次数，降低交通事故处理成本
  B. 沃尔玛采用全球定位的高科技管理手段，保证车队总是处在一种准确、高效、快速、满负荷的状态
  C. 沃尔玛使用尽可能大的卡车，大约有 18 米加长的货柜，比集装箱运输卡车更长、更高。沃尔玛把卡车装得非常满，产品从车厢的底部一直装到最高部，非常有助于节约成本
  D. 沃尔玛的物流系统能够确保商场所得到的产品是与发货单完全一致的产品。卡车把产品运到商场后，商场可以把它整个卸下来，而不用对每个产品逐个卸车，这样就可以节省很多时间和精力，加快了沃尔玛物流的循环过程，从而降低了成本

第八章 运输服务绩效评价

【知识目标】

- 了解绩效管理的含义
- 理解运输服务绩效管理的含义和原则
- 掌握运输绩效评价的含义和运输绩效评价体系的构成
- 掌握运输绩效评价的步骤
- 了解选择运输绩效评价指标的原则
- 掌握运输绩效评价指标体系建立的方法和步骤
- 熟悉运输绩效评价体系内容的确定方法
- 掌握运输绩效评价指标体系的组成

【技能目标】

- 能够基本完成运输服务绩效评价内容的确定
- 根据评价对象的实际情况与评价目标,确定运输绩效评价的具体内容
- 能够正确建立运输服务绩效评价指标体系

【素养目标】

- 具备管理者思维及素养,精益求精,提高正确认识问题、分析问题和解决问题的能力
- 具备创新意识,增强服务物流运输现代化、服务乡村振兴的责任感和使命感

【引例】

运输服务绩效评价

某物流公司要求其下属的分公司对半年来的业务经营情况进行总结,于是分公司经理要求各运输项目主管对其所负责的业务半年来的运输服务绩效做出评价,并写出详细的总结分析报告。

任何运输活动都需要经过评价才能了解其营运的优劣。能否提供良好的运输服务是运输企业十分关注的问题。从物流角度分析,运输服务是所有物流活动或供应链过程的产物,运输服务水平是衡量物流系统为货主创造时间和空间效应能力的尺度。运输服务水平决定了企业能否留住现有货主及吸引新货主的能力,运输服务水平直接影响企业所占市场份额和物流总成本,并最终影响其盈利能力。

> 基层运输管理人员是物流运输服务的直接提供者，运输管理服务绩效是其主要工作内容之一。对运输活动或运输过程进行绩效评价，掌握运输活动的进展情况、任务完成情况、成本与效益等情况，是合格的业务管理人员必须具备的一项管理技能。

第一节　运输服务绩效管理

中外运的
运输服务
绩效管理

一、运输服务绩效管理

（一）物流运输服务的含义

运输质量、运输进度和运输费用的组合就是运输服务。人们经常将运输服务与货主满意相混淆，其实货主满意是指货主对运输产品及运输服务可感知的效果，它是对运输产品和运输服务全方位的评价，运输服务的质量直接影响着货主的满意程度。研究表明，如果有一个货主对你的运输产品和运输服务抱怨，就会失去19个潜在货主。如果对货主的抱怨处理得当，可以提高货主的忠诚度。对于运输企业来说，运输服务是从接受托运开始到将货物送到货主手中为止。因此，运输服务可以定义为：发生在买方、卖方及第三方之间的一个过程，这个过程使交易中的产品或服务实现增值。这种增值意味着双方都得到价值的增加。从过程管理的观点看，运输服务是通过节省成本费用为供应链提供重要的附加价值的过程。另外，物流通过运输服务不仅注重赢得新货主，留住老货主也至关重要。

（二）运输服务绩效管理的含义

运输服务绩效主要体现在一系列运输活动及其结果上，运输企业的绩效管理主要是通过对一系列运输活动或过程的绩效管理来实现的。从绩效评价指标看，由于各种运输企业的情况差别较大，要设计一套适用于所有企业绩效评价的通用指标体系不太现实；如果按照运输活动或过程来设计指标体系，不同的运输企业或企业运输均可以根据情况，有选择地运用这些指标建立绩效评价指标体系。

运输服务绩效管理，主要是指对运输活动或运输过程的绩效管理，这里的运输活动不限于运输企业的运输活动，还可以是其他企业的运输活动。运输服务绩效管理是管理运输活动的整个过程，也就是围绕组织的战略目标，对一定时期内运输活动的集货、分配、搬运、中转、装卸、分散等环节进行绩效管理，从而实现整个运输活动的目标的过程。

（三）物流运输绩效管理的原则

运输绩效管理在实施过程中，要提高其有效性，实现预定目标，需要坚持以下基本原则。

1. 管理结果和管理过程相结合

根据绩效管理的含义，在实施绩效管理时，既要考虑投入（行为或过程），又要考虑产出（结果或业绩）。虽然一定时期内企业的业绩指标（如产品产量与质量、企业产值和利润、个人工作成果等）特别重要，但是绩效管理更加深刻的内涵在于过程管理，所以更应该重视组织各项活动的过程，如绩效目标的确定与计划的制订，关键绩效指标的设计、确定和过程管理，绩效考核及其结果的反馈、讨论与改进的过程等。如果仅关注活动结果，那么绩效管理会变成单纯的绩效评价，就会影响整体绩效水平的提高。所以，与一般的绩效管理一样，运输绩效不仅强调结果导向，而且应重视实现目标的过程，应将两方面结合起来。

2．"管理过去"与"管理未来"相结合

绩效的评价和反馈沟通是物流运输绩效管理中最难以处理的环节，也就是说，如何对每个环节、每项活动、每个部门、每位员工做出客观、公正、准确、科学的评价，如何把绩效考核的结果如实反馈，并使之起到实实在在的激励作用，是运输绩效评价面临的重要问题，也是比较困难的问题。但是，如果抓好绩效评价的过程管理，如企业各级主管领导在各个环节做到跟踪、监控、落实、指导、帮助、激励和沟通等工作，那么领导与有关部门以及员工双方就可以直面评价的结果，可以坦诚地进行沟通。所以，要扎实做好运输绩效管理前期的每个环节，以便为后来的绩效评价和沟通打好基础。

3．短期财务目标与长期发展相结合

在运输绩效管理中，如果仅关注和追求短期财务指标，追求短期经济效益，或者仅强调管理过程中的某个方面，就会导致对长远发展战略和核心能力建设的关注不足，可能会在整体上妨碍企业实现更为远大的目标，如发展战略、客户服务、品牌建设、人才培养等。所以，运输绩效评价在关注短期经济目标的同时，应更多地考虑组织的战略、目标，以及文化等。运输绩效管理应充分体现在企业战略重点、企业目标和核心价值观上，使企业的当前利益和长远目标与战略相一致。

4．个体行为和团队合作相结合

在绩效评价中，往往会出现这些现象：部门和个人更加重视绩效的高低，个人岗位责任和部门职责更加分明，但员工之间、部门之间合作的意愿和主动性却降低了；在某些情况下，绩效考核还使部门员工团队内的个人差异显现出来；有时，绩效突出的员工反而受到群体的压力。这些现象对于整体绩效的提高是十分有害的。因此，在实际运输绩效评价中，应采取措施防止这些现象出现，如在设计绩效指标时，可以将个人职务绩效分为任务绩效和周边绩效或关系绩效。任务绩效是指任务的完成情况，指组织规定的行为或与履行职责有关的行为。周边绩效是指一种心理和社会关系，主要分为人际促进和工作奉献两个核心要素。这样就可以有效地促进员工关心团队，多承担一些职务之外的、跨边界的任务，促使个人、团队、企业目标相互融合、和谐发展。

（四）物流运输绩效管理的特点

作为一般的绩效管理，与其他方面的企业管理相比，有其自身的特点。在企业内部，绩效管理是整个管理系统中的一个子系统，其特点主要表现在以下几方面。

1. 绩效管理的整体性

绩效管理的整体性体现在它的各个组成部分是作为一个统一的整体存在的。要提高绩效水平，必须实施严格的企业内部管理，必须依靠科学的指标体系进行评价，同时绩效评价结果必须用于绩效改进。可以说，绩效管理的各个组成部分是相互联系的，离开了任何一个部分都不能构成绩效管理系统，都无法达到绩效管理的目的。

2. 绩效管理的目的性

绩效管理的根本目的是通过对组织绩效因果链中员工绩效的控制来实现部门绩效目标，进而实现组织绩效目标。为此，绩效管理所有活动的开展都围绕着这一根本目的来进行，所有相关的部门组织、个人的工作目标和行为都不能与组织目标相抵触。

3. 绩效管理的环境适应性

绩效管理存在于特定的环境中，这个环境中的许多因素会直接或间接地影响着组织的各个系统，包括绩效管理系统，并成为其制约条件。这些环境因素首先指企业内部的客观条件，如工作场所的布局与物理条件（室温、通风、粉尘、噪声、照明等）、任务的特点、目标的特点、工作职责的特点、主管领导的作风、公司的组织结构、企业文化、企业宗旨等。环境因素还包括企业之外的客观环境因素，如社会政治经济状况、市场竞争强度等。绩效管理系统只有与内外部环境保持最佳的适应状态才具有生命力。

4. 绩效管理的动态控制性

从控制论的角度分析，绩效管理是一个控制系统。这一控制系统首先表现为员工、部门、组织绩效因果链中前一环节对后一环节的控制，如绩效评价的效果（因）直接影响到绩效评价结果的运用（果）。在绩效管理中，指标体系的建立以及绩效评价的进行等环节都包含着反馈与前馈的控制过程，这个过程在前后环节之间、评价者与被评价者之间始终处于动态变化之中，绩效管理正是在不断变化的过程中实现的。

物流运输绩效管理与一般绩效管理一样，也具有以上特点，只是这里的物流运输绩效更具有针对性，管理对象更为具体，即它主要是对物流运输活动或过程进行绩效管理。

二、运输绩效评价及运输绩效评价体系的构成

（一）运输绩效评价的含义

运输绩效评价，就是指对运输活动或运输过程的绩效评价，一般是采用一定的指标体系，对照统一的评价标准，按照一定的程序，运用定性和定量的方法，对一定时期内运输活动或过程的效益和效率做出的综合判断，以便管理者掌握运输活动的进展情况、任务完成情况、成本与效益情况等。

运输绩效评价是运输绩效管理中的关键过程，起着承上启下的作用。运输绩效评

价对过去的运输活动或过程进行评估和检查,又为以后的绩效改进等工作提供基本信息依据。它不仅为全面、综合评判分析企业以及有关活动绩效提供了一个有效的衡量系统,为实施有效的绩效管理提供了前提和基础,而且也有助于促进绩效管理水平的提高。

(二)运输绩效评价体系的构成

运输绩效评价体系作为企业绩效管理系统的子系统,是企业管理控制系统的一部分,有自己的完整体系。一个有效的运输绩效评价体系主要由以下内容构成:

(1)评价对象。它主要说明对谁进行绩效评价,主要是指企业的运输活动或运输过程,一般包括集货、分配、搬运、中转、装卸、分散等作业活动。

(2)评价组织。负责领导、组织所有评价活动的机构。

(3)评价目标。是整个绩效评价工作的指南,它服从和服务于企业目标。

(4)评价原则。在评价工作中,需要掌握的一些基本准则。

(5)评价内容。它说明了应该从哪些方面对运输绩效进行评价。

(6)评价标准。它是判断评价对象绩效优劣的基准,也是设立评价指标的依据。

(7)评价指标。评价运输活动的各个具体指标及其体系。

(8)评价方法。它是评价绩效的具体手段。

(9)评价报告。这是进行运输绩效评价所得出的结论性文件以及其他相关材料,内容包括对评价对象绩效优劣的结论、存在问题及其原因分析等。

这9项内容共同组成一个完整的运输绩效评价体系,它们之间相互联系、相互影响。当然,企业和运输活动不同,会有不同的评价目标、指标、标准和方法,所以运输绩效评价体系的具体构成要根据实际情况来确定。

三、运输绩效评价的步骤

(一)运输绩效评价的一般步骤

运输绩效评价步骤设计得合理,就能够将运输绩效评价体系落到实处,为有效地进行绩效评价提供保证。

1. 建立健全评价机构

建立一个由有关部门负责人组成的绩效评价组织,也可以邀请其他有关专家参与。应对其中的每个部分及其人员明确分工、职责和权利。

运输绩效管理的过程

2. 调查评价对象的全面情况

通过调查,弄清楚评价对象的运输活动计划、目标、相关组织与人员以及相关的环境条件,尽可能掌握较全面的数据资料。

3. 明确评价目标及原则

应根据运输绩效管理目标、企业实际状况,以及发展战略和目标,来确定评价的目标。围绕评价目标,还应制定一些具体评价工作中遵守的基本原则。一般来说,绩效评价可以把握以下基本原则：

（1）突出重点，要对关键绩效指标进行重点分析。

（2）建立完善的指标体系，使之能反映实际运输业务流程和全部运输过程。

（3）应尽可能采用实时分析与评价的方法，把绩效度量范围扩大到反映运输作业实时运营的信息上去。

（4）保证系统评价的客观性，要使评价所依据的资料全面、可靠、准确，同时要防止评价人员的倾向性，其组成也要有代表性。

（5）应特别重视用户满意度的评价。

4. 确定评价内容

应根据评价对象的实际情况与评价目标确定绩效评价的具体内容。评价内容一般包括如下项目：

（1）运输成本，这是绩效评价应首先考虑的问题。但要明确，运费并不是唯一的成本构成，装载情况、索赔、设备条件等因素也要考虑。

（2）服务质量状况，即准确性、安全性、迅速性、可靠性。

（3）运输能力，包括提供运输工具和设备以及专用车船的能力、装卸车船的能力等。

（4）中转时间，它的大小直接影响的是库存水平以及运输成本。

（5）服务能力，主要是利用信息技术以及提供信息服务的能力，实现门到门服务的能力，运输可达性的高低等。

（6）处理提货单、票据等运输凭证的情况。

（7）与顾客的合作关系。

5. 制定评价标准

一般来说，可以从以下方面建立绩效评价标准：

（1）历史标准。这是以企业运输活动过去的绩效作为评价标准，进行自身纵向的比较，以判断运输活动绩效的发展状况。

（2）标杆标准。这是将行业中优秀企业运输活动的绩效水平作为标准，这样可以判断出本企业的市场竞争力，认清自己在市场中的位置，找到自身的不足，以便不断改进和提高，持续提升竞争的实力和地位。

（3）客户标准。这是按照客户对运输货物的要求设立的绩效标准，用此标准来衡量运输活动的业绩水准，可以了解是否达到客户的要求，以便更好地提高顾客的满意度，与顾客建立良好的合作伙伴关系。

6. 建立评价指标体系

当确定了评价对象、评价目标、评价原则，以及评价标准之后，就可以制定评价指标体系了。运输绩效指标体系可以按照运输量、运输服务质量、运输效率，以及运输成本与效益等来建立。

7. 选择评价方法

依据评价指标和评价标准，根据评价目标、实施费用、评价效果等选择一定的方法。评价方法是现代物流企业绩效评价的具体手段。

8. 实施绩效评价，撰写评价报告

这是具体实施运输绩效评价的阶段。在这个过程中，应随时关注实施过程，及时发现可能产生的偏差，并做出纠偏决策。最后要撰写评价报告，即实施绩效评价的最终结果。

（二）运输绩效评价的注意事项

1. 运输绩效评价的影响因素

社会担当："一带一路"倡议下，由点及面助力装备制造产业升级

由于绩效评价涉及企业的内部组织、员工以及运输活动各环节等多个方面，所以许多因素会影响绩效评价的效果，可能会导致结果出现偏差。这些因素主要包括：

（1）环境因素。环境因素主要包括时间因素和地点因素。时间因素是指在考核过程中时间对绩效评价结果的影响。例如，需要较长时间完成的任务，如果在短期内就加以考核，则会产生误差。地点因素是考核时不同地点对绩效评价的影响。例如，对于同样批量的同种货物，交通发达的大城市间的运输与偏远地区运输的营业额。

（2）评价标准因素。评价标准不明确，即含义模糊，或不同的人有不同的解释，这样会导致不同考核者在考评时使用不一致的评价标准与方法，或者评价标准与实际情况差距较大，这都会造成评价结果出现较大偏差。

（3）考评者因素。在考评过程中，考评者的一些主观因素，如晕轮效应、成见效应、优先效应和近因效应、心境与健康等都会影响到考评的客观结果。

（4）被考评者因素。在考评时，相关的运输行为或活动与原计划差别较大，造成原考评标准或方法不太适应，这会影响评价的客观性和准确性。被考评的相关人员如果有抵触情绪、夸张效应或心境与健康问题等，就会影响其工作绩效，并对考评产生直接或间接影响。

2. 运输绩效评价标准内容的选择

具体进行运输绩效评价与分析时，运输活动绩效评价标准可选择以下内容：

（1）运输、取货、送货服务质量良好，即准确、安全、迅速、可靠。

（2）能够实现"门到门"服务而且费用合理。

（3）能够及时提供有关运输状况、运输信息及其信息服务。

（4）货物丢失或损坏，能够及时处理有关索赔事项。

（5）正确填制提货单、票据等运输凭证。

（6）与顾客长期保持真诚的合作伙伴关系。

上述六项标准可以归结为运输成本、中转时间、可靠性、运输能力、可达性和安

全性。在对运输活动进行绩效评价时，并非完全按照上述六项标准选择，可结合承运人及货主的实际情况，确定评价标准。

显然，运输成本是首先考虑的评价标准，但是运费并不是唯一的成本构成，整个物流系统的成本还必须考虑设备条件、索赔责任及装载情况等相关因素。

中转时间直接影响库存水平，所以也是一条重要的标准。如果承运人提供的运输服务不稳定，就必须有较多的库存。同样道理，如果承运人不能将货物及时送达，就可能会失去市场。

可靠性的评估通常是以订货交付的完成为基础的。一旦一票订货已经完成并装运交付，仓库就会记录抵达时间与日期，并传输到采购部门。经过计算机处理后，将承运人的绩效记录及时提交给采购部门及运输部门，很容易分析判断承运人的可靠程度。

运输能力包括运输和服务两个方面的能力。运输能力主要指提供专用车船的能力及卸车（船）的能力。服务能力主要是EDI的利用、在线跟踪、储存和"门到门"等服务。

可达性是一个重要的评价标准。多式联运提供了范围更加广泛的服务，通过签订"直达运输"和"多式联运"的协议，使承运人承运货物的可达性得到充分保证。

安全运输能力也是必不可少的评价标准。对安全性的评价主要从预防能力和理赔能力两个方面进行衡量。

第二节　运输绩效评价指标体系建立

一、运输绩效评价指标

（一）运输绩效评价指标

一般认为，评价指标就是评价因子，就是评价过程中对评价对象需要评价的各个要素予以明确的基本概念。

中外运的
运输绩效
评价指标

运输绩效评价指标是运输绩效评价内容的载体，也是运输绩效评价内容的外在表现。评价指标是实施绩效评价的基础，任何评价行为都要运用一定的指标来进行，物流经营绩效取决于诸多因素，具有综合性特征。一般情况下，单一的指标难以全面反映，因而实施绩效评价必须构建一个反映经营绩效各个侧面的由一系列相关指标组成的评价指标体系。

企业物流运作效力与效益必须与合适的物流绩效指标相联系才能得到反映。大量研究文献提出了许多不同的绩效评价指标来对物流绩效进行衡量。表8-1是物流绩效评价指标汇总表。

表8-1　物流绩效评价指标汇总表

成本管理	客户服务	质量	生产率	资产管理
总成本	完成比率	损坏频率	运送产品数量	库存周转
成本/单个产品成本占销售额百分比	缺货率	订单输入准确性	雇员	库存水平/供应天数
运入运费率	运输误差率	选货/运输准确性	产品数量/为劳力支付的价格	陈旧库存
行政管理	准时交货率	单据/发票准确性	订单数量/销售代表	净资产回报
仓库订单处理	延迟交货率	信息可用性	与历史水平比较	投资回报率
直接劳动	周转时间	信息准确性	目标程序计划	库存分类（ABC）
实际与预算比较	交货一致性	信用索求次数	生产力指数	经济增加值（EVA）
成本趋势分析	询价反应时间	客户退货数量	设备停工期	
直接产品利益率	反应准确率		订单输入生产率	
客户部分利益率	完成订单		仓库劳动生产率	
库存持有	客户投诉		运输劳动生产率	
退回商品成本	销货人员投诉			
损坏服务成本	整体可靠性			
无效服务成本	整体满意度			
迟延交货成本				

（二）选择运输绩效评价指标的原则

绩效指标的选择直接影响到运输绩效指标体系的构成，其科学性、合理性也影响到绩效评价的实际效果，因此，选择绩效评价指标对于建立运输绩效评价体系至关重要。选择运输绩效评价指标应遵循以下原则。

1. 目的性原则

绩效指标的选择应该体现企业整体经济效益和运输绩效评价目的，也就是说，所选指标要能够科学合理地评价运输活动的作业过程、投入、产出与成本费用等客观情况。

2. 系统性原则

运输绩效会受到来自人、财、物、信息、服务水平等各种因素及其组合效果的影响，因此选择绩效评价指标不能只考虑某一单项因素，必须系统、全面地考虑所有影响运输绩效的因素，从中抓住主要因素，保证评价的全面性和可信度。

3. 可操作性原则

所选择的评价指标，要尽量含义清晰，简单规范，操作简便，数量相当；同时，能够与现有统计资料、财务报表兼容。这样就可以提高实际评估的可操作性，提高工作效率，易于被人们接受。

4. 层次性原则

选择评价指标以及确定指标体系要有层次性，这样便于确定每层重点，有利于进行关键指标分析、评价方法的运用，以及绩效评价的具体操作。

5. 目标导向性原则

选择绩效评价指标的目的不仅是评出名次和优劣，更重要的是发挥出正确的目标导向作用，即引导和鼓励企业按市场需求组织运输活动，提高管理水平，降低成本费用，提高经济效益。

6. 定性指标与定量指标相结合的原则

运输活动的评价指标，既包括技术经济指标，又包括社会环境指标，前者易于通过定量数值表示，但后者诸如安全、快速、舒适、便利等方面，却很难用量化数值表示。要使得评价更具有全面性、客观性，就应该使定量指标与定性指标相结合，这样可以利用两者的优势，弥补双方的不足。

7. 绝对指标与相对指标相结合原则

绝对指标可以反映运输活动的规模和总量。相对指标可以反映活动在某些方面的强度或性能。两者结合起来使用才能够全面描述运输绩效的特性。

8. 责、权、利相结合的原则

绩效评价的目的是改善绩效，而不是为评价而评价。绩效指标必须与有关部门与人员联系起来，指标评价的结果可以与责任人、责任单位的利益挂钩。因此，在绩效评价指标体系设计时，就应明确各项绩效指标的考评对象及其结果的责任归属。

二、运输绩效评价指标体系建立的方法与步骤

按照绩效评价指标体系建立的原则，可以根据实际情况确定运输绩效评价指标体系建立的方法与步骤。

（一）运输绩效评价指标体系建立的方法

建立一套科学、合理的运输绩效指标体系，是一项十分复杂的工作，需要选择和运用适当的方法。一般可以选用以下几种方法：

（1）系统分析方法。物流运输系统是由运送、搬运、装卸，以及组织管理等子系

如何建立运输绩效评价指标体系

统组成，这些子系统分别承担相应的职能，并且相互联系、相互作用。因此，采用系统方法建立绩效评价指标体系是物流运输系统本身特点的必然要求。

（2）以定量分析为主，将定性指标定量化的方法。尽量以定量指标的设计为主，同时对一些必要的定性指标采用定量化的评价标准，从而有效地减少将来实际评价过程中的主观性因素，并使评价指标体系具有较强的可操作性。

（3）专家咨询法。这就是在涉及指标体系过程中，邀请一些有经验的管理人员或从事这方面研究的专家学者参与进来，或者向他们咨询，使绩效评价指标体系具有更强的权威性。

（二）运输绩效评价指标体系建立的步骤

一般来说，运输绩效评价指标体系的建立可以通过以下步骤进行：① 物流运输绩效评价指标体系分析；② 初步确定各子系统或每种绩效评价指标；③ 咨询专家意见；④ 反馈、修改、完善评价指标；⑤ 确定各子系统或每种绩效评价指标；⑥ 确定绩效评价指标体系。

三、运输绩效评价体系内容的确定

运输绩效评价体系指标包括价格、质量、作用、形象、名誉和服务，作为运输企业的战略，由它选择的市场或货主群体界定。绩效评价体系应确定每个选定的市场中的货主目标。当然，战略的精髓在于选择做什么和不做什么。根据运输企业的战略选择，运输服务绩效评价指标应与此相适应。

（一）运输服务的一般评价指标

这是一组常用的评价指标，由下列五项指标组成：

1. 市场份额

在确定货主群体或市场领域之后，就可以直接评价市场占有率。当然，一些企业团体、协会、政府部门等也对市场份额进行总体规模的估计。

2. 货主的忠诚度

留住客户是所有企业共同的希望。在运输服务绩效评价中，可通过评价与现有货主进行的交易量来评价货主的忠诚度。

3. 货主的满意程度

企业对于货主的满意程度无论多么重视都不过分。只有在货主购买产品或享受服务时完全满意或极为满意的情况下，企业才可能与他们建立长期的合作关系。

4. 货主群

运输公司若想扩大自己的市场份额，就应争取更多的货主。其绩效是通过新增货主的数量或新增货主的采购总额来评价的。

5. 从货主处获取利润

运输公司不仅评价同货主的交易量，还要评价这种交易是否有利可图。应当注意，有些货主尽管无利可图，但有很大的增长潜力，也不容忽视。

（二）对货主价值重视程度的评价指标

上述评价同传统的财务评价有着同样的弊端，即职员并不能及时知道自己的服务能否让货主满意以及能否留住货主。下面三个评价指标，可以使运输公司在货主选择服务对象时提供高质量的服务，与货主建立良好关系，树立公司的良好形象和声誉。

1. 运输产品和服务特征

运输服务的价格及质量是运输服务的主要特征。有两种类型的货主，一类货主希望价格低，另一类货主则希望提供特殊的运输服务。前一类货主不会在运输服务档次方面提出特别的要求，他们希望得到的是基本服务、尽可能低的价格、保质保量按时交货。而后一类货主有时为了实现自己的竞争战略，愿意为特殊的运输服务支付额外的价格。

2. 货主关系

对货主的要求应尽快做出反应。保持同货主的关系还包括向货主做出长期的承诺，以建立范围更广泛的关系。

3. 形象和声誉

形象和声誉是吸引货主的两个抽象因素。一些公司通过提高运输服务的质量来树立其形象和声誉，并保持货主对公司的忠诚。形象和声誉宣传可使公司在货主面前积极展示长处。

（三）满足货主需求的评价指标

1. 时间

尽可能在最短的时间内满足货主的要求是极为重要的。对货主的要求做出迅速而可靠的反应通常是争取和留住货主的关键。一些货主不仅要求运输企业在最短的时间内做出反应，而且更关心这些反应的可靠性。对货主来说，按时提供新运输服务是实现货主满意度的一个重要因素。货主得到这些新运输服务的时间，作为绩效评价指标，是一种以时间占领市场的手段。

2. 质量

在21世纪的经济发达国家，质量已不再是必要的战略性竞争优势，已成为硬指标。

运输服务质量往往和时间概念联系在一起，例如，能否按时送达货物就是评价服务质量的一个指标。

3. 运输价格

货主总是关心运输服务的价格，价格在某种程度上是影响交易的主要因素，企业往往根据竞争对手的价格确定自己的折扣或优惠价，以有竞争力的价格提供运输服务并赢得更多的货主。较低的运价可使货主具有较大的价格竞争优势。

(四)运输服务绩效评价的指标设计

1. 确定关键的货主满意指标

货主满意指标的核心是确定运输服务在多大程度上满足货主的欲望和需求。货主因需求而产生期望和要求,期望和要求可以归纳为一系列绩效指标,这些指标可以判断一个企业的可信赖程度。指标的确定因企业和行业的不同有所不同,我国运输企业确定货主满意度的指标可以依据下列两条原则进行:

① 绩效指标对货主而言必须是重要的。最关键的绩效指标确定的唯一途径是听取货主的意见。

② 绩效指标必须能够控制。关键的绩效指标可以通过定量和定性研究的方法结合起来确定,这些方法包括深入访谈、电话访问、邮寄调查表等,然后采取层次分析法等方法将定性部分量化。

2. 常用的货主满意指标

货主满意指标主要表现在以下方面:

① 质量方面:功能性、可靠性、安全性、经济性。
② 数量方面:满足批量运输需求。
③ 时间方面:准时性、随时性。
④ 价格方面:最低价位、心理价格。
⑤ 服务方面:全面性、快速反应、全过程服务、态度和礼貌、手续简单方便。

四、运输绩效评价指标体系的建立

从绩效评价指标方面来看,由于各种运输企业的情况差别较大,要设计一套适用于所有企业绩效评价的通用指标体系不太现实。如果按照运输活动或过程来设计指标体系,不同的运输企业或企业运输均可以根据实际情况,有选择地运用这些指标建立绩效评价指标体系。

一般来说,运输绩效评价指标体系可以由以下指标组成。

(一)货物运输量指标

货物运输量可以实物量(吨)为计量单位进行衡量,也可以金额为计量单位进行衡量。货物运输量指标可以用两种方法表示。

1. 以实物为计量单位的指标

$$货物运输量 = \frac{商品件数 \times 每件货物毛重}{1\ 000}$$

2. 以金额为计量单位的指标

$$货物运输量 = \frac{运输货物总金额}{该类商品每吨平均金额}$$

（二）运输效率指标

运输效率指标主要指的是车辆利用效率指标，可以从多个方面（如时间、速度、里程及载重量等）反映运输工具的利用率。这里仅简要介绍以下几种。

1. 时间利用指标

时间利用指标主要有车辆工作率与完好率指标。车辆工作率是指一定时期内运营车辆总天数（时数）中的工作天数（时数）所占的比重。完好率则是一定时期内运营车辆总天数中车辆技术状况完好天数所占的比重。

$$车辆工作率 = \frac{计算期运营车辆工作总天数}{同期运营车辆总天数} \times 100\%$$

$$车辆完好率 = \frac{计算期运营车辆完好总天数}{同期运营车辆总天数} \times 100\%$$

2. 载重量利用指标

反映车辆载重量能力利用程度的指标是吨位利用率和实载率。吨位利用率一般按照一定时期内全部营运车辆载重行程载重量的利用程度来计算。载重行程、载重量亦称为重车吨千米。

$$吨位利用率 = \frac{计算期完成货物周转量}{同期载重行程载重量} \times 100\%$$

$$实载率 = \frac{计算期完成货物周转量}{同期总行程载重量} \times 100\%$$

3. 里程利用率

里程利用率是指一定时期车辆的总行程中载重行程所占的比重，反映了车辆的实载和空载程度，它可以评价运输组织管理的水平高低。

$$里程利用率 = \frac{载重行驶里程}{车辆总行驶里程} \times 100\%$$

（三）运输质量指标

运输质量可以从许多方面进行衡量，这里从安全性、可靠性、可达性、一票运输率以及意见处理率等方面选择衡量运输质量的指标。

1. 安全性指标

（1）运输损失率。运输过程中的货物损失率可以有两种表示方式：一种是以货物损失总价值与所运输货物的总价值进行比较；另一种用运输损失赔偿金额与运输业务收入额来反映。前者主要适用于货主企业的运输损失绩效考核，后者适用于运输企业或物流企业为货主企业提供运输服务时的货物安全性绩效考核。两者分别计算如下：

$$运输损失率 = \frac{损失货物总价值}{运输货物总价值} \times 100\%$$

$$运输损失率 = \frac{损失赔偿金额}{运输业务收入总额} \times 100\%$$

（2）货损货差率。该指标是指在发运的货物总票数中，货损货差的票数所占的比重。

$$货损货差率 = \frac{货损货差票数}{办理发运货物总票数} \times 100\%$$

（3）事故频率。该指标是指单位行程内发生行车安全事故的次数，一般只计大事故和重大事故，它反映车辆运行过程中随时发生的遭遇行车安全事故的概率。

$$事故频率（次/万千米） = \frac{报告期事故次数}{报告期总运输千米/10\,000}$$

（4）安全间隔里程。指平均每两次行车安全事故之间，车辆安全行驶的里程数，该指标是事故频率的倒数。

$$安全间隔里程 = \frac{报告期总运输千米数/10\,000}{报告期事故次数}$$

2. 可靠性指标

正点运输率是对运输可靠性评价的主要指标，它反映了运输工作的质量，可以促进企业做好运输调度管理，采用先进的运输管理技术，保证货物流转的及时性。

$$正点运输率 = \frac{正点营运次数}{营运总次数} \times 100\%$$

3. 可达性（方便性）指标

由于有些运输方式，如铁路、航空等，不能直接把货物运至最终目的地，所以要利用货物直达率这个标准来评价物流企业提供多式联运服务的能力。尤其是当货物来往于机场、铁路端、港口时，货物直达率就显得尤为重要。

$$货物直达率 = \frac{直达票号数}{同期票号数} \times 100\%$$

4. 一票运输率

货主经一次购票（办理托运手续）后，由企业全程负责，提供货物中转直至将货物送达最终目的地的运输服务，被称为一票运输率。该指标反映了联合运输或一体化服务程度的高低。

$$一票运输率 = \frac{一票运输票号数}{同期票号数} \times 100\%$$

5. 意见处理率

它反映了对客户信息的及时处理能力，通常采用设置意见箱收集货主意见的办法进行操作。在货主针对运输服务质量问题提出的诸多意见中，企业予以及时查处并给予货主必要的物质或精神补偿，取得满意效果的意见，称为已处理意见。

$$意见处理率 = \frac{已处理意见数}{货主提出意见数} \times 100\%$$

6. 客户满意率

在以货主进行满意性调查中，凡在调查问卷上回答对运输服务感到满意及以上档次的货主，称为满意货主。意见处理率和满意率均可按季度计算，必要时也可按月计算。前者反映了货主对运输服务性好坏的基本倾向及企业补救力度的大小，后者是对运输服务质量的总体评价。

$$客户满意率 = \frac{满意货主数}{被调查货主数} \times 100\%$$

（四）运输成本与效益指标

1. 燃料消耗指标

燃料消耗是运输费用中的重要支出，评价燃料消耗的指标主要有单位实际消耗、燃料消耗定额比。燃料消耗定额比反映驾驶人员消耗燃料是否合理，促进企业加强对燃料消耗的管理。

$$单位实际油耗 = \frac{报告期实际油耗}{报告期运输吨千米数/100}$$

$$燃料消耗定额比 = \frac{百千米燃料实耗量}{百千米燃料定额量}$$

2. 单位运输费用

单位运输费用可用来评价运输作业效益高低以及综合管理水平。运输费用主要包括：燃料、各种配件、养路、工资、修理、折旧及其他费用支出。货物周转量是运输作业的工作量，它是车辆完成各种货物货运量与其相应运输距离乘积之和。

$$单位运输费用 = \frac{运输费用总额}{报告期货物总周转量}$$

3. 运输费用效益

它是指单位运输费用支出额所带来的盈利额。

$$运输费用效益 = \frac{经营盈利额}{运输费用支出额}$$

4. 单车经济收益

它是单车运营收入中扣除成本后的净收益。

$$单车经济收益 = 单车运营总收入 - 单车成本合计$$

计算结果若为正值，则说明车辆运营是盈利的；计算结果若为负值，则说明是亏损的。

5. 社会效益

它主要衡量运输活动对环境污染的程度以及对城市交通的影响程度等。鉴于目前对运输项目的社会评价着重于宏观评价，且环境评价的指标过于专业，所以在这里我们可以更多地从定性角度对企业具体的运输活动进行评价，如运输活动中是否采用清洁能源的车辆，运输时间是否考虑避开城市交通高峰等。

实训目标：能够正确建立运输服务绩效评价指标体系。

环境要求：学习用桌椅，多台计算机，一部打印机，计算机能连接网络。

情景描述：

假设你是该名主管，请提交一份运输活动绩效内容确定建议方案，并制定合适的指标体系。

一、单选题

1. 从过程管理的观点看，运输服务是通过（　　）为供应链提供重要的附加价值的过程。

  A. 节省时间   B. 树立公司形象

  C. 节省成本费用   D. 提高利润

2. 绩效应包括（　　）和结果两个方面。

  A. 行为   B. 行动

  C. 过程   D. 流程

3. 满足货主需求的评价指标有（　　）。

  A. 时间、质量、运输价格   B. 时间、质量

  C. 时间、品质   D. 质量、运输价格

4. 下列属于运输活动绩效评价标准的是（　　）。

① 运输成本，② 中转时间，③ 可靠性，④ 运输能力，⑤ 可达性，⑥ 安全性，⑦ 固定性

  A. ①②⑤⑦   B. ③⑤⑥⑦

  C. ①②③④⑤⑥⑦   D. ①②③④⑤⑥

5. 运输服务的一般评价指标不包括（　　）。

  A. 市场份额   B. 货主的忠诚度

  C. 货主的满意度   D. 信誉

二、多选题

1. 运输企业的经营效益主要表现在（　　）等方面。
   A. 盈利能力　　　　　B. 资产运营水平　　　　C. 偿还债务能力
   D. 后续发展能力　　　E. 服务水平提升能力

2. 运输服务的内容有（　　）。
   A. 运输质量　　　　　B. 运输方式　　　　　　C. 运输进度
   D. 运输费用　　　　　E. 运输数量

3. 货主满意度指标主要有（　　）。
   A. 质量　　　　　　　B. 数量单位　　　　　　C. 时间
   D. 服务　　　　　　　E. 价格

4. 运输效率指标包括（　　）。
   A. 时间利用指标　　　B. 空间利用指标　　　　C. 行程利用指标
   D. 载重能力利用指标　E. 燃油利用指标

5. 运输绩效评价的影响因素包括（　　）。
   A. 环境因素　　　　　B. 评价标准因素　　　　C. 考评者因素
   D. 被考评者因素　　　E. 服务因素

三、简答题

1. 简述物流运输绩效评价的含义。
2. 常用的运输服务评价指标由哪几项组成？
3. 货主满意指标的主要表现有哪些？
4. 简述运输成本与效益指标。
5. 简述运输活动绩效评价标准。

四、案例分析题

某物流公司的一项运输项目业务情况如下：从2012年开始，普利司通（中国）投资有限公司与沈阳运输集团物流中心就普利司通（沈阳）轮胎有限公司的下线产品——轮胎的分拨运输业务签订了运输合同。物流中心承运了普利司通（沈阳）轮胎有限公司成品轮胎分拨运输业务中的28条线路（沈阳至河南、湖北、安徽等地），年运送产品价值近亿元。为了使客户满意以实现长久的合作，也为了提升企业的运输管理水平，公司物流经理对公司各项目的物流业务实行绩效管理，现要求普利司通项目运输主管就其所负责的项目业务确定运输活动绩效评价内容。

1. 运输企业的绩效管理主要是通过对（　　）的绩效管理来实现的。
   A. 运输安全　　B. 运输过程　　C. 运输质量　　D. 运输效益

2. (　　) 是运输绩效评价内容的载体。

　　A. 运输效率指标　　　　　　　　　　B. 运输安全指标

　　C. 运输质量指标　　　　　　　　　　D. 运输绩效评价指标

3. 形象和（　　）是吸引货主的两个因素。

　　A. 历史　　　B. 实力　　　C. 声誉　　　D. 安全性

4. 运输效率指标不包括（　　）。

　　A. 时间利用指标　　　　　　　　　　B. 行程利用指标

　　C. 载重能力利用指标　　　　　　　　D. 运输安全指标

5. (　　) 是指在发运的货物总票数中货损货差的票数所占的比重。

　　A. 货损货差率　　B. 运输损失率　　C. 事故频率　　D. 安全间隔里程

参考文献

[1] 孟祥茹. 运输组织学 [M]. 北京:北京大学出版社,2014.
[2] 余霞,石贵舟. 运输管理实务 [M]. 北京:人民邮电出版社,2012.
[3] 梁金萍. 运输管理 [M]. 2版. 北京:机械工业出版社,2015.
[4] 苏玲利,陶春柳. 运输组织与管理项目式教程 [M]. 北京:北京大学出版社,2013.
[5] 陈建华,杜丽茶,简学军. 运输管理实务 [M]. 北京:电子工业出版社,2014.
[6] 井颖,季永青. 运输管理实务 [M]. 3版. 北京:高等教育出版社,2014.
[7] 姬中英. 物流运输实务 [M]. 北京:中国人民大学出版社,2014.
[8] 唐振武,熊青. 综合运输作业管理 [M]. 北京:人民交通出版社,2015.
[9] 阎子刚. 物流运输管理 [M]. 3版. 北京:高等教育出版社,2014.
[10] 黄河. 物流运输实务 [M]. 北京:北京大学出版社,2012.
[11] 吴玉贤,房红霞. 运输管理与信息化技术 [M]. 北京:北京交通大学出版社,2013.
[12] 许乃茹,柳志刚. 物流运输管理实务 [M]. 长沙:湖南师范大学出版社,2014.
[13] 崔国成,闫秀峰. 运输管理实务 [M]. 武汉:武汉理工大学出版社,2015.
[14] 曹刚. 运输管理实务 [M]. 天津:天津大学出版社,2013.
[15] 杜秀明. 物流运输实务 [M]. 天津:天津大学出版社,2012.
[16] 肖建英. 公路大件运输技术 [M]. 北京:人民交通出版社,2015.

郑重声明

高等教育出版社依法对本书享有专有出版权。任何未经许可的复制、销售行为均违反《中华人民共和国著作权法》，其行为人将承担相应的民事责任和行政责任；构成犯罪的，将被依法追究刑事责任。为了维护市场秩序，保护读者的合法权益，避免读者误用盗版书造成不良后果，我社将配合行政执法部门和司法机关对违法犯罪的单位和个人进行严厉打击。社会各界人士如发现上述侵权行为，希望及时举报，我社将奖励举报有功人员。

反盗版举报电话　（010）58581999　58582371

反盗版举报邮箱　dd@hep.com.cn

通信地址　北京市西城区德外大街 4 号　高等教育出版社法律事务部

邮政编码　100120

读者意见反馈

为收集对教材的意见建议，进一步完善教材编写并做好服务工作，读者可将对本教材的意见建议通过如下渠道反馈至我社。

咨询电话　400-810-0598

反馈邮箱　gjdzfwb@pub.hep.cn

通信地址　北京市朝阳区惠新东街 4 号富盛大厦 1 座　高等教育出版社总编辑办公室

邮政编码　100029

防伪查询说明

用户购书后刮开封底防伪涂层，使用手机微信等软件扫描二维码，会跳转至防伪查询网页，获得所购图书详细信息。

防伪客服电话　（010）58582300

网络增值服务使用说明

授课教师如需获取本书配套教辅资源，请登录"高等教育出版社产品信息检索系统"（http://xuanshu.hep.com.cn/），搜索本书并下载资源。首次使用本系统的用户，请先注册并进行教师资格认证。

高教社高职物流专业 QQ 群：213776041